U0448562

国家社科基金后期资助项目

从怀疑走向共识

历史知识客观性问题研究

顾晓伟 著

商务印书馆
创于1897
The Commercial Press

图书在版编目(CIP)数据

从怀疑走向共识:历史知识客观性问题研究/顾晓伟著.—北京:商务印书馆,2024(2024.10重印)
国家社科基金后期资助项目
ISBN 978-7-100-23014-8

Ⅰ.①从… Ⅱ.①顾… Ⅲ.①史学理论—研究 Ⅳ.①K0

中国国家版本馆 CIP 数据核字(2023)第 175993 号

权利保留,侵权必究。

从怀疑走向共识
历史知识客观性问题研究
顾晓伟 著

商 务 印 书 馆 出 版
(北京王府井大街36号 邮政编码100710)
商 务 印 书 馆 发 行
北京新华印刷有限公司印刷
ISBN 978-7-100-23014-8

2024年6月第1版　　　开本710×1000　1/16
2024年10月北京第2次印刷　印张10¼
定价:68.00元

国家社科基金后期资助项目
出版说明

　　后期资助项目是国家社科基金设立的一类重要项目,旨在鼓励广大社科研究者潜心治学,支持基础研究多出优秀成果。它是经过严格评审,从接近完成的科研成果中遴选立项的。为扩大后期资助项目的影响,更好地推动学术发展,促进成果转化,全国哲学社会科学工作办公室按照"统一设计、统一标识、统一版式、形成系列"的总体要求,组织出版国家社科基金后期资助项目成果。

全国哲学社会科学工作办公室

序　言

　　摆在我们面前的这部著作，是作者顾晓伟多年来深耕现当代西方史学理论的心血之作。如同书名的副标题所表明的那样，这是一部有关历史认识论的著作，探讨的是历史知识的客观性问题。而主标题则指向的是一个有关这类问题的故事，起初是对历史知识客观性的怀疑，然后逐渐达成某种共识，从而终于重拾信心。这个故事大致起始于20世纪30年代，历经对历史学知识基础的两次怀疑和重建，一直延续至今天。我们现在知道，这是一个从现代到后现代再到后-后现代的史学理论故事。在跟随追踪这个故事之前，有必要回顾一下整个西方史学理论发展史，本书可以说是这个更长故事的高潮部分。

　　需要说明的是，这里所说的史学理论，指的是对历史学是什么或应该是什么的看法，也就是有关历史学本质的观点。这是一种狭义的史学理论，不同于我国学科体系中广义的史学理论，后者还包括历史理论，也就是有关历史进程演变模式的思辨性观念，亦即西方传统的（思辨的）"历史哲学"（philosophy of history）。这种狭义的史学理论今天也被称为"史学哲学"（philosophy of historiography）。史学理论或史学哲学，归根结底是一种哲学，是对历史学本质的一种反思。因此，"史学理论"这门学问成立的前提，是"史学"和"哲学"的自觉结合，是哲学家对历史学的积极兴趣。历史知识的客观性是史学理论的核心问题，也是哲学家最为关注的论题。从某种意义上说，历史学的本质在于其客观性，因而，对历史学本质的看法取决于对客观性的认知。

　　如果说史学理论成立的关键在于哲学，那么，19世纪之前西方并不存在真正的史学理论，虽然的确存在自在的史学理论意识，也就是有关史学是什么的素朴观念。从古代到中世纪再到文艺复兴和启蒙时代，在客观性问题上，人们一直抱持一种具有审美色彩的模仿论或幼稚实在论。也就是说，客观性意味着思想对外部世界的忠实再现或复制，心灵客观地认识事物，用刘知幾的话来说，如同"明镜之照物"或"虚空之传响"。在这一时期，历史学始终没有得到哲学家们的青睐,历史认识问题还远在他们的视野之外。对历史知识的偶尔一瞥反而会坚定他们怀疑的目光。

在本质主义大行其道的古典时代,相较于变动不居的历史世界,永恒不变的存在王国更能引起哲学家们的兴趣。在柏拉图看来,对变易之物的感知虽然具有一定的真实性,但也不过是一种"意见",只有那些可证明的数学类的普遍知识才具有完全的实在性,因而才可称得上是"真知"。在亚里士多德那里,历史学的价值甚至低于诗歌,因为史家仅仅描述已经发生的个别事件,而诗人则往往能吟唱出人世间的普遍本质。在中世纪经院哲学体系中,历史学仍然是无足轻重的。托马斯·阿奎那将理性的自明原则和逻辑必然性视为科学知识的标志,从而把历史学排除出他的知识体系,因为它所记录的不过是人类的偶然行为。在那个信仰非理性存在的时代,强调个别事物真实性从而有利于历史学的唯名论者,在与强调普遍原则的唯实论者的争论中,也注定不可能占据上风。

进入文艺复兴时期,历史学仍被视为一门修辞学问或表现艺术而非科学探究,史学理论问题得不到哲学的眷顾。在其著作《论艺术和科学的虚妄和不确定性》(1520年)中,阿格里帕从宗教的立场出发,对历史知识进行了无情地批判,认为它充满了自负和谎言,是一种最不可靠的知识类型。17、18世纪依然是普遍主义盛行的非历史的时代,经验论和唯理论哲学家醉心于自然科学的探究,而冷落了历史问题的研究,他们对历史知识居高临下的姿态没有发生根本变化。培根、洛克、贝克莱和休谟等哲学家对感官经验的强调,的确可以成为对历史知识的一种潜在辩护,但他们终究认为,历史学作为简单的经验描述,至多是构筑知识大厦的砖瓦,其本身并不是科学。唯理论者主张真理的标准是清晰自明的普遍观念,因此,他们对历史知识必定会采取与古代哲学家同样的轻蔑态度。笛卡尔认为,历史知识缺乏统一性和可靠性,对同一事件往往会有不同的记叙,用这样的知识去指导行动,如同在沙滩上盖房子,其危险性可想而知。

当然,在从古代到启蒙时代这一漫长的历史时期,也不时会出现对历史怀疑论的反驳声。文艺复兴时期意大利人文学者瓦拉,17世纪意大利哲学家康帕内拉,18世纪德国神学家克拉登尼乌斯,他们都曾试图站在历史怀疑论者的对立面,论证历史知识的真实性和有效性。启蒙哲人伏尔泰甚至首次提出了"历史哲学"的概念,尝试用哲学的方式探究历史。然而,囿于时代的限制,他们都没有从认识论的角度出发,对历史知识的性质进行系统深入的哲学考察。

真正致力于沟通哲学和史学的,是一位来自那不勒斯的孤傲学者,他便是18世纪早期意大利历史哲学家维柯。根据其"真理即创造"的原则,维柯论证说,只要我们遵循适当的历史批判方法,就能够真切理解和认识过去的历史,因为它是人类自身的创造物。也就是说,在维柯看来,历史学作为一门学科是可能的,它甚至比自然科学更为真实有效,因为自然并非人类所创造的。正是维柯所提出的这种实际上是历史主义的思想,客观上形成了与普遍主义理念相抗衡的力量,同时也给历史学注入了信心和底气。历史主义和普遍主义之间的纠葛,后来成为了西方史学理论的基调,并形塑了人们对历史客观性的认识。不过,维柯的思想太过超前了,并没有对他的时代造成直接的影响。

直到18世纪晚期,德国哲学家赫尔德才接续了维柯的历史性思想。在反思和批判启蒙理性主义的过程中,赫尔德第一次明确阐释了历史主义原则。进入19世纪,在洪堡、黑格尔和兰克等历史学派的努力之下,历史主义形成了一种融合经验论和观念论的思想形态,升级了古代至启蒙时代那种幼稚的历史实在论,从而开启了西方历史研究的新篇章。这一学派的历史学家反对启蒙思想家有关法律、国家和宗教的抽象理论,认为所有的精神现象都具有历史性。他们采取一种纯粹经验的观察模式,同情地深入到历史过程的细节之中,强调根据个别事件的发展脉络判定其价值,注重通过对过往的研究来解释当前的生活。他们不像启蒙思想家们那样,用抽象的概念和刚硬的规律,去表现历史的和具体的实在,而是像艺术家那样,去领悟时间长河中无限多样的历史形式,直觉地把握历史个体的差异性和独特性。

需要补充说明的是,在19世纪,孔德的实证主义作为一种与之前的普遍主义一脉相承的哲学思想,也或多或少影响了这个时期的历史研究。实证主义纲领包含两个步骤:首先是确立事实,然后是探索规律。后者是实证主义的本质特征,前者仅仅为发现规律做好准备。英国的巴克尔、法国的泰纳和古朗治以及后来德国的兰普雷希特,都是把孔德的实证主义纲领贯彻到历史学领域的代表。他们都试图在考订、分析和综合史实的基础上,进一步发现历史现象之间的因果规律,从而把历史学改造成为一种自然科学意义上的学科。

19世纪是历史学家尽享荣光的世纪,是历史学科学化和专业化的世纪。在这个历史学的黄金时代,社会总体上展现出一种对历史真实的无节制的渴望。无论是历史主义历史学家,还是实证主义历史学家,他们都坚信,只要遵循他们所提供的方案,历史学就能够获得真实可靠的知识。

不过,19世纪历史学灿烂的晴空,也不时会飘过怀疑的阴云。在叔本华、尼采和柏格森那里,世界的本质不在于抽象的理性,而在于非理性的"意志"或"生命力"。理性的外观背后是态度、利益、算计和无意识的冲动。理性不过是非理性达成自身目的的工具,甚至是纯粹的自我欺骗。在这些非理性主义哲学家中,尼采对历史学的质疑最具震撼力和影响力。这位生活在19世纪后半叶的阴郁哲人,从当时历史学繁荣昌盛的气象中,嗅出了某种危机的气息,并对之进行了"不合时宜"的无情批判。在尼采看来,历史知识只有在有利于人类行动和生命力时才具有价值。而且,他认为,不存在客观的历史真理,不存在纯粹的历史事实,只存在出于利益的主观阐释。这样一来,"本来如此这般"的信念就被转换成了"应该如此这般"的意志。尼采的这些历史怀疑论思想,将会在20世纪后半叶的福柯和海登·怀特那里得到响应。

19世纪晚期对历史学的不信任,不单单是由于非理性主义哲学家的外部攻讦,更是源于历史学本身所衍生的问题。过分强调非理性因素,其逻辑结果当然是相对主义和知识的社会学。但也要认识到,这一时期的历史主义史家,除了要挑战实证主义的专横和傲慢,还面临着一种两难的困局。一方面,他们拥有对历史知识客观性和科学性的诉求和信心。在兰克这样的史家看来,历史学的任务就是还原过去的本来面目,公正、真实和客观代表着职业的操守和尊严,偏见、虚构和主观则是对史家崇高使命的亵渎和侮辱。另一方面,历史主义对个体性和多样性的彰显所导致的相对主义,反过来会损害历史知识的客观性和有效性。按照历史主义的逻辑,一切都是历史的和暂时的,不存在绝对的真理和固定的基点。

为了对抗逻辑缜密的实证主义,也为了避免陷入相对主义的泥潭,缺乏哲学根据的历史主义历史学,迫切需要哲学家来为之提供可靠的认识论基础,从而为自身的客观性和合法性提供辩护。因此,到19世纪末叶,在历史学历经了近百年的繁花盛开之后,密涅瓦的猫头鹰终于在黄昏时刻向着历史学的领地起飞了。在这一时期为历史学奠基的工作中,德国哲学家狄尔泰的探索具有重要的当代价值。

我们知道,同情地"理解"历史个体的独特性,是历史主义的一个本质特征。因此,要完成为历史主义历史学奠基的任务,就必须对"理解"赖以成立的先决条件进行批判性考察,也就是解决"理解"何以可能的问题。在这个问题上,狄尔泰想到了两个哲学先驱。首先是前面所提到的维柯。根据其"真理即创造"的原理,人类精神的确能够理解作为历史学研究对象的"客观化精神"。然而,当我们进一步追问精神何以能够理解精神的创造物时,维柯的认识论原则却缄默不语了。于是,狄尔泰想到了另一个哲学家,这便是在批判哲学领域毋庸置疑的权威康德。当然,在康德所处的启蒙时代,与如日中天的自然科学相比,历史学仍然是暗淡无光的。康德批判哲学的主要任务,就是在经验论和唯理论前期工作的基础上,继续回答自然科学何以可能的问题。而康德在这个问题上的认识论洞见,为后人解答历史学何以可能的问题铺平了道路。狄尔泰便接过了康德的认识论武器,完成了一次对历史意识之性质和条件的批判亦即历史理性批判,试图对历史"理解"的客观性和有效性进行充分的哲学论证。

然而,狄尔泰的历史理性批判得出了一个令他失望的结论:历史意识的先决条件是历史的。先决条件的历史性也就意味着历史知识的相对性和有限性。另外,从 19 世纪 70 年代至第二次世界大战之前,文德尔班、李凯尔特和齐美尔等新康德主义哲学家,以及布拉德雷、克罗齐和柯林武德等新黑格尔主义哲学家,在反驳孔德和巴克尔等老一辈实证主义者的过程中,也都对"历史学何以可能"的问题给出了各自的解答,对历史知识的客观性做了不少有意义的批判性探索。不过,由于归根结底的历史主义观点,他们也都不同程度地滑向了相对主义。而相对主义必然导致怀疑主义,这颇具讽刺意味。主观上是想为历史学提供一个坚实的哲学基础,而最终的相对主义结论却在客观上动摇了历史学的根基。

20 世纪 30 年代,在欧洲历史主义、本土实用主义和"新史学"的影响下,贝克尔和比尔德等美国历史学家,强调在重构过往中无法克服的社会制约性,从而形成了一种新型的历史相对主义或怀疑主义。他们将历史判断降低到趣味、意见和意识形态的地位上,把历史客观性视为一个不可能实现的"高贵梦想"。面对当时本土相对主义者以及之前欧洲历史主义者的质疑,曼德尔鲍姆和莫顿·怀特等美国历史哲学家,试图在哲学层面上论证和升级历史客观性概念。在这些客观主义者的努力下,第二次世界大战之后,美国史学界基本接受了曼德尔鲍姆所阐发的历史客观性观念,一种批判的历史实在论。与兰克等人的融合经验论和观念论的历史实在论不同,曼德尔鲍姆的实在论兼具实用主义和实证主义色彩。

可见,同样是论证历史知识的客观性,曼德尔鲍姆和莫顿·怀特与之前新康德主义者和新黑格尔主义者的路数存在明显区别。后者采用的是认识论层面的康德式批判方式,与欧陆观念论密切相关,前者则采取的是介于认识论和方法论之间的分析模式,与实证主义更多契合。因此,后者可以被称为批判的历史哲学,前者可以被归为分析的历史哲学,二者都属于今天所谓史学哲学的范畴。1938 年曼德尔鲍姆《历史知识问题》一书的问世,有时被视为史学哲学的开端。不过,严格说来,它至多标志着分析的历史哲学的诞生,因为,我们已经看到,早在 19 世纪 80 年代,比较成熟的批判的历史哲学就已经在狄尔泰那里出现了。而且，通常认为，直到1942年亨佩尔《普遍规律在历史学中的作用》一文的发表，分析的历史哲学才显示出其应有的解释力和说服力。在随后的大约30年中，凭借亨佩尔文中所提出的基于普遍规律的历史解释模式，在与德雷和伽达默尔等人的新版历史主义的论争中，分析的历史哲学作为孔德实证主义的升级版，继续为一种自然科学方法论意义上的历史知识客观性进行辩护。1965年，美国历史哲学家阿瑟·丹图的《分析的历史哲学》一书出版，标志着分析的历史哲学进入一个新阶段。在这一时期，历史哲学家们先后围绕"历史解释"和"历史叙事"问题展开讨论，后者通常被认为是前者的一种替代性方案。

20世纪六七十年代，在后结构主义和文学批评理论的影响下，之前对作为认知工具的历史叙事的分析，转变为了对作为语言制品的历史叙事本身的考察。终于，以1973年美国史学理论家海登·怀特《元史学》的发表为标志，西方史学出现了"语言学转向"，形成了后现代史学理论范式，或称叙事主义或后现代历史哲学，成为史学哲学的一种新形态。兼具欧陆和英美哲学背景的荷兰史学理论家安克斯密特的加盟，增强了后现代史学理论的哲学底蕴。后现代史学理论是对分析的历史哲学的某种反叛，同时也是在语言层面上向历史主义的回归。我们知道，20世纪30年代，贝克尔和比尔德等历史相对主义者，在历史实在论的隐性前提下，对兰克式的历史客观性表达过质疑。而后现代主义者则从考察文本、话语和叙事等语言元素入手，论证了历史学的想象性和虚构性，从而掏空了历史实在论的根基，对兰克式的历史客观性发起了更大的挑战。因此，从20世纪末特别是进入21世纪以来，包括部分后现代主义者在内的西方史学理论家开始重新反思历史意识，尝试构建一种超越现代和后现代的史学理论范式。这种新的理论范式，被不同学者称为"后-后现代史学理论""后语言史学理论"或"后叙事主义史学哲学"，代表着在后现代语境下重铸历史知识客观性观念的种种努力。

本书故事从20世纪30年代开始，作者在充分吸收国内外相关研究成果的基础上，以颇具辨识度的语言和个性化表达，围绕历史知识客观性问题，清晰准确地讲述了西方史学理论或历史哲学近一个世纪的发展历程。作者主要关注的是英语世界的分析的历史哲学，探讨其前期和后期在历史客观性论证上的不同特点，分别典型体现在曼德尔鲍姆和阿维泽尔·塔克的工作中。本书最显著的学术特色和价值在于，作者通过考察英美分析的历史哲学的嬗变过程，总结出一条实用主义历史哲学的发展路径，挖掘其在重建历史知识客观性方面的独特贡献。在作者看来，实用主义方案可以缓解主观性和客观性、认识论和伦理学以及史学理论和史学实践之间的紧张，帮助历史学家从历史知识的"怀疑主义"走向历史知识的"史学共识",从而在"学科客观性"的观念之下,重新树立对历史学作为一项理性事业的信心。

  本书是一部史学理论或史学哲学著作,无论其中的历史怀疑主义还是历史客观主义,都是哲学家对历史知识基础的反思和论证。历史知识的客观性是支撑历史学的基石,是历史学科合法性的根据,是历史学家职业信心的保证。但是,历史知识客观性的理论依据,却很难在纯粹的历史学内部找到,而是需要向外诉诸哲学。即便是本书所说的"史学共识"或"学科客观性",也并非完全是历史学家群体内自发协商的结果,而是有赖于分析派历史哲学家哲学怀疑论和哲学客观论的协调,所采用的协调方案的理论根据则是实用主义,其背后是皮尔士、杜威、蒯因、罗蒂等美国新老实用主义哲学家。另外,哲学怀疑论对于历史学的健康发展来说也是不可或缺的。在哲学层面上对历史知识看似消极的怀疑,并不必然导致虚无主义,相反,如果予以正确的面对和积极的回应,它可以激发史家重新反思和论证历史学的认识论基础,从而使历史知识客观性奠基在更周延的理论之上,也使历史学家的学科信心建立在更理性的前提之上。

  以上,是我结合自己之前的一些相关思考,对这部力作的一种理解,也算是一点注解。错谬不当之处,恳望方家批评!

董立河
2024年2月

目　　录

第一章　导　　论 …………………………………………………… 1

第二章　分析的历史哲学与历史知识的客观性问题 ……………… 9

　　第一节　历史知识客观性论争的美国时刻 ……………………… 9

　　第二节　贝克尔和比尔德的实用主义史学思想:"人人"和
　　　　　　"信念" …………………………………………………… 11

　　第三节　曼德尔鲍姆对历史相对主义的答复:"陈述"与
　　　　　　"判断"的二分 …………………………………………… 21

　　第四节　分析的历史哲学的诞生 ………………………………… 32

第三章　何谓"历史解释"? ………………………………………… 36

　　第一节　因果性解释与亨佩尔的"覆盖律模式" ……………… 37

　　第二节　合理性解释与德雷的"合理行动原则" ……………… 40

　　第三节　历史解释的整体论与戴维森的解决方式 …………… 45

第四章　分析的历史哲学中的"历史解释"与"历史叙事"之争 …… 50

　　第一节　历史科学所处理的研究对象是唯一的吗? …………… 51

　　第二节　历史解释中的综合和因果关系 ………………………… 54

　　第三节　历史叙事作为一种历史解释 …………………………… 62

　　第四节　曼德尔鲍姆的历史哲学构想 …………………………… 70

第五章　后分析历史哲学与历史知识客观性的重建 ……………… 75

　　第一节　历史知识客观性论争的世界时刻 ……………………… 75

　　第二节　海登·怀特与安克斯密特的史学理论思想:"历史
　　　　　　叙事"与"历史表现" ………………………………… 78

　　第三节　假如没有《元史学》,分析的历史哲学会怎样? ……… 96

　　第四节　重建历史知识客观性的新实用主义方案 ……………… 109

　　第五节　海登·怀特的新实用主义文化符码 …………………… 121

第六章　结　语……………………………………………… 125

参考文献……………………………………………………… 141
后记…………………………………………………………… 148

第一章 导 论

历史知识的客观性可谓是现当代西方史学理论最为核心的问题之一，沃尔什曾在《历史哲学导论》（1951）一书中指出，"在批判的历史哲学中既是最重要的而又是最棘手的那个主题，即历史的客观性问题。"①在沃尔什的分析框架下，他将历史哲学一分为二，一为探讨历史进程之思辨的历史哲学（或历史的形而上学），另为探讨历史知识性质之批判的或分析的历史哲学（或历史学的知识论）。

在批判的或分析的历史哲学这个部分，沃尔什主要借助于哲学概念和语言来分析历史学实践中所产生的历史认识问题，以此探讨历史学家（主体）与历史学家的研究对象（客体）之间的关系，并总结出"有关历史思维的两种理论"。第一种理论源自德国的观念论传统，后经过克罗齐和柯林武德的发扬壮大，他们坚持历史研究的主体性价值，进而为历史学的自主性辩护，认为历史学是一门不同于自然科学的特殊科学；另一种理论则是实证主义，"实证主义在其大多数的形式中主要目标之一乃是要辨明科学的统一性，亦即要表明，除了数学和形式逻辑这样的纯粹分析的学科之外，凡是配得上它们的名字的各门知识都有赖于观察、概念反思和证实这些同样的基本程序。"②

这一分析框架对于澄清和辨明西方史学理论的基本范畴和概念，以及进一步提升历史学实践的理论水准，无疑都起到了非常重要的作用。但是，一方面，随着西方史学理论的新发展，这种基于20世纪50年代的经验所总结的"一家之言"已经不能适应当前西方史学理论发展的现状。另一方面，

---

① 〔英〕沃尔什：《历史哲学导论》，何兆武、张文杰译，北京：北京大学出版社，2008年，第91页。国内相关研究可参见周建漳：《历史认识的客观性问题反思》，《哲学研究》2000年第11期；彭刚：《相对主义、叙事主义与历史学客观性问题》，《清华大学学报》（哲学社会科学版）2008年第6期；涂纪亮：《历史知识的客观性问题》，《哲学研究》2009年第8期；董立河：《西方史学理论史上的历史客观性问题》，《史学史研究》2015年第4期。

② 〔英〕沃尔什：《历史哲学导论》，第37页。

"历史"哲学始终要面对历史学实践所产生的哲学问题,而沃尔什所展现的分析路径恰恰遮蔽了可以进一步拓展的重要议题。

沃尔什之后,英美世界的历史哲学或史学理论,特别是战后以美国为主导的史学理论得到了长足的发展。美国历史哲学家阿瑟·丹图于1965年出版《分析的历史哲学》一书,标志着不同于批判的历史哲学的分析派历史哲学的成熟;紧接着8年之后的1973年,美国历史哲学家海登·怀特出版《元史学:19世纪欧洲的历史想象》一书,则又提出了史学理论的一种新范式,即叙事主义历史哲学。

新千年之后,西方史学理论界已经不再满足于叙事主义者对待历史知识的怀疑主义态度,开始重新从历史认识论的角度来为历史知识的客观性辩护,最重要的尝试要数阿维泽尔·塔克(Aviezer Tucker)于2004年出版的《我们关于过去的知识:史学哲学》一书。针对历史知识的怀疑主义"坚持不存在历史知识,认为史学与小说(虚构)区别不大,基本上反映的是作者和其所处的文化的意识形态和偏见,不可能对人类过去所发生的事情有任何程度的确定性知识"。[①] 塔克借助于科学哲学领域的最新成果,认为科学史学哲学(史学认识论)研究的是"史学与证据之间的关系",并提出一种"史学共识"(historiographic consensus)的观点,可以以此来解决历史知识的客观性问题。作为一种"认知价值和信念共识","史学在非强制的、异质的和足够广泛的历史学家群体中的信念共识,是历史知识的指示器"。[②]

从历史知识的"怀疑主义"走向历史知识的"史学共识",塔克这一工作的重要意义在于,一方面,在讨论历史知识的客观性问题时,我们不必再执念于或纠缠于传统哲学认识论上的主客二分及其所造成的历史实在论与历史相对主义之间的无谓论争,而是引入社会认识论的视角,将历史知识的客观性看作是一种"学科客观性",从而有利于我们为历史学作为一门学科的合法性辩护。

在此意义上,我们可以说,历史知识的客观性就是根植于历史学家共同体之中的一种认知美德(epistemic virtue)。关于这一新的探讨路径,我们可以称之为实用主义的历史哲学。在真之符合论与真之融贯论之外,真就在实用主义的层面上获得了新的理解,"真理是一个意向性的范畴,它是建立在史家与其读者之间的实用主义的'真之协定'。……历史学家所使用的真理并非取决于史家与实在的直接关联,而是奠基于诸如探究方法、认知价

[①] Aviezer Tucker, *Our Knowledge of the Past: A Philosophy of Historiography*, Cambridge: Cambridge University Press, 2004, p. 19.

[②] Ibid., p. 23.

值和认知美德等学科共识(disciplinary consensus)之上。"①这一新路径在当代西方史学理论界也得到进一步展开和论证,比如,戈尔曼(Jonathan Gorman)在《历史判断:史学选择的限度》(*Historical Judgement: The Limits of Historiographical Choice*, 2008)一书中提出"实用主义的整体经验论"(pragmatic holistic empiricism),以此来讨论历史学作为一门"学科"的规范客观性;库卡宁(Jouni-Matti Kuukkanen)在《后叙事主义史学哲学》(*Postnarrativist Philosophy of Historiography*, 2015)一书中讨论了叙事主义的遗产,尝试在"怎样都行"的后现代主义和绝对主义的客观性之间寻求一种实用主义的解决方案。

另一方面,正如科学哲学的最新发展逐步将科学社会学纳入讨论视野之中,塔克也将史学社会学纳入到史学哲学的讨论之中,由此就突破了沃尔什只在哲学概念层面讨论历史知识客观性问题的瓶颈,有利于我们进一步将史学实践与史学理论更紧密地连接在一起。

由此,我们就可以将历史学家和史学史家关于历史知识客观性的讨论纳入历史哲学或史学理论的合法讨论之中,比如,美国历史学家诺维克于1988年出版的《那高贵的梦想:"客观性"问题和美国历史学界》一书,正是从社会文化史、学科制度史的角度全面考察了美国职业历史学从19世纪末诞生到20世纪后期遭受危机这一个世纪以来的风云变幻,并探究历史知识的客观性问题,将其看作是职业史学共同体内部的一种"意识形态"或人类学意义上的"神话";美国历史学家乔伊斯·阿普尔比、林恩·亨特、玛格丽特·雅各布合著的《历史的真相》(1994)一书也主要围绕历史知识客观性问题来展开,面对后现代主义对历史学求真功能的质疑,与诺维克的悲观态度有所不同,她们一方面认为实证主义所定义的客观性太过狭窄,"当代人既然对制造知识的机制有了新的理解,便会要求一种与旧式的、'朴素的'实在论不同的、更精细的、不太绝对的实在论,即所谓务实的实在论(practical realism)。"②另一方面,她们也不能认同极端的历史相对主义,进一步尝试在务实的实在论与实用主义(pragmatism)之间进行融合,"实用主义不设限的态度,容许人们质疑有关任何事物的任何说法,但反对质疑一切说法的相对主义原则。实用主义者特有的相对主义是有分寸的,因为他们知道有

---

① Marek Tamm, "Truth, Objectivity and Evidence in History Writing", *Journal of the Philosophy of History* 8(2014,2), pp. 275,278.
② 〔美〕乔伊斯·阿普尔比、林恩·亨特、玛格丽特·雅各布:《历史的真相》,刘北成、薛绚译,上海:世纪出版集团、上海人民出版社,2011年,第214页。

些知识和理论经不起广泛的检验;这种相对主义并不是一种以绝对的怀疑为前提的哲学立场。"①此外,国际著名史学史专家伊格尔斯在《二十世纪的历史学:从科学的客观性到后现代的挑战》(1997)一书中,也着重处理了历史知识的客观性问题,并以更加积极的态度来回应后现代主义的挑战,认为后现代主义并不能导致启蒙运动的终结,也不意味着历史学作为一种学术事业的终结。②

实际上,正如诺维克的研究所提示的,早在20世纪30年代,在美国的职业历史学家共同体内部,以贝克尔和比尔德为代表的一批历史学家以克罗齐的历史思想为旗帜,声言要与承继兰克的客观主义史学决裂,以建立适应现实的"新史学",由此在美国史学界掀起了关于历史知识客观性的大讨论,这一时刻不仅造成在美国职业史学共同体内部产生了持续不断的论争,而且直接促成围绕历史知识性质展开讨论的分析派历史哲学的诞生。

正值美国职业历史学家出现正面交锋论战的第二年,也即1936年,莫里斯·曼德尔鲍姆(Maurice Mandelbaum)在耶鲁大学完成以《近来历史哲学中的历史相对主义》(*Historical Relativism in Recent Philosophy of History*)为题的博士论文。随后于1938年出版《历史知识问题》(*The Problem of Historical Knowledge*)一书,副标题即为"对相对主义的答复"。曼德尔鲍姆并没有在贝克尔与比尔德的具体文本上多做文章,而是深入到欧洲大陆的思想传统中去揭示历史相对主义的渊源,从而将论辩提升了一个数量级,试图借用哲学的概念和术语来论证历史学如何才能成为一门合法性的事业。曼德尔鲍姆由此设定此书的目标是探究历史知识的性质及其合法性问题,探究的路径是介于"一般认识论与历史方法手册之间"的"方法论研究"(methodological investigations)。③ 在众多的20世纪早期或世纪之交的欧洲思想家之中,曼德尔鲍姆选出三位相对主义者:克罗齐、狄尔泰以及曼海姆,依次对他们各自的历史哲学做描述性的考察,并分析出他们的理论困境,进而总结出他们共同的预设。随后,在相对主义者思想内部的辩证运动中,曼德尔鲍姆又挑出四位相对主义的反对者:西美尔、李凯尔特、舍勒和特勒尔奇。由于处于历史主义危机的内部,他们四位也都没能

---

① 〔美〕乔伊斯·阿普尔比、林恩·亨特、玛格丽特·雅各布:《历史的真相》,第245页。
② 〔德〕格奥尔格·G.伊格尔斯:《二十世纪的历史学:从科学的客观性到后现代的挑战》,何兆武译,北京:商务印书馆,2020年。对于后现代主义史学理论及其史学的评论和反驳,还可参阅1997年出版的《捍卫历史》一书。〔英〕理查德·艾文斯:《捍卫历史》,张仲民等译,桂林:广西师范大学出版社,2009年。
③ Maurice Mandelbaum, *The Problem of Historical Knowledge: An Answer to Relativism*, New York: Liveright Publishing Corporation, 1938, pp.1-3.

够真正克服相对主义。对于相对主义的答复,最终还要由曼德尔鲍姆自己来揭晓。

本选题的研究思路主要是以沃尔什的分析框架作为参照,在国内外现有研究成果的基础上,重点探讨英语世界的分析的历史哲学的发展过程及其特点,以及后分析派历史哲学家对于历史知识客观性论证的特点。一方面,在沃尔什之前,分析的历史哲学在20世纪30年代就已经产生,主要以曼德尔鲍姆的《历史知识问题:对相对主义的答复》(1938)为代表;另一方面,在沃尔什之后,为了应对叙事主义历史哲学的挑战,后分析历史哲学则进行了新的调整和突破,主要以阿维泽尔·塔克的《我们关于过去的知识:史学哲学》(2004)为标志。同样是面对历史相对主义或怀疑主义的挑战,后分析派历史哲学家对于历史知识客观性的论证则有了新的内涵。如果说早期的分析派历史哲学家为科学的统一性辩护,坚持真之符合论,强调历史知识的绝对客观主义,那么,后期的分析的历史哲学在调和绝对客观主义与相对主义的论争过程中,坚持一种灵活的真之实用论。

其次,我们可以说,这一实用主义历史哲学的路径已经突破了沃尔什的分析框架,从而为西方史学理论增添了新的"样本库"。与此同时,诞生于美国的实用主义向来都强调理论与实践之间的互动,我们可以在20世纪30年代贝克尔和比尔德的史学思想中找到源头,他们正是借助于美国的实用主义精神来接受和改造克罗齐的历史哲学,这跟当时美国实用主义哲学家杜威和詹姆士等人的观点有许多契合之处,由此鲜明地体现了美国史学理论发展的自身特点。以此对照,一旦我们解锁了皮尔士、蒯因、罗蒂这样一条实用主义的语言哲学进路,我们同样可以在海登·怀特的历史哲学中解读出一种新实用主义的精神。

本选题结合现有的研究成果,围绕历史知识的客观性问题来论述分析的历史哲学或英美史学理论的发展变迁、学术特点以及成就,重点分析一些重要的史学理论家探讨历史知识客观性问题的运思理路和论证方式,由此总结出一条实用主义历史哲学的发展路径,从而有助于我们进一步深化美国本土化的实用主义精神对于英美史学理论发展的影响的认识。

第一章,导论,主要介绍本选题的研究意义和主要研究思路。

第二章,在美国史学理论发展史上,20世纪30年代可谓是历史知识客观性论争的关键时刻。这一时刻不仅造成在美国职业史学共同体内部产生了持续不断的论争,而且促成围绕历史知识性质展开讨论的分析的历史哲学的诞生。以贝克尔和比尔德为代表的历史学家声言要与承继欧洲传统的史学决裂,以便建立适应现实的新史学。他们在史学理论上尝试运用美国的实用主义精神来改造克罗齐的历史哲学,并以此批判兰克式的客观主义史学。曼德尔鲍姆则深入到欧洲历史主义的传统中来澄清和批判他们历史相对主义的理论预设,并运用经验主义传统的概念和术语来分析历史知识的性质,尝试为历史知识的客观性奠定方法论基础。虽然这一场持续到现在的学术论争源自欧洲大陆的历史主义危机,但也鲜明地体现了美国史学理论发展的自身特征。

第三章,继曼德尔鲍姆之后,亨佩尔于1942年提出历史解释的"覆盖律模式",从方法论上进一步反驳新康德主义者将自然科学与历史科学割裂的观点,试图将历史科学重新纳入逻辑实证主义的一般模式和统一形式之中,由此标志着分析的历史哲学的成熟和壮大。"亨佩尔—德雷论战"可谓是战后英美史学理论界关于历史知识性质论争的又一段公案,围绕什么样的解释才是历史学中的解释来展开。20世纪40年代,亨佩尔提出科学解释的一般形式,即"覆盖律模式",认为历史学作为一门研究过去的经验科学,同自然科学一样,都意在寻求现象和事件的原因与规律,两者在方法论上并无不同之处;威廉·德雷则与之针锋相对,认为历史学研究的对象是过往的人类行动,而行动有着不同于事件的自由意志面向,自然科学中的因果性和规律性解释并不能照搬到历史学,故而德雷进一步提出了历史解释中的"合理行动原则"。唐纳德·戴维森在两者之间独辟蹊径,在"异态一元论"和"三角架构"的图式下,提出历史解释的整体论方案,有效地解决了双方之间的二元对立。既满足了历史知识的内在合理性,又为历史知识的外在客观性作了辩护。

第四章,随着分析的历史哲学的不断发展,在分析派历史哲学家内部,大多数学者吸收了分析哲学从逻辑和语言层面来分析历史知识性质的方法,但很多学者并不认可亨佩尔科学统一化的解决方案。在围绕亨佩尔提出的"历史解释"问题的大讨论中,莫顿·怀特、阿瑟·丹图、加利等历史哲学家先后引申出"历史叙事"的议题,纷纷提出"历史叙事"作为一种弱化的"历史解释"的替代方案,认为历史叙事可以更好地贴近和分析实践史家的主要工作程序以及历史学的主要特征。依照曼德尔鲍姆的观察和批判作为论述的线索,可以进一步展现"历史解释"与"历史叙事"论争的过程及其细节,并做出一些总结。首先,分析的历史哲学关于"历史解释"的讨论是对欧洲大陆历史主义传统中将自然(自然科学)与历史(历史科学)分成两撅的反叛,他们摒弃了批判的历史哲学的"历史认识"路径,聚焦于经验主义传统的"历史方法"。其次,与叙事主义历史哲学从修辞学和文学理论的视野重新阐释历史叙事和历史意义有很大的不同,分析的历史哲学关于"历史叙事"

的讨论仍是在"历史解释"的框架内进行的,他们倾向于将历史叙事看作是历史解释的一种替代性方案。这虽说与叙事主义历史哲学有所交集,但已貌合神离。

第五章,1973年,海登·怀特在《元史学:19世纪欧洲的历史想象》一书中重新捡起了曼德尔鲍姆所批判的历史主义,试图复兴欧洲大陆的思辨传统,为当时日益社会科学化的历史学注入人文的活力。怀特将分析派历史哲学家讨论的"历史事实(陈述)""历史解释"等议题转向了"历史话语(文本)""历史表现",从而认定史家的最终作品是由散文式的自然语言所构成,不同于自然科学中技术化的人工语言。在怀特看来,历史学本质上是一种"历史诗学"。由此,这就彻底挑战和封闭了分析的历史哲学要将历史学统一到自然科学门下的努力。怀特的工作不仅得到荷兰史学理论家安克斯密特的响应和提倡,而且,怀特积极地与法国结构主义以及后结构主义思想家进行对话和交流,形成了蔚为壮观的后现代主义史学思潮。

叙事主义历史哲学的兴起与史学实践领域的"文化转向"呈现出一致性。一些新文化史家也在尝试突破日益社会科学化的史学,从叙事主义历史哲学汲取养分的同时,对其消解历史证据的重要性持保留意见,特别是面对史家可以自由地选择喜剧或悲剧来表现大屠杀事件时,怀特的历史表现面临着道德和意识形态的文化困境。正是在文化研究领域对历史记忆和文化记忆的广泛讨论中,安克斯密特在《崇高的历史经验》(2005)一书中认为创伤记忆作为一种崇高的历史经验是无法用语言进行历史表现的,由此在史学理论上就找到了突破叙事主义历史哲学的新范式。此后,埃尔科·鲁尼亚(Eelco Runia)、贝尔贝·贝弗纳奇(Berber Bevernage)等欧洲新一代史学理论家继续在"历史时间""历史正义"等核心概念上来变革西方史学理论的研究主题。

在此背景下,本章以安克斯密特的历史哲学作为分析个案,来揭示叙事主义历史哲学在很大程度上吸收了分析的历史哲学的成果,尽管安克斯密特试图在理论上进一步强化欧洲历史主义的遗产。

第六章,新世纪以来,面对后现代主义史学理论对历史学的科学性和客观性的挑战,西方史学理论界也在积极探索新的方向和议题,呈现了多元化的趋向。我们大致可以梳理出两条对立且相互渗透的研究路径。一种是在叙事主义历史哲学内部做出的调整和突破;另一种则是在分析的历史哲学原有的研究传统中继续发展。

虽然说分析的历史哲学仍在英美经验论传统中来论证历史学是一门经验性的科学,但这里的经验论不再是逻辑实证主义,而是带有美国新实用主义特征的经验论。蒯因在《经验论的两个教条》(1951)一文中批判了逻辑实证主义的根基,提倡一种整体论和自然化的认识论。实证主义史学依照实证主义模式秉持先分析事实、再归纳理论的两分假定,即蒯因所批判的经验论教条,后实证主义科学哲学家则认为"事实负载理论"(facts are theory-laden)。某种意义上来说,蒯因和海登·怀特都反对逻辑实证主义的方案,但是,蒯因并没有像怀特那样放弃认识论,仍在经验论传统中认可历史科学跟自然科学都身处同一条船上。由此,蒯因的逻辑实用主义为后分析派历史哲学家辩护历史知识的客观性提供了哲学上的保证。

近来,美国史学理论家扎米托(John H. Zammito)就此认为,科学哲学或语言哲学领域已经发生了革命性变化,进入了后实证主义时代。"如果我们首先丢弃那种关于科学必须是什么的实证主义幻觉,还有那种语言绝不可能表述具有主体间性的洞见的后现代主义错觉,我们便可以转向历史研究能为何物的问题,并且将有关史学实践的方法论和认识论问题带回到一个理智的语境之中。"[①]

由此可见,后分析历史哲学家继续借鉴英美科学哲学和语言哲学的最新成果,特别是吸收逻辑实用主义者蒯因对经验论两个教条的批判,以及对自然化认识论的倡导,侧重探讨被叙事主义者遮蔽的历史证据及其历史认识论问题,尝试为历史知识的客观性寻找一条简单且有效的新实用主义方案。从进化的角度来看,后分析派历史哲学家的工作可看作是实证主义史学理论的 3.0 版本;进而通过一种类型化的比较,叙事主义历史哲学家族的海登·怀特也兼具美国新实用主义的文化符码。

[①] 〔美〕约翰·扎米托:《夸张与融贯:后现代主义与历史学》,陈栋译,《历史研究》2013 年第 5 期,第 24 页。

第二章　分析的历史哲学与历史知识的客观性问题

第一节　历史知识客观性论争的美国时刻

1935年,正值美国历史学会成立50周年之际,史密斯(Theodore Clarke Smith)在总结过往的美国历史书写时,认为美国职业历史学界出现了分裂,以鲁宾逊、特纳、比尔德等为代表的新一代历史学家不再恪守历史书写的"不偏不倚"(impartiality)这一高贵的梦想,而是要把兰克"如实直书"的家法扔进古董博物馆。在文章的结尾处,史密斯还进一步抱怨道,长此以往,再过50年,美国历史学会可能面临解散的窘境,史学终将沦为大众娱乐的工具。① 此言一出,对于刚刚发表历史学会主席就职演讲不到一年的比尔德(Charles A. Beard)来说,无疑是一次事件,他径直以反对者所崇尚的"那高贵的梦想"为题来回应学界内部的挑战。比尔德辩称,不论是美国历史学会的第一任主席安德鲁·怀特(Andrew D. White),还是后任乔治·班克罗夫特(George Bancroft),抑或是著名的亨利·亚当斯(Henry Adams),没有任何人像史密斯所说的那样声称过能够"复原过去的本来面貌"。即便是倡导"如实直书"的兰克,也没能在实践中遵守这一原则,在其著作中仍有浓厚的泛神论(Pantheismus)和普鲁士权威主义(Prussian authoritarianism)的色彩。② 在比尔德看来,这一源自欧洲大陆的历史研究的客观性梦想,与其说是一个值得追求的高贵梦想,还不如说是一个应该抛弃的高贵谎言。

或许史密斯和比尔德都没有想到,再过50年之后,真有人拿此说事。

---

① Theodore Clarke Smith, "The Writing of American History in America, from 1884 to 1934", *The American Historical Review*, Vol. 40, No. 3(Apr., 1935), pp. 439–449.

② Charles A. Beard, "That Noble Dream", *The American Historical Review*, Vol. 41, No. 1 (Oct., 1935), pp. 74–87.

1988年，诺维克在那本脍炙人口的《那高贵的梦想：" 客观性问题 "和美国历史学界》(That Noble Dream: The "Objectivity Question" and the American Historical Profession)一书中，正是以此论争为契机，从社会文化史的角度来考察美国历史学界百年来的风云变幻。此书以《旧约》中的"以色列无国王"(There was no king in Israel)一语为结尾，恰好呼应了开篇所引史密斯在1935年的"预言"。无独有偶，国际著名史学史专家伊格尔斯在《二十世纪的历史学：从科学的客观性到后现代的挑战》(Historiography in the Twentieth Century: From Scientific Objectivity to the Postmodern Challenge, 1997)中，也着重处理了历史知识的客观性问题。同样是面对后现代主义的挑战，同样作为离散犹太知识分子，与诺维克置身事外的反讽叙述风格不同，伊格尔斯则以崇高的使命感坚守：后现代主义并不能导致启蒙运动的终结，也不意味着历史学作为一种学术事业的终结。①

回到20世纪30年代，对于刚刚在耶鲁大学拿到博士学位的莫里斯·曼德尔鲍姆(Maurice Mandelbaum, 1908—1987)来说，历史知识的客观性问题也不像后来的诺维克所认为的那样，可以当作不过是职业史学共同体内部的一种"意识形态"或人类学意义上的"神话"来看待②，而是严肃地从历史哲学的方法论立场来回应历史相对主义的挑战："我们对历史知识的思考一直在于表明历史客观性的理想不是一种虚幻的梦想。我们试图提出这样一种论证，它不仅证成这种理想是有根据的，而且再一次使历史知性(historical understanding)理论与历史学家自身的实践相一致。"③本文的重心即是回顾和剖析曼德尔鲍姆在1938年关于历史知识客观性的论证。我们首先探讨贝克尔与比尔德的史学思想，展现那个时代美国历史学界关于历史知识"客观性"的论辩场域；接下来讨论曼德尔鲍姆对于历史相对主义的驳论，在充分考量双方观点的基础上来进一步澄清各自的理论前提。述往事，知来者，以期为我们重新理解当下美国史学理论的论争提供可资借鉴的历史案例。

---

① 〔德〕格奥尔格·G. 伊格尔斯：《二十世纪的历史学：从科学的客观性到后现代的挑战》，何兆武译，北京：商务印书馆，2020年，第149—155页。关于美国历史学界对后现代主义挑战的回应，亦可参阅〔美〕乔伊斯·阿普尔比、林恩·亨特、玛格丽特·雅各布：《历史的真相》，刘北成、薛绚译，上海：世纪出版集团、上海人民出版社，2011年，第209—235页。

② 参见〔美〕彼得·诺维克：《那高尚的梦想："客观性问题"与美国历史学界》，杨豫译，北京：读书·生活·新知三联书店，2009年，第1—23页。诺维克在此书中也多次引证曼德尔鲍姆的观点，但他讨论的视角和重心都是在新文化史的框架下进行的，本文则侧重在史学理论的框架内讨论历史知识的客观性问题。

③ Maurice Mandelbaum, The Problem of Historical Knowledge: An Answer to Relativism, New York: Liveright Publishing Corporation, 1938, p. 273. 以下凡涉及此书仅给出英文出处，引文主要参考涂纪亮的译文，并在某些地方对照英文做了适当修正。参见〔美〕莫里斯·曼德尔鲍姆：《历史知识问题：对相对主义的答复》，涂纪亮译，北京：北京大学出版社，2012年。

第二节 贝克尔和比尔德的实用主义
史学思想:"人人"和"信念"

  比起早先大都留学欧洲大陆的上一代历史学家而言,贝克尔与比尔德都是本土成长起来的新一代历史学家。在他们当中,特纳可谓是美国本土历史学家的首要代表,特纳所提出的"边疆论"是对其老师赫伯特·亚当斯(Herbert B. Adams)"生源论"的反叛,由此在美国史学本土化历程中占据重要的位置。赫伯特·亚当斯是兰克在美国最忠实的信徒之一,他不仅把兰克推选为美国历史学会的荣誉会员,而且身体力行,把兰克倡导的研讨课(seminar)引入到学生的培养上来。他在1888年的《兰克》一文中这样说道:"尼布尔虽然是一个令人敬佩的史料考据学家,但他却以形形色色并没有为现存证据所证明的关于道德和哲学的见解来阐明他的罗马史。……与此相反,兰克紧紧地抓住历史事实,不加说教,不用训诫,不讲故事,而只是叙述单纯的历史真相。唯一的志向是如实地叙述原本所发生的事情——'Wie es eigentlich gewesen'。真相与客观性是兰克的最高目标。"[①]虽然特纳在霍普金斯大学接受了严格意义上的历史学专业训练,但是他为何在"如实直书"的指导原则下得出与其老师截然相反的观点?这仍要到特纳关于历史的概念中去寻找答案。

  我们看到,特纳在1891年的《历史的意义》一文中,尝试从西方自古至今关于历史学的概念中重新确立历史的意义:历史学可以是关于过去的文学,可以是关于过去的政治学,可以是关于过去的宗教,可以是关于过去的经济学,但这些过去关于历史学的概念都旨在表明:"每一个时代都试图形成自己关于过去的概念。每一个时代都根据它那个时代最重要的特定环境来重新书写过去的历史。……历史学包括客观的历史和主观的历史。客观的历史是指发生事件的本身,主观的历史是人们关于这些事件的观念。"[②]由此,我们今天之所以比李维或塔西佗更了解罗马的历史,不仅在于我们知道如何利用原始资料,而且在于我们能够在时间的发展中来理解事件的意

  [①] Herbert B. Adams,"Leopold von Ranke",*the Papers of the American Historical Association*,III(1888),pp. 101-120. 转引自 Georg G. Iggers,"The Image of Ranke in American and German Historical Thought",*History and Theory*,Vol. 2,No. 1(1962),pp. 21-22。

  [②] Frederick Jackson Turner,"The Significance of History",in Everett E. Edwards ed.,*The Early Writings of Frederick Jackson Turner*,Madison:The University of Wisconsin Press,1938,p. 52。

义。在特纳看来,历史并不是"死的过去",而是"活着的现在",兰克的学生德罗伊森的观点"历史乃是人类的自我意识",是他所深以为然的。① 所以说,特纳能够依照当时社会的发展环境来重新理解"西部边疆"在美国历史上的重要性,认识到"西部"的独特性对于重新塑造美国自我意识的重要性,而不是像他的老师那样,仅仅从遥远的日耳曼村落里去寻找美国政治制度的起源,史学观念的更新当是一个重要缘由。

贝克尔早年师从特纳,虽然他后来的研究领域主要是美国政治史和欧洲思想史,但他在1910年发表的《论堪萨斯》一文即是对"边疆史学"的致敬,诗情洋溢地称颂堪萨斯是美国精神的提炼和缩影。与特纳的遮遮掩掩不同,贝克尔在同年发表的《不偏不倚和历史书写》(Detachment and the Writing of History)一文中,把矛头直接对准了兰克式的"客观的历史学"。借用尼采对于19世纪"客观人"的反讽,他认为上一代历史学家所谓的"真相"(truth)是"具有固定不变的性质:历史实体或'事实'是纯粹客观的事物,它并不会发生改变"。② 在贝克尔看来,这种把历史学家当做工具的态度并不符合常人的心智活动,"在每一个心智活动的领域,科学人(men of science)都是依照进化的假设来构造宇宙世界。"③同理,在历史学家的探究活动中,"历史实在(historical reality)是持续不断、无限的复合体。历史学家所分析出来的冰冷坚硬的事实并不是历史实体的实在部分,而是它的一个侧面。历史实在一去不复返了,无论历史的'事实'曾经是什么,它们也仅仅是历史学家为了理解它们而型塑的心智印象或图像。"④在此意义上,史家并不是被动地接受过去所遗留的痕迹,而是在自己当前的经验中积极地构造这些"痕迹"的心智图像(mental picture)。历史的"事实"是历史学家依照个人经验选择和构造出来的,"历史学依靠证词,但是这些证词的定性价值要由接受和检验它的经验的最后分析来确证。"⑤由此,历史的实在都必须通过当前的经验来获得,我们拥有的过去总是现在的产物。

在此思路下,贝克尔在1926年写作的《什么是历史事实?》一文中,进一步考问"如实直书"所谓的历史事实是"哪一个事实"? 首先,贝克尔将历史学上的事实与自然科学意义上的事实区分开来,认为"铁一般的事实"并不

---

① Frederick Jackson Turner,"The Significance of History",p. 53.
② Carl L. Becker,"Detachment and the Writing of History",in Phil L. Snyder ed. ,*Detachment and the Writing of History:Essays and Letters of Carl L. Becker*,Ithaca:Cornell University Press,1958,p. 7.
③ Ibid. ,p. 7.
④ Ibid. ,p. 11.
⑤ Ibid. ,p. 12.

是历史事实的属性。历史学家与事实打交道,但这些事实并不是像砖头和木块那样有着一定形状和质地的"坚硬"而"冰冷"的东西。这种19世纪自然科学意义上的事实是不可再分的原子事实。对于贝克尔而言,如此来理解历史科学的方式完全是认知上的谬误。不仅像历史学家所使用的"文艺复兴""工业革命""自由""进步"这些词汇没有物质实体上的属性,就如"公元前49年恺撒渡过卢比孔河"这样的历史事实同样不是"简单的""硬邦邦的事实"(hard fact)。因为贝克尔分析认为,这一看似简单的事实还可以分解为许许多多更小的历史事实,诸如恺撒是带着他的军队一起横渡,这次渡河伴随着许多人的动作、语言和思想等等。① 其次,贝克尔试图将"历史事件"与"历史事实"区分开来,进一步将历史事实认定为"代表一连串事件的象征(symbol)"。② 对于以过去为研究对象的历史学家来说,他总是处在当前或现在这个位置上来研究过去发生的历史事件,他并不能直接与事件打交道,而只能与过去所遗留在现在的"痕迹"打交道。"历史学家接触的不是事件,而是确证事件曾经发生过这一事实的记载。"③也就是说,"历史事件"与"历史事实"总是相隔一段时间距离,每当历史学家说"恺撒渡过卢比孔河"这一历史事实,就不再是"恺撒渡过卢比孔河"那一历史事件了。既然历史学家能够打交道的总是遗留下来证明过去发生的事件的材料或证词,而这些材料所确证的"历史事实"就不能必然等同于"历史事件","不管实际发生的事件与历史事实的关联怎样紧密,它们都是两种不同的事物。"④由此,贝克尔就切断了"历史事实"与"历史事件"一一对应的关联,尝试把"过去发生的事件"与"史家对于过去事件的认知"区分开来,使用历史编纂学(historiography)而不是历史(history)来表示"史家对于过去事件的认知"。⑤

再就"恺撒渡过卢比孔河"这一历史事实来说。在恺撒之前,肯定有无数的人渡过此河,在恺撒之后,同样有无数的人渡过此河。在历史的长河中,岂止恺撒渡过卢比孔河。那么,为何古今史家仅仅对"恺撒渡过卢比孔河"这一历史事实感兴趣呢?在贝克尔看来,原因就在于这一历史事实在复杂网络中所具有的价值和意义,"除非把它放进孕育它的复杂的环境网络中,否

---

① Carl L. Becker,"What Are Historical Facts?"in Phil L. Snyder ed. ,*Detachment and the Writing of History:Essays and Letters of Carl L. Becker*,Ithaca:Cornell University Press,1958,pp. 42 – 43.
② Ibid. ,p. 45.
③ Ibid. ,p. 47.
④ Ibid. ,p. 48.
⑤ Carl L. Becker,"What Is Historiography?"in Phil L. Snyder ed. ,*Detachment and the Writing of History:Essays and Letters of Carl L. Becker*,Ithaca:Cornell University Press,1958,pp. 65 – 78.

则它不可能具有任何意义。这个复杂的网络,就是在恺撒与庞培、罗马元老院、罗马共和国以及一切参与此事的人类的关联中组成的一系列事件。"①由于恺撒决定不服从罗马元老院让他辞去高卢指挥官的命令,反而向罗马挺进,而卢比孔河处于高卢和意大利的交界。"恺撒渡过卢比孔河"就意味着恺撒挑战了罗马元老院的权威,导致了罗马从共和制向帝制的转型。如果没有这些复杂的网络,横渡卢比孔河也就没有意义了。"就事件本身而言,它对我们没有任何意义。它之所以对我们有意义,并不是事件本身,而是作为另外一些事件的象征,是代表一连串事件的象征。"②在此,我们可以看到,贝克尔在批判兰克式的客观史学采用自然科学的事实概念将"历史事件"与"历史事实"等同起来之后,进一步将"历史事实"与历史学家认识框架中的"历史意义"联系起来。一方面,过去发生的历史事件总是在复杂的网络世界中不断变化,一个历史事件总是在横向上与其他事件发生错杂的关联,纵向上也总是与前后相接的其他事件发生或多或少的联系;另一方面,作为认知主体的历史学家同样处在不断变化的世界网络中,处在不同时空的历史学家也影响着历史事实的选择和构造。所以,在贝克尔看来,"我们对于实际事件所构想的图景总是由两种因素决定的。1)由我们所能够认识的实际事件本身决定的;2)由我们个人当前的目的、欲望和偏见决定的,这些个人的要素都融入到我们对于过去事件的认知过程之中。"③总而言之,贝克尔试图给出不同于兰克式客观主义史学的另一幅图景。正是在此意义上,贝克尔能够宣称,"19 世纪的历史学家们完全不可能实现的愚蠢幻想之一就是:一个历史学家,一个'科学的'历史学家致力于做的正是'展现所有的事实,让事实自己说话'。"④

　　1931 年,贝克尔发表了以《人人都是他自己的历史学家》为题的美国历史学会主席演讲,系统地总结了他的治史理念和史学思想。贝克尔一上来就将我们通常理解的历史(history)分为两种形式:"第一种历史是绝对的、不可改变的——不管我们怎么说、怎么做,它就是它;第二种历史是相对的,总是随着知识的增长或精炼而改变。"⑤由于第一种历史是我们不能直接观察和还原的,我们能够观察和检验的唯一客观现实,就是过去留下的物质痕迹,我们通常所说的历史只能是第二种历史,"真实的事件序列只能凭借我们所推断和记忆的观念系列而存在"。紧接着,贝克尔将第二种历史,即我

---

① Carl L. Becker,"What Are Historical Facts?"pp. 44 - 45.
② Ibid. ,p. 45.
③ Ibid. ,p. 57.
④ Ibid. ,p. 53.
⑤ 〔美〕卡尔·贝克尔:《人人都是他自己的历史学家》,载卡尔·贝克尔:《人人都是他自己的历史学家:论历史与政治》,马万利译,北京:北京大学出版社,2013 年,第 196 页。

们所谓的历史知识进一步压缩到最简化的"记忆"层面,"历史就是关于过去发生的事件的记忆"。① 在此意义上,贝克尔就把"历史"与日常生活中的"人人"联系起来,他通过列举日常生活中人人都能遇到的一件小事来展现和说明历史学家的认知过程和机制。

首先,人人都能够在记忆的脑海里回忆起昨天发生过的一些事,记起昨天说过的一些话,这也是一切历史认识的起点。以此类推,我们可以说,没有记忆就没有历史,历史知识总是记忆的一种延伸。其次,单凭记忆是不够的,因为很多日常的记忆都随着时间的流逝而遗忘了,必须加上现实的需要或刺激促使我们去回忆过去,将死寂的记忆引入鲜活的自我意识之中。这也就是说,在日常生活经验中,人们总是根据现实的需求和情感的需要而回忆过去发生的事。同样,对于历史学家来说,过去所留下来的遗迹或史料浩如烟海,史家也是根据自己的研究兴趣和心中设定的问题将关于过去的记载纳入到自己的认知架构中,以此来想象和构造关于过去的图景。"从真正的意义上讲,历史不可能与生活分离——张三做自己需要做或想要做的事情时,不可能不想起过去的事情;他想起过去的事情时,不可能不以某种巧妙的方式,将它们联系到自己需要做或想要做的事情上。这是历史的天然功能。"②由此可见,历史就是活生生的历史行动,其中包括思想层面的选择、想象和构造活动,以及现实的实践活动。此处,贝克尔引申了克罗齐的一句名言:"一切活着的历史都是当代史(All living history is contemporaneous)。我们总在思考过去(不然的话,不管文献记载多么丰富,过去对我们来说也就什么都不是),就此而言,过去成为我们当前与之相仿的世界的一个活着的组成部分。"③

再者,在日常生活中,人们基于现实的实践活动,通过回忆所整理出来的关于过去的画面总是连贯的、合理的。"在所有的事情中,他可能记住的,只有那些与自己的这些认识保持合理程度的相关性和协调性的事情。"④这也就是说,日常生活中的人们总是基于现实实践的有用性(usefulness)来回忆过去,他回忆的过去图画并非完全是真实的(truth),同时也没有这个必要。只有在人们关于过去的图画与现实的实践发生某种矛盾和冲突时,人们关于过去的确定性的信念才会出现动摇,才会意识到要通过阅读过去所留下的物质痕迹来核对和检测记忆中的过去图景。在贝克尔看来,"我们人

---

① 〔美〕卡尔·贝克尔:《人人都是他自己的历史学家》,第196页。
② 同上书,第202页。
③ 同上。
④ 同上书,第204页。

人都要受时间、空间的限制,我们每个人与这个世界的布朗们以及史密斯们一样,在编织一个关于所说的话、所做的事的记忆模型时,无论如何预防,都终究抗拒不了环境和目的的命令。"①在一般的历史意识和历史思维中,日常生活中的"人人"与"历史学家"的认知活动完全是一样的,职业史家的学术实践同样是日常生活中的社会实践的一个组成部分。如果说日常生活中的人人与职业史学家有什么不同的话,那么可以说职业史家的工作更类似于法官的工作。在此意义上,贝克尔最大限度地扩展了历史学的研究范围。在20世纪初期,倡导"新史学"的鲁滨逊把历史学的研究对象扩大到了人类过去所有的活动领域,不仅包括19世纪历史学家所尤为关注的人类过去的政治活动,还包括人类过去的经济活动、社会活动、思想活动等等,由此把历史学的研究方法延伸到了经济学、社会学、心理学等社会科学的方法论。② 贝克尔则进一步把历史研究的认知主体扩大到了"人人都是自己的历史学家",由此也在认知结构的层面上取消了职业史学与公众史学之间的人为界限。

比尔德关于史学的基本观念,与贝克尔的史学思想类似,人们一般就此把贝克尔与比尔德合称为美国历史相对主义的代表人物。③ 但与贝克尔相比,比尔德在美国史学共同体内部产生的影响更大,特别是他从经济的角度来重新解释美国的宪政制度,自然与当时承继兰克式治学门径的政治史发生冲突,而且他善于论辩的性格以及侧重在史学发展的脉络中来提出他的史学观点,往往使他处于学术论争的前沿。可以说,比尔德关于史学理论的核心观点,即他始终强调"信念的行动"(act of faith)在确立历史知识中的重要性。在1933年就任美国历史学会主席的演讲中,他以《书写历史作为信念的行动》一文最直接地表达了这一看法。一上来,他就说,克罗齐和曼海姆等欧洲思想家的史学观念代表着当时主流的历史思想,使得每一个历史学者都明白,他们的同事对于原始资料的选择和排序受制于他们各自的偏见、信仰、情感、教养以及社会与经济条件。在比尔德看来,这一现象恰好说明,每一次书写历史的行动都是对于记载过去实在片断的选择和排列。"对于事实的选择与排列———一个组合的、复杂的心智运算———是一个选择、确证以及基于价值来解释的行动,是一个思想的行动。"④在充分地论证

---

① 〔美〕卡尔·贝克尔:《人人都是他自己的历史学家》,第205页。
② 参见〔美〕鲁滨逊:《新史学》,何炳松译,桂林:广西师范大学出版社,2012年。
③ 参见 Cushing Strout, The Pragmatic Revolt in American History: Carl Becker and Charles Beard, New Haven: Yale University Press, 1958; John Higham, History: Professional Scholarship in America, New York: Harper and Row Publishers, 1965, pp. 117–132.
④ Charles A. Beard, "Written History as an Act of Faith", The American Historical Review, Vol. 39, No. 2(Jan., 1934), p. 220.

了历史认识主体的综合和选择行动在构造历史知识的重要性之后,比尔德指出了在他看来上一代"科学的"历史学家身上所体现出来的认知谬误。一方面,"科学的"史家所尊崇的"如实直书"的家法在兰克的写作行动中并没有得到执行。因为兰克是基于对于法国大革命的恐惧以及普鲁士保守主义的立场来进行所谓"如实"写作的。另一方面,"科学的"史家的"如实直书"原则并非来自兰克,而是更多源自自然科学的方法论。就如工程师描述他的机械装置那样,"自然的真理,是通过保持最严格的客观性来发现的,因此历史的真理也必须通过同样的精神和方法来揭示"。①

在此意义上,只要给出一组实际发生的前件,通过诉诸普遍的规律,自然科学家就能够精确地预测未来发生的后件。比如,社会达尔文主义者就试图模仿达尔文在生物学上的成就,来构造文化有机体的成长、衰落的决定论序列。在此,比尔德并未否认这种自然科学方法对于人类认识过去的重要性,在他看来,像孔多塞、斯宾塞的进步主义史学有效地驳斥了原始的万物有灵论和野蛮主义,科学方法是人类心灵不可或缺的工具。他要反对的是,历史学家让自身受到自然科学意义上的物理学或生物学规律的奴役,使得人类历史上的一切选择都不过是类似天体力学上的一个例证。"考虑到特定的人类事件领域,历史学家可以发现一些事件类似于决定论的系列,但是,任何依靠周遭环境在时间中的持久性而获得的连续性序列,都不能归入决定性的关联性图式之中。"②比如,历史活动中人们观念的变化并不能化简为物理学上的数据,这些价值观念是不可计算的。倘若历史学家能够像天体物理学家那样工作,他就可以精确地预测历史的未来,从而也就消除了每个个体选择的自由,这就必然带来一种历史绝对主义。就像从前物理学或生物学反对神学或形而上学的桎梏那样,一旦历史学推翻了物理学或生物学在人文领域的绝对主义暴政,"当代史学思想就转而论证历史相对性的原则(the formula of historical relativity),这一原则将所有的历史书写仅仅看作是相对于时间和环境的产物"。③ 由此可见,比尔德提出历史相对性观念是为了反对一切形式的历史绝对主义。为了防止把历史相对主义本身绝对化,他提出相对性的概念也是相对的。"根据这一特定的相对性原则,对于相对性的怀疑论就会依次随着一波又一波反复不断地变化着的相对性而消除。"④在此,比尔德试图将历史学家的认识活动与现实生活联系起来,历史

---

① Charles A. Beard,"Written History as an Act of Faith",p. 221.
② Ibid. ,p. 224.
③ Ibid. ,p. 225.
④ Ibid.

认识的相对性只有通过现实的实践活动来克服,这也正是他强调信念作为行动的原因所在。"历史学家的信念是确证可被认知的历史运动之真实性的基础。历史学家的确证是一个主观的决定,而非纯粹客观的发现。"①

在进入曼德尔鲍姆对历史相对主义的驳论之前,我们先尝试解决如下问题:如何在错综复杂的脉络中评价贝克尔和比尔德的史学思想?以及如何评价美国20世纪30年代的史学转型?

首先,如果我们对此时欧洲的史学思潮,特别是克罗齐的史学理论有所了解,便不难看出贝克尔和比尔德与克罗齐之间的思想渊源。贝克尔生前亦承认:"克罗齐的《历史与历史书写》(*History and the Writing of History*)(按:此书1922年才被翻译为英文,名为《历史学:理论与实践》(*History: Its Theory and Practice*))帮助我形成了历史思想,我把这一思想表述为'每个人都是他自己的历史学家'。"②在《人人都是他自己的历史学家》一文中,他的确首次引用了克罗齐的那句"一切活着的历史都是当代史"作为论述"过去成为我们当前与之相仿的世界的一个活着的组成部分"。③ 在1933年发表主席演讲之时,比尔德曾试图邀请克罗齐参加美国的历史学年会,虽未能如愿,但他在《美国历史评论》上刊登了克罗齐的一封信,放在他自己的演说词之后。就如上一代"科学派"历史学家们将兰克的"如实直书"奉为圭臬那样,比尔德也将他们的"新史学"挂上克罗齐"一切历史都是当代史"的旗帜。正如李剑鸣所言,"美国史学家在发表他们的相对主义言论时,不过是把克罗齐的哲学语言翻译成浅显易懂的英文而已。"④但从接受史的角度来观察,看似简单的"翻译"也是复杂的视域融合、再创造的过程。否则的话,就会出现像戴斯特勒(Chester McArthur Destler)那样的情形,要去认定贝克尔的史学为思想上的剽窃(ideological plagiarism),并试图要进一步确证贝克尔早期亦受到克罗齐美学的深刻影响。⑤ 彼时刚出道不久的海登·怀特激烈反对这一观点,⑥上文的论述也更倾向于赞同

---

① Charles A. Beard, "Written History as an Act of Faith", p. 226.

② 转引自 Chester McArthur Destler, "The Crocean Origin of Becker's Historical Relativism", *History and Theory*, Vol. 9, No. 3(1970), p. 335。

③ 〔美〕卡尔·贝克尔:《人人都是他自己的历史学家:论历史与政治》,第202页。

④ 李剑鸣:《美国现代史学中的相对主义思潮》,载南开大学历史研究所编:《美国历史问题新探:杨生茂教授八十寿辰纪念文集》,北京:中国社会科学出版社,1996年,第255页。

⑤ Chester McArthur Destler, "The Crocean Origin of Becker's Historical Relativism", *History and Theory*, Vol. 9, No. 3(1970), p. 339. 关于美国史学对于欧洲大陆史学的接受和转化,亦参照 Jurgen Herbst, *The German Historical School in American Scholarship: A Study in the Transfer of Culture*, Ithica: Cornell University Press, 1965。

⑥ Hayden V. White, "Note: Croce and Becker: A Note on the Evidence of Influence", *History and Theory*, Vol. 10, No. 2(1971), pp. 222–227.

怀特的看法，认为贝克尔的历史思想更多地得益于特纳、鲁滨逊的"新史学"的滋养。

其次，从美国史学转型和本土化的视野来观照，同样会出现另一幅图景。恰如诺维克总结的那样，历史相对主义者"从没有为史学提出全面的哲学前提"，他们"几乎全被称作'实用主义者'"。① 确实，与其说美国的史学理论缺乏欧洲大陆那样体系化的观念论思考，还不如说这恰好体现美国自身的"实用主义"特征。众所周知，实用主义（Pragmatism）是美国的本土化哲学或美国精神的体现。从皮尔士开其端，经由詹姆士和杜威发扬光大，20世纪的头30年是它的奠基和繁荣时期。② 由于美国实用主义哲学家并没有把历史问题作为论述的主题，皮尔士主要是逻辑学家，詹姆士则是以心理学的研究而知名，杜威涉猎的领域更为广泛一些，使得在历史编纂学或史学理论上很少有人去论证有"实用主义史学"这样一个流派。但是，我们仍然可以在他们的思想脉络中看到"历史相对主义者"与"实用主义"的渊源。

在《实用主义》(1907)一书中，为了解决传统形而上学的论争，詹姆士提出，只有在人们日常生活的实践及其效应中才能解决永无休止的争论。"实用主义的方法就是力图找到每一种见解的实际后果来说明这种见解。"③关于"实在"(reality)问题，在真理的符合论和融贯论之外，他又提出实用主义的真理观："实在的存在是它本身的事；但实在是什么则取决于用什么样的视角；而采取什么样的视角则取决于我们自己；它们绝对不能说自己是什么。正是我们才是为它们说话的人。"④在这里，我们很容易看到贝克尔对待"历史实在"的态度与詹姆士所倡导的实用主义方法之间的关联。贝克尔的学生乔治·萨拜因(George H. Sabine)就此认为，他关于历史思想的基本观念源自西方康德以来的哲学，特别是研究心理学和实用主义的詹姆士。"心灵是记忆的统一体，它连接了人们的所做和所思，它通过重述和重构过去以适应现在以及人们对于未来行动的期待。"⑤

同样，我们也能够在杜威的论著中找到类似的观点，在《逻辑：探究之理论》(1938)一书中就曾涉及通常意义上的历史学(the ordinary sense of history)中的"历史判断"(historical judgment)问题。在杜威看来，历史探究

---

① 〔美〕彼得·诺维克：《那高尚的梦想："客观性问题"与美国历史学界》，第180、205页。
② 参见涂纪亮：《从古典实用主义到新实用主义》，北京：人民出版社，2006年。
③ 〔美〕威廉·詹姆士：《实用主义：某些旧思想方法的新名称》，李步楼译，北京：商务印书馆，2009年，第27页。
④ 同上书，第138页。
⑤ Phil L. Snyder ed., *Detachment and the Writing of History: Essays and Letters of Carl L. Becker*, p. xii.

的首要任务是寻找和确立当前可观察到的证据性材料(evidential data),但这些材料所形成的并非孤立的历史命题(historical proposition)。这些物质性材料的功能与认知主体的设问相关,是为了推论性的构造(inferential constructions)。就如建造一所房子,不仅要有建房所需的石料,同时也要有一个建造的图纸。同样,历史知识也需要主导性的原则和假设,"一切历史构造都必然是选择性的"。① 所以说,杜威也认为兰克式的"如实直书"是"令人难以置信的天真"(incredibly naive),历史探究"1)是关乎选择和配置的事情;2)受制于主导性的问题以及时代文化的概念"。② 在这里,杜威试图克服认知主体和客体的分裂状态,认为主体与客体不断交融的变化过程是一个双重的过程:一方面,作为客体的过去曾经是活着的现在,"现在之中的不断变化产生了新的社会问题,对于过去发生之事的意义也会带来新的视角"。另一方面,认知主体同样在这一变化的进程之中,"随着对过去发生的事件之意义的判断在不断变化,我们也就获得了新的工具,以评估作为未来潜能的现在条件中的动力"。③ 这也就意味着,历史随着时代的变化而不断地重新设定和书写,由此人们也就获得了决定未来行程的判断力和行动力。从上述的论述中,我们不难看出贝克尔和比尔德的史学思想与哲学上的实用主义思想之间的关联。然而,我们不必用哲学上的实用主义来涵盖史学上的实用主义,而是把两者都共同地作为美国本土化思想风格的体现。

尤为值得一提的是,莫顿·怀特(Morton White)将哲学家杜威、法学家小奥利弗·温德尔·霍姆斯(Oliver Wendell Holmes, Jr.)、经济学家凡勃伦(Thorstein Veblen)以及历史学家鲁滨逊和比尔德所展现的美国社会思想统称为"反形式主义"。"对于形式主义和抽象主义的进攻带来两个非常积极的因素:'历史主义'(historicism)和'文化有机论'(cultural organicism)。"④在这里,莫顿·怀特将历史主义更多地与达尔文和斯宾塞的社会进化论(evolutionism)关联起来。后来,他更倾向于把美国的社会思想称之

---

① John Dewey, *Logic: The Theory of Inquiry*, New York: Henry Holt and Company, 1938, pp. 230-235.
② Ibid., p. 236.
③ Ibid., pp. 238-239.
④ Morton G. White, "The Revolt Against Formalism in American Social Thought of the Twentieth Century", *Journal of the History of Ideas*, Vol. 8, No. 2(Apr., 1947), p. 132. 莫顿·怀特后来将此文扩展为一部著作,参见 Morton G. White, *Social Thought in America: The Revolt against Formalism*, London: Oxford University Press, 1949。

为"实用主义"以及"整体的实用主义"(Holistic Pragmatism)。① 在此意义上,贝克尔和比尔德也是"新史学"或"进步主义史学"阵营中的重要成员,论者也常常从美国社会改革和现代化的视角来论述他们的史学成就。②

再者,如果从经验主义的传统来理解20世纪30年代美国史学的转型或本土化历程,我们会看到,早期的美国历史学家在接受兰克史学的过程中,也过滤了带有浓厚大陆观念论色彩的"兰克"。同样,"新史学"或"进步主义史学"在批评兰克史学的过程中,同样是在经验主义的传统中来定位"兰克"的。正如伊格尔斯所言,"'新史学'在号召历史学家应该超出事实而走向归纳和概括的时候,是在向兰克的方法论,更正确地说,是在向'科学派'所保持的兰克的形象挑战的。"③在这里,"科学派"历史学家更多地是借鉴自然科学或经验主义的方法论,尤其是社会达尔文主义的"进化史观"。④比尔德很大一部分的论证正是针对"进化史观"所带来的历史决定论与历史绝对主义,从而提出历史相对性的观点,认为实际的历史进程没有这样的决定论,而且历史学家的书写也不必受制于历史客观性的束缚,而将历史写作看作是基于信念的选择行动。

第三节 曼德尔鲍姆对历史相对主义的答复:"陈述"与"判断"的二分

美国职业历史学家内部出现正面交锋论战的第二年,也即1936年,曼德尔鲍姆在耶鲁大学完成了以《近来历史哲学中的历史相对主义》(*Historical Relativism in Recent Philosophy of History*)为题的博士论文,随后于

---

① 参见 Morton G. White, *Pragmatism and The American Mind: Essays and Reviews in Philosophy and Intellectual History*, London: Oxford University Press, 1973; Morton G. White, *A Philosophy of Culture: The Scope of Holistic Pragmatism*, Princeton: Princeton University Press, 2002. 斯特劳特也主要借鉴莫顿·怀特的看法将比尔德与贝克尔的史学思想定位为"实用的相对主义"(pragmatic relativism)。参见 Cushing Strout, *The Pragmatic Revolt in American History: Carl Becker and Charles Beard*, pp. 1 – 10。

② Richard Hofstadter, *The Progressive Historians: Turner, Beard, Parrington*, Chicago: The University of Chicago Press, 1968; Ernst A. Breisach, *American Progressive History: An Experiment in Modernization*, Chicago: The University of Chicago Press, 1993, pp. 50 – 65, 179 – 214.

③ Georg G. Iggers, "The Image of Ranke in American and German Historical Thought", *History and Theory*, Vol. 2, No. 1(1962), p. 23.

④ 参见 Frederick J. Teggart, *Theory of History*, New Haven: Yale University Press, 1925; Richard Hofstadter, *Social Darwinism in American Thought*, Boston: The Beacon Press, 1944。

1938年出版《历史知识问题》(*The Problem of Historical Knowledge*)一书,副标题即为"对相对主义的答复"。虽与莫顿·怀特同为美国20世纪中期重要的历史哲学家,但与莫顿·怀特本土化的解读思路不同,谙熟欧洲大陆思想的曼德尔鲍姆则将历史相对主义和欧洲传统的历史主义(Historismus)等同起来。曼德尔鲍姆并没有在上述贝克尔与比尔德的具体文本上多做文章,就径直深入到欧洲大陆的思想传统中去揭示历史相对主义的渊源。此书某种意义上也可以说是一部20世纪早期欧洲思想史,可以与他1971出版的《历史、人和理性——19世纪思想研究》(*History, Man and Reason: A Study in Nineteenth-Century Thought*)对勘。

《历史知识问题》开篇就描述历史研究在现代思想中的显著地位。由于哲学领域对于知识合法性的论证是现代性的标志,所以曼德尔鲍姆设定此书的目标是探究历史知识的性质及其合法性问题,探究的路径是介于"一般认识论与历史方法手册之间"的"方法论研究"(methodological investigations)。① 我们可以看到,曼德尔鲍姆将论辩提升了一个数量级,试图借用哲学的概念和术语来论证历史学如何才能作为一门合法性的事业。我们首先围绕文本来考察曼德尔鲍姆是如何深入到欧洲历史主义危机之中去分析历史相对主义的前提预设的。在众多的20世纪早期或世纪之交的欧洲思想家之中,曼德尔鲍姆选出了三位相对主义者:克罗齐、狄尔泰和曼海姆,依次对他们各自的历史哲学做描述性的考察,分析他们的理论困境,进而总结出他们共同的预设。随后,曼德尔鲍姆又挑出四位相对主义的反对者:西美尔、李凯尔特、舍勒和特勒尔奇。由于处于历史主义危机的内部,他们四位也都没有能够真正克服相对主义。对于相对主义的答复,最终还要由曼德尔鲍姆自己来完成。

基于思维经济原则,我们在此仅选出克罗齐和李凯尔特为例,来考察曼德尔鲍姆是如何论述他们的历史哲学的。基于克罗齐在当时美国史学界的影响力,他很自然地成为相对主义者的首位代表。在曼德尔鲍姆看来,克罗齐作为大陆式的体系哲学家,最突出的思想是基于否认唯物论而建构的一整套"精神哲学"。克罗齐将精神领域分为两个领域:理论活动和实践活动;前者是知识领域,后者属于意志领域。而知识领域又包含两种形式的理论活动:直观活动与概念活动。美学是纯直观的科学,逻辑学是纯概念的科学。历史学与美学和逻辑学既有联系,又有区别。在克罗齐看来,历史知识

---

① Maurice Mandelbaum, *The Problem of Historical Knowledge: An Answer to Relativism*, pp. 1–3.

既包含直观成分,又包含概念成分。曼德尔鲍姆以此总结出,"克罗齐关于历史判断或个体判断的学说建立在这样的基础之上:所有的事实(知觉)判断既需要表现的要素,又需要概念的要素。"①克罗齐如何进一步来论证呢?在《逻辑学》一书中,他认为逻辑主语是一种直观(intuition),谓述是一个概念(concept)。而个体判断(individual judgement)的谓述是一个关于直观的真概念。举例来说,像"课桌""三角形"这样的假个体判断中,谓述机械地应用到逻辑主语上。只有像"质""发展"才是真个体判断,在这里,谓述渗透到逻辑主语之中。前者对应精确科学和数学,后者对应历史学和哲学。由此来看,克罗齐试图保留直观的表现以凸显历史科学多于自然科学的那个要素,因为直观作为认知的一种形式,并不是被动机械地感知对象,而是积极地创造出认知的对象。

然而,曼德尔鲍姆反问道:"如果直观是指认知者心灵状态的表现,那么历史学家如何能够'直接接触已发生的事件'。"②为了保证个体经验之间的同一性,以便使得关于过去的个体判断成为可能,克罗齐进一步提出了一个类似于黑格尔的普遍精神学说,认为个体的心灵状态是绝对者(the Absolute)的一部分,以此来克服个体经验之间的相对性和不可通约性。依照这种形而上学的绝对观念论,过去并不具有真实的存在,每一个由精神假定的事实都存在于永恒变化着的现在之中。由此,克罗齐必然得出,"一切历史都是当代的历史"。但是,对于从经验论前提出发的曼德尔鲍姆来说,这种知识理论完全是一种逻辑谬误。首先,克罗齐混淆使用了"直观"一词,如果直观作为精神产生形象的基本表现活动,直观就不能进入过去的事实之中;如果历史知识是直观的,这个事实就是现在的,而不是过去的。历史知识不可能既是直观的,又是表现过去实际发生的事件。其次,克罗齐认为每一部历史著作都是精神自我表现中的一个阶段,在某种意义上,说每一部历史著作都是"真的",这样就消解了历史知识中的真之标准。所以,在曼德尔鲍姆看来,"克罗齐只有通过放弃历史客观性的理想来克服这个前后矛盾,他试图求助于精神的绝对性来缓和支配他学说中的那种相对主义"。③

在欧洲相对主义思潮的内在辩证运动中,李凯尔特无疑是相对主义反对者最为杰出的代表。1902 年出版的《自然科学概念形成的界限》是这个

---

① Maurice Mandelbaum, *The Problem of Historical Knowledge: An Answer to Relativism*, pp. 43-44.
② Ibid., p. 49.
③ Ibid., p. 57.

领域的经典著作,曼德尔鲍姆也指出此书"在范围、连贯性以及逻辑严密性方面远远超过所有其他著作"。① 与克罗齐从审美的直观来区分历史科学与自然科学的差异稍有不同,李凯尔特则从价值的普遍联系这个形式来划清文化科学(Kulturwissenschaft)与自然科学(Naturwissenschaft)之间的界限。这里的文化科学不同于黑格尔意义上的精神科学(Geisteswissenschaften),而是从新康德主义的立场来完成文德尔班在《历史学与自然科学》一文中未竟的事业。

按照李凯尔特的观点,自然科学的知识所特有的形式是使用普遍概念或者规律,历史科学则关注事物的特殊性,即包括具体性(concreteness)和个体性(individuality)两个方面。自然和历史的差异不是传统上认为的一般与个别的差别,自然科学上的个别是作为一般的可切分的例证,而历史上的个别是具有不可分割性的现实的个体,它不仅具有"一次性的、特殊的和独特的事物的意义,而且同时还具有不可分事物的意义。不可分性这个概念指出了一种唤起逻辑兴趣的统一性"。在李凯尔特看来,有两种意义寓于"个体"之中,"其一就密切配合性这个意义而言的多样统一性,其二是独特性"。② 他进一步指出,作为人的个体的不可分割性、个别的统一性的纽带则是要和价值发生联系。"不可分的个体永远是与价值有关的个体。"③正如曼德尔鲍姆总结的那样,"在这一点上,李凯尔特仔细地把评价活动(Wertung)与对象和价值相联系的活动(Wertbeziehung)这两者区别开来。按照他的观点,使一个对象成为一个历史个体的因素,并不是历史学家自己把价值赋予这个对象,而毋宁是历史学家发现这个对象的价值相关性(value-relevance),即它与价值相联系。"④正是在这种意义上,价值的普遍联系保证了历史知识的客观性,从而规避了历史知识的相对性。李凯尔特最终也能够给自然科学的概念构成划定界限,"我们可以把它当成与其他两种理解有着原则不同的第三种理解,使它与自然科学的及艺术的理解相并列,可以姑且称之为实践生活的世界"。⑤

不过,在曼德尔鲍姆看来,李凯尔特区分历史科学与自然科学仅是逻辑上的区分,只具有形式上的有效性,这种形式区分本身无可指责。但是,对

---

① Maurice Mandelbaum, *The Problem of Historical Knowledge: An Answer to Relativism*, p. 119.
② 〔德〕李凯尔特:《历史上的个体》,收入《自然科学概念构成的界限》,转引自张文杰编:《历史的话语》,北京:中国人民大学出版社,2012年,第22页。
③ 同上书,第30页。在此要明确的是,李凯尔特这里所指的价值是一种理论意义上的价值联系,必须与历史学实践中的道德评价区分开来。
④ Maurice Mandelbaum, *The Problem of Historical Knowledge: An Answer to Relativism*, p. 124.
⑤ 〔德〕李凯尔特:《历史上的个体》,转引自《历史的话语》,第32页。

于具体的历史知识而言,这种历史科学是形式的和空洞的。早期李凯尔特通过普遍的价值来克服相对主义,后期为了应对这种批判,他又引入了具体的价值结构,认为首要的对象是与普遍的价值相关联,次要的对象则是因果说明。比如,"工业革命"作为首要的对象是一种指向普遍价值的、目的论的发展的组合,而一系列发明和技术的进步被看作是与"工业革命"的具体的价值结构相关联,是一种因果信息的汇集。虽然李凯尔特既考察次要对象之间的因果关系,又将次要对象的因果关系通过具体的价值结构与普遍的价值联系起来,最终通过普遍的价值的一元论来克服这种二元论;但是,在曼德尔鲍姆看来,如同克罗齐一样,李凯尔特同样消解了真假判断,价值判断决定了事实判断,任何历史知识的真之标准也就没能真正地建立起来。对于曼德尔鲍姆而言,"第一,李凯尔特没有能够对历史事实判断做出恰当的说明;第二,因果说明与价值联系并不是相互匹配的;第三,一切价值判断都依赖于先有的历史知识"。[1]

在对相对主义者及其反对者做了一番思想史的描述之后,曼德尔鲍姆试图将相对主义与欧洲的历史主义关联起来,并总结了相对主义的三个基本观点及其前提假设:1)任何历史记述(historical account)在内容层面都不可能具有过去本身的整全性和丰富性;2)任何历史著作所具有的连续性和结构不可能等同于过去本身的结构;3)任何历史知识都包含着历史学家个人的价值判断,这些判断与现在有关,而与过去无关。[2] 第一个假设是一种普遍的怀疑主义的特殊表现。可以想象,在经验的层面,任何人一般都不会持这种观点,我虽记不得昨天发生的所有事,但我可以记得昨天发生的一些事。而在形而上学的一元论层面,就会造成这种谬误,"在历史过程中可能有一个终极的、作为基础的统一体,可是历史学家绝不能发现它"。[3] 第二个假设与第三个假设都是历史主义的特殊表现。其一是认为,一切历史著作都要以它所处的时代和环境作为参照体系,必须参照不断变化的历史过程才能理解和评价这种知识,"只要对象的影响持续地存在着,这个历史对象也就持续地存在着,那么历史学家对这个对象的看法就必定相对于他在历史中所处的地位"。[4] 其二是认为,一切历史知识都源自认知主体的兴趣和价值,每个历史记述都是解释活动的结果。"应把对事实的'解释'理解为

---

[1] Maurice Mandelbaum, *The Problem of Historical Knowledge: An Answer to Relativism*, p. 146.
[2] Ibid., pp. 17–37.
[3] Ibid., p. 91.
[4] Ibid., p. 90.

来自主体,而不是主体所考察的资料的性质把'理解'加之于主体。"①如果是认知主体把解释加之于资料,那么解释自然是认知主体兴趣和价值的一种体现。在曼德尔鲍姆看来,相对主义与历史主义是一体两面的,"历史主义往往成为历史相对主义的一个最流行的、最有代表性的和最强有力的论证"。②

紧接着,曼德尔鲍姆完全从相反的方向来展开对于相对主义的驳论。首先来看曼德尔鲍姆对第一条前提假设的答复:"这个谬误在于它试图把我们关于某个对象可以说已获得的知识与那个对象的全部特征等同起来。这样一种等同根本不符合人类经验的任何一个领域的性质。"③比如,我可能知道恺撒渡过卢比孔河,而可能不知道或不能够体验恺撒渡河时的心境,但这不影响我可以拥有关于一个对象的知识,这种知识也并非意味着我知道这个对象的每一个特征。这里关键的问题在于,相对主义者预设了某种全知全能的上帝视角。一旦我们把过去本身设定为一个无所不包的"整全"(the Whole)或形而上学上的"一"(the One),我们在经验的有限性层面就无法保证我们能够"恢复过去的本来面目"。

实际上,在经验的层面,从上文对于贝克尔和比尔德的论述中,他们并没有就此而持一种历史知识的普遍怀疑主义,以此否定我们可以拥有关于过去的任何知识。但是,我们可以看到,在贝克尔和比尔德的史学思想中确实有着这样一个范畴谬误,他们隐含地坚持过去作为整全这样一个一元论的形而上学的前提,但又从经验层面反对人们能够认识到这个整全的过去,由此导致了一种弱化的怀疑主义观点:作为统一体的过去一去不复返,我们只能依照过去遗留到现在的痕迹来重构过去,所以说,任何历史记述都无法穷尽过去本身在内容上的整全性和丰富性。曼德尔鲍姆不仅认识到了贝克尔和比尔德的这个谬误,而且他彻底放弃了这种历史一元论的看法,从而预设了一种历史多元论。"历史多元论是这样一种观点,它认为被我们称之为历史过程的那一系列相继发生的事件是由众多数目不定的成分组成的,这些成分并没有组成一个完全连接在一起的集合物。"④我们以此可以总结曼德尔鲍姆与贝克尔、比尔德关于第一条假设的论辩。兰克式的客观主义史学坚持认为,历史过往作为一个整全的历史实在是真实存在的,史家的工作就是要如实地复原和重构这个真实的过去;贝克尔和比尔德仍然坚持客观主义的这个前提,但是认为史家并不能如实地复原这个过去,他的工作只是史

---

① Maurice Mandelbaum, *The Problem of Historical Knowledge: An Answer to Relativism*, p. 97.
② Ibid., p. 100.
③ Ibid., p. 84.
④ Ibid., p. 274.

家个人的建构；曼德尔鲍姆则从经验论的立场认为，坚持这种一元论的前提就是错误的，但否定这个前提并不意味着否定了历史过往的实在性，也没有因此否定历史知识的客观性，恰恰相反，在曼德尔鲍姆看来，这样才能够更好地理解史家实际工作的科学性。如此来看，他们之间关于第一条假设的论辩并不对称，我们澄清了他们各自的前提，也就意味着消除了他们之间的误解。

其次，曼德尔鲍姆对于第二个与第三个假设的驳论，同时也是针对历史主义的批判，可以说，这也是他论述历史知识性质最为核心的观点。他认为，"要参照知识形成于其中的那些条件来理解和评估知识的客观性。……隐含着一种使知识成为不可能的无限后退。……一旦主张必须参照一种知识形成于其中的那些条件去理解和评估这种知识的有效性，那么彻底的相对主义就是不可避免的。"①从上文的论述中，我们可以看到，不论是克罗齐引入普遍的精神来克服相对主义，还是李凯尔特引入普遍的价值来避免相对主义，他们都通过永恒的历史过程本身消解了真假判断，最终都没有能够建立起任何历史知识的真之标准。在曼德尔鲍姆看来，保留审美的直观表现或者价值判断是相对主义谬误的根源，"这个谬误在于把知识的内容（the content of knowledge）与用于表示和表达知识的活动（the act which formulates and expresses that knowledge）混为一谈。使用我们自己的术语用法，我们可以说这种谬误在于把'陈述'（statement）与'判断'（judgement）混为一谈。"②在这里，曼德尔鲍姆参照了胡塞尔在 1900 年出版的《逻辑研究》一书的主要观点，胡塞尔对于思维和认识的现象学研究是一种客观的严格的逻辑研究，其主旨就是通过区分意向活动（noesis）和意向相关项（noema），以此来反驳和批判当时流行的心理主义。③ 但是，曼德尔鲍姆并没有展开胡塞尔的论述，而是直接借助经验主义传统中关于陈述和命题的讨论。

在经验论者看来，陈述就是对于一个事实的描述，而判断一个陈述的真与假就看它是否与事实相符合。比如，"这是一张课桌"这个陈述，它首先是对课桌这个事实的描述，我们观察到课桌的四条腿，触摸到课桌的硬度。这个陈述的真假源自课桌这个对象本身的属性或性质，而与我们的认知没有任何关系。同样，"一部历史著作的真实性就在于它所做的陈述的真实性，

---

① Maurice Mandelbaum, *The Problem of Historical Knowledge: An Answer to Relativism*, pp. 177 - 180.

② Ibid., p. 180.

③ 胡塞尔在 1911 年出版的《哲学作为严格的科学》一书中，延续了《逻辑研究》中的心理主义批判，一方面批判心理学中的自然主义，另一方面就是批判德国的历史主义。"我据此而将历史主义看作是一种认识论的混乱，它由于其悖谬的结论而必须像自然主义一样得到严厉的拒绝。"参见〔德〕胡塞尔：《哲学作为严格的科学》，倪梁康译，北京：商务印书馆，2010 年，第 52 页。

而不在于作者事实上以这些或那些根据为依据做出判断这个事实。因此，把历史真理看作历史学家在把他所做的陈述判断为真时所依据的那些条件所发挥的功能，便是一种与此完全无关的工作。"①我们再以"恺撒渡过卢比孔河"这个陈述为例。在曼德尔鲍姆看来，"恺撒"一词对应着真实的恺撒。"卢比孔河"一词指称着一条真实的河流。"渡过"一词也意谓一个属于某种类型的实际动作。所以说，"当我们说一个陈述之所以是真实的是由于它符合事实时，我们所意指的其实是，这个陈述所表述的那种存在于这个陈述中各个词之间的关系，也存在于这些词所体现的那些实际对象之间"。② 我们知道，分析哲学或语言哲学之父弗雷格尝试在意义与指称之间做出区分，在他所举的那个著名的例子中，虽然"晨星"和"暮星"表达的是两个完全不同的意义，但是两者都指称同一个客观的外在对象。这也就是说，"意义"（meaning）与"指称"（reference）是两个不同的范畴，两者既相互区别，又相互联系。③ 现在我们可以说，贝克尔在讨论什么是历史事实时，仅仅强调了意义层面，而忽视了外在对象的指称层面，并隐含着将意义等同于指称的后果。这也可以说是曼德尔鲍姆对于相对主义最让人信服的一个答复。不管恺撒渡过卢比孔河能够组合成多少层意义，"恺撒"这个语词总是要指称外在的对象。否则的话，"恺撒渡过卢比孔河"这句话就是毫无意义的。

再者，我们看到，曼德尔鲍姆将"陈述"与"判断"区分开来，是要进一步保证历史记述的连续性和结构与过去本身中的对象的连续性和结构之间相符合。具体到历史知识的可证实性来说，虽然以过去作为研究对象的历史学不能够像自然科学那样，可以通过反复地观察获得证实，但这并不是自然科学与历史科学之间的差异所在，也没有使得历史知识不可能成立，只不过是给历史学家设置了一些限制和障碍而已。曼德尔鲍姆认为，历史事件虽然不能够像自然科学家研究的事件那样在他的实验室里反复地观察到，但是已发生的历史事件可以被许多人观察到，这种情况与自然科学中的事件被反复观察相类似。"从历史事件能被人们在许多地方发现这个事实中，从历史事件具有直接的、令人信服的意义这个事实中，就在历史知识中产生一种类型的'同时代性证实'（contemporary verification），它类似于自然科学中的'反复性证实'（verification repetition）。"④在19世纪末期出版的关于

---

① Maurice Mandelbaum, *The Problem of Historical Knowledge: An Answer to Relativism*, p. 183.
② Ibid., p. 186.
③ 在历史学的"语言转向"之后，历史知识的客观性问题也就转化为"意义"与"指称"的相关性问题，相关讨论可参照 Frank Ankersmit, *Meaning, Truth, and Reference in Historical Representation*, Ithaca: Cornell University Press, 2012.
④ Maurice Mandelbaum, *The Problem of Historical Knowledge: An Answer to Relativism*, p. 188.

历史研究方法的工作手册中,人们从历史学家的工作实践中总结了许多技术性手段,以保证这种"同时代性证实"是可行的。

为了完成对于相对主义的驳论,曼德尔鲍姆进一步引入经验论者讨论的"关联性"(relevance)和"因果性"(causation)这两个概念,来说明历史事件本身所具有的秩序、连续性和结构,它们不仅不依赖于观念论所认为的心灵的活动,而且它们自身的秩序和结构保证了历史学家的工作是可以理解的,使得历史评论成为有效的。首先,在曼德尔鲍姆看来,"关联性"是一个事实范畴,是陈述所涉及的对象之间的关系。当我们说牛顿第一定律的陈述与法国大革命的陈述之间不相关联时,"我们所指的是一个陈述所断定的事实与那些构成它的直接语境的陈述所断定的事实没有任何关联。"①我们说一个历史事件与另一个历史事件是有关联的,它并不是历史学家心理联想的活动造成的,而是使得这种活动得以可能的条件。这里的关联性是一个关系语词,"只有把关联性看作事实之间的客观关系,关联性这个概念才有意义。"②其次,在讨论"因果性"这个概念时,曼德尔鲍姆并没有把这个概念等同于自然科学意义上的普遍因果原则或决定论原则,抑或某种万物有灵论。同样,他也反对关于历史事实的原子论观点。"主张这种原子论的学说并没有使历史著作成为'科学的';相反,它使历史材料失去了它们所具有的顺序和结构。"③当代物理学已经使用数学函项或方程式取代了关于因果联系的表达式,取消了作为终极实质的物质概念,但曼德尔鲍姆仍尝试在"通常的因果性"这个概念下来论证历史事件之间的连续性和结构。由此,他进一步总结出历史事件的三个基本特征:"第一,事件是一个持续存在一段时间的实体(an enduring entity);第二,事件不是单纯的,而是包含某些亚事件(subevents)作为它的组成部分,它与这些亚事件有一种存在性的依赖关系(the relation of existential dependence);第三,亚事件与事件是同时发生的,事件通过存在性依赖关系与亚事件相联系。"④在曼德尔鲍姆看来,像"宗教改革""工业革命"这些历史事件都是持续一段时间的实体,只有唯名论者才会否认这些事件的存在。这些历史事件之所以是历史实在,是因为它由多种多样的亚事件构成。比如,工业革命就包含技术革新、童工改革以及议会辩论这些亚事件。议会辩论又是由议会职能、政党纲领、议员选举等特定的一组亚事件构成,它们之间的实在性保证了"工业革命"的实在性。

---

① Maurice Mandelbaum, *The Problem of Historical Knowledge: An Answer to Relativism*, p. 208.
② Ibid., p. 258.
③ Ibid., p. 251.
④ Ibid., p. 254.

在此意义上,历史事件之间的"关联性"和"因果性"也即是一种存在性依赖关系。

以上是对"历史事件"性质的"分析"工作阶段,即便到了历史学家的"综合"活动这个阶段,在曼德尔鲍姆看来,"因果性"和"关联性"仍在起作用。相对主义者通常认为,历史学家的挑选或综合过程完全是一种认知主体的心灵活动。贝克尔就此认为,"综合并不是记录真的发生了什么,而是通过简化来传达一个关于发生了什么的可被理解的意义。"[1]但曼德尔鲍姆却要论证,历史学家虽然可以描述某个阶段的统一性,又可以描述这一阶段的断裂性,但他不是随心所欲的挑选这些组成部分,他挑选的各个部分都是从它与这个整体的关系中确定的。事件与亚事件之间仍然是一种存在性依赖关系。所以,作为曼德尔鲍姆的一个重要论证环节,"如果历史综合是通过因果分析进行的,那就能克服相对主义的这最后一个论证。……我们便将证明我们的下述假设是正确的:历史事件本身是一种结构,这种结构被历史学家理解,而不是历史学家创造的。"[2]

如果我们参照美国史学理论后来的发展,曼德尔鲍姆对于相对主义的驳论,其论证策略非常类似于亨佩尔在 1942 年发表的《普遍定律在历史学中的功能》一文中所提出的"覆盖律模式"。我们也应看到,曼德尔鲍姆虽然借用了自然科学中的事件概念,认为历史科学与自然科学都处于同一条船上,但是,他截然反对亨佩尔完全从逻辑实证主义的立场所建构的严格模式。他在《历史知识问题》最后一章所提出的历史多元论即是明证,他将历史事件分解为亚事件,亚事件也跟历史事件一样是持续一段时间的实体,"作为那样的事件,它们具有一种无可否认的自主性(autonomy)。"[3] 这正是历史多元论的一种体现。从另一层面来看,曼德尔鲍姆在反驳相对主义者认为的过去是一种混沌(chaos)的预设之时,在反驳历史一元论、目的论和有机论的过程中,也在其中塞入了另一种形而上学假设。

我们再次回到开篇中的论述作为总结。首先,针对曼德尔鲍姆的点名批评,已是史坛"祭酒"的贝克尔和比尔德各自回应了晚辈的批驳。贝克尔回应的重点仍然是,一个历史事实不仅依赖其他历史事实,而且是建立在历史学家的推论之上。如果历史学家可以直接地获得历史事件之间的实际关联,史家所追求的这样的"真",就使得历史学家除了坐等这个"真"之外,也

---

[1] Carl L. Becker,"Detachment and the Writing of History",p. 16.
[2] Maurice Mandelbaum,*The Problem of Historical Knowledge:An Answer to Relativism*,pp. 258-259.
[3] Ibid. ,p. 275.

就无任何事可做。① 比尔德也简短地回应了曼德尔鲍姆的批评,认为他误解了自己的相对主义,"我并不认为历史的'真'是相对的,而是认为事实的选择,以及每一个历史著作的精神和排列是相对的。"② 由此可见,虽然曼德尔鲍姆与贝克尔和比尔德的论辩看起来针锋相对,实际上并不对称,很容易演化为聋子与瞎子之间的论争。一方面是讨论起点的不对称,贝克尔和比尔德更多是将克罗齐的历史哲学思想转化到日常经验层面,从史家的工作实践和日常经验来总结和反思历史编纂学所面临的新问题;曼德尔鲍姆则将这些问题转化为普遍的哲学问题,尝试使用哲学上的概念和术语来讨论历史知识的性质,以及历史知识的客观性和合法性问题。另一方面是讨论的前提不对称,贝克尔和比尔德总是从历史学家的认知主体层面来讨论历史知识所具有的主观性,曼德尔鲍姆则侧重分析历史研究对象的属性,以此来保证历史知识所具有的客观性。这种论争也就类似于欧洲传统上经验论与唯理论之间的论辩,很难得到一致的结论。

其次,论辩的不对称并不意味着他们之间没有任何共同之处。一方面,贝克尔和比尔德的史学思想中具有浓厚的实用主义色彩,他们对认知主体的强调和论述并不是像欧洲观念论者那样,把自我看作一个绝对的、抽象的主体,而是从日常经验的层面,将认知主体归为社会中的"人人"。此外,虽然 20 世纪 30 年代以贝克尔与比尔德为代表的"认知相对主义"(Cognitive Relativism)与 20 世纪 70 年代以海登·怀特为代表的"新修辞相对主义"(New Rhetorical Relativism)有共同之处,后者可以说是前者的逻辑推论,但是,贝克尔和比尔德隐含的历史实在论前提使得他们可以说是一种弱化的历史怀疑主义者,而海登·怀特在修辞层面对历史实在论的批驳和否定,使得他经常被视为一种强化的历史怀疑主义者。另一方面,曼德尔鲍姆在持续批判历史怀疑主义的过程中,一定程度上弱化了早期的客观主义立场。③

---

① Carl Becker,"Review of *The Problem of Historical Knowledge* by Maurice Mandelbaum", *The Philosophical Review*, Vol. 49, No. 3(May, 1940), pp. 361 – 364.

② Charles A. Beard, "Review of *The Problem of Historical Knowledge:An Answer to Relativism* by Maurice Mandelbaum", *The American Historical Review*, Vol. 44, No. 3(Apr., 1939), pp. 571 – 572.

③ 这一思索进路可以用他在 1960 年代中期提出的"批判实在论"(Critical Realism)加以概括。他一方面始终坚守关于历史知识的实在论前提,认为在过去发生的历史事件是完全独立于认识和语言之外的,它在逻辑上也先于任何形式的相对主义;另一方面,他反对"直接实在论"(Direct Realism)所认为的那样,历史学家可以直接亲知到过去的历史事件,而是认为历史学家只能通过科学方法和程序间接批判地获得关于过去的历史知识。参见 Maurice Mandelbaum, *Philosophy,Science,and Sense Perception:Historical and Critical Studies*, Baltimore:The Johns Hopkins University Press,1964;Ian F. Verstegen ed. , *Maurice Mandelbaum and American Critical Realism*, London and New York:Routledge,2010。

此外，曼德尔鲍姆的客观主义已显然不同于兰克式的客观主义，如果说兰克的客观主义还是一种形而上学，其中隐含着浓厚的神义论和思辨色彩；曼德尔鲍姆的客观主义则是实证主义的，是由一套可操作的科学程序和方法来保证的。贝克尔和比尔德这种实用主义的经验态度跟曼德尔鲍姆批判的实在论，在某种意义上是一致的，是能够在某些层面上达成共识的，可以说，他们的史学理论都具有美国的地域特征。总而言之，虽然这一场持续到现在的学术论争可以说是源自欧洲大陆的历史主义危机，但也鲜明地体现了美国史学理论发展的自身特征。

第四节　分析的历史哲学的诞生

依照诺维克的叙述，这场源自职业历史学界内部的论争已经溢出了历史学界，转化成了一个普遍的哲学问题。可以说，这场论辩直接促成美国探讨历史知识性质的分析派历史哲学的诞生，某种意义上也规定着此后美国史学理论的发展方向。我们知道，到1951年沃尔什《历史哲学导论》的出版，大陆思辨的历史哲学与英美分析的历史哲学的两分法才开始被人们广为接受。实际上，从20世纪30年代开始，一些英美哲学家即已关注史学实践所带来的哲学问题，他们处理的方式，既不同于以往像维柯、伏尔泰、黑格尔等哲学家从形而上学或本体论的层面对于历史发展进程进行探讨和理论概括，也不同于克罗齐、李凯尔特等批判的历史哲学家在认识论的层面来讨论历史科学与自然科学之间的差异。他们更多是从经验主义的立场出发，在方法论的层面来讨论历史知识的性质问题。曼德尔鲍姆可看作是这一路径的先导者，路易斯·明克就曾将1938年《历史知识问题》一书的出版看作是现代历史哲学的开端和标志，认为此书开启了英美分析的历史哲学的先河。[①]

在《历史知识问题》一书的导论中，曼德尔鲍姆就将他运思的路径确定为"方法论的分析"（methodological analysis），"即阐明经验科学所使用的假设，确定这些假设是否含有任何可能使它们遭到怀疑的基本矛盾"。研究的范围"介于一般认识论（general epistemology）和历史方法手册（the handbooks of historical method）之间"，其目标是"确立一个是否能够为历

---

① 〔美〕路易斯·明克：《历史的哲学和原理》，载〔美〕伊格尔斯主编：《历史研究国际手册——当代史学研究和理论》，陈海宏等译，北京：华夏出版社，1989年，第19—33页。

史学家的工作提供可能实现的前景"。① 一方面,这种科学的方法论是考察"质料的性质"(the nature of the material),即对历史知识或历史对象的性质所做的科学分析,它不同于一般认识论,"因为这些研究不涉及知觉问题(problems of perception),也不涉及对认知者和被认知者之间的关系所作的一般表述"。② 从中可以看出,曼德尔鲍姆尝试将方法论与认识论区分开来,认为持有不同的认识论立场并不影响它们可以拥有共同的科学方法论。这种运思路径显然不同于曼德尔鲍姆所批判的欧洲历史主义传统。

但是,我们却可以在美国的新实在论运动中找到曼德尔鲍姆的同盟军。在19世纪末至20世纪早期,新实在论者尝试将形而上学从认识论中解放出来,把用词严谨、分析、数理逻辑作为改革的方案,认为认识论在逻辑上不是基础性的,认识论并不提供,而是预先假定一种关于实在的理论。③ 从上述论及的曼德尔鲍姆对于相对主义的驳论来看,他基本上持一种历史知识的实在论观点,曼德尔鲍姆的开创性研究一定程度上契合了此后一段时期内美国历史哲学或史学理论发展的趋向。另一方面,曼德尔鲍姆并不像后来的逻辑实证主义者亨佩尔那样,仅仅建构一种一般的方法论原则,而不考虑历史学家的实际工作。"我们并不打算制定一些用以对特定的历史著作做出评价的标准,我们从实际的历史批判(historical criticism)中获取这些标准,把它们作为论述依据的一部分。简言之,我们以实际的历史学工作程序(historical procedures)为前提,而不试图对这些工作方式做出界定。"④ 曼德尔鲍姆所说的工作程序,即19世纪末期在德国以及法国出版的历史方法手册,他在讨论历史中的关联性和因果性时,也重点讨论和借鉴了朗格诺瓦和瑟诺博司的《史学原论》一书,认为这些技术性手段有助于保证历史学的科学属性。从这个层面来看,曼德尔鲍姆的历史哲学与亨佩尔的历史哲学有着某些差异,因为《历史知识问题》首先是一个思想史文本,这种运用历史的方法来研究哲学问题的方式也展现了他在美国哲学史上的独特性。

无独有偶,法国历史哲学家雷蒙·阿隆在1938年也出版了他的《历史哲学导论》(Introduction à la philosophie de l'histoire:essai sur les limites de l'objectivité historique),不过,副标题则是"历史客观性的限度"。在

---

① Maurice Mandelbaum,*The Problem of Historical Knowledge:An Answer to Relativism*,pp. 1 – 3.
② Ibid.,p.1.
③ 参见〔美〕霍尔特等著:《新实在论:哲学研究合作论文集》,伍仁益译,北京:商务印书馆,2013年,第4—49页;另可参阅涂纪亮:《美国哲学史》(上),武汉:武汉大学出版社,2007年,第594—619页。
④ Maurice Mandelbaum,*The Problem of Historical Knowledge:An Answer to Relativism*,p.2.

导论中,阿隆也尝试给出一个运思历史哲学的路径。阿隆首先排除了关于事实的确证(the proof of facts)或文献的考证(the criticism of texts)之探究路径,这即是说其运思路径不同于诸如《史学原论》这样的历史方法手册。

再者,阿隆排除了艺术的设定(the artistic setting),即不讨论表现的问题(the problems of expression)。我们知道,在德罗伊森的"历史知识理论"(Historik)①以及克罗齐、柯林武德的历史哲学中,都一定程度上涉及这一问题,特别是20世纪70年代历史学的语言转向过程中,历史表现(historical representation)问题被叙事主义历史哲学家推置到前所未有的高度。②

最后,阿隆把他的历史哲学设定为"仅仅处理综合问题(synthesis)",其中包括选择(choice)、解释(interpretation)和材料的组织(the organization of the material),也即是探究"一系列关联判断"(a series of connected judgements)。③ 面对自然科学的方法侵入历史学的挑战,阿隆跟新康德主义者一样要回应和处理历史客观性问题,同样是从观念的层面来讨论"客观性并不意指不偏不倚(impartiality),而是普遍性(universality)"。④ 但是,阿隆在讨论客观性的限度问题时,并不是像新康德主义者那样讨论,"在什么条件下,历史知识是可能的?",而是要追问,"历史科学的普遍有效性是可能的吗? 如果是,在什么程度上是可能的?"⑤正是在这个意义上,阿隆并不是以先验的标准(a priori criterion)来检测历史知识的普遍有效性,而是"使用描述的(descriptive),或者就如人们喜欢使用的,现象学的方法(phenomenological method)"。⑥ 换言之,阿隆运思历史哲学的路径是对人们关于过去意识(历史意识)的现象学描述。从自我意识开始,通由他者,回到客观的心灵和集体的实在,由此就证成了历史意识的普遍有效性,最后也就回答了历史客观性问题。

从这种比较视角可以看出,曼德尔鲍姆与阿隆运思历史哲学的差异性所在。曼德尔鲍姆是从实在论的立场出发,来分析历史知识或历史对象本

---

① 德罗伊森在"体裁论"一章中认为:"历史研究过程中包含有推动我们思想的因素,有使我们思想具体表现出来的动力。同样的,也包含如何把研究结果呈现出来的写作形式问题。"参见〔德〕耶尔恩·吕森、胡昌智编选:《历史知识理论》,胡昌智译,北京:北京大学出版社,2006年,第91页。

② 这里并不旨在展开这一路径的思想史讨论,可参阅〔美〕海登·怀特:《形式的内容:叙事话语与历史再现》,董立河译,北京:文津出版社,2005年;〔荷〕安克斯密特:《历史表现》,周建漳译,北京:北京大学出版社,2011年。

③ Raymond Aron, translated by George J. Irwin, *Introduction to the Philosophy of History: An Essay on the Limits of Historical Objectivity*, London: Weidenfeld and Nicolson, 1961, p. 9.

④ Ibid.

⑤ Ibid., p. 10.

⑥ Ibid., p. 9.

身的性质,以此来回答历史知识的客观性问题;阿隆则是从观念论的立场出发,来探究历史意识的一般结构,以此来回答历史知识的普遍有效性问题。但是,这种路径上的差异并非意味着他们两者之间的不可通约。他们都试图处理了历史科学与自然科学之间的关系,特别是历史决定论或因果性在历史知识中的限度问题。更值得一提的是,他们都一定程度上讨论了历史学与当时新兴的社会学之间的关系,[1]尝试将思辨的历史哲学转化为某种社会实体意义上的社会科学。

---

[1] 参见〔法〕雷蒙·阿隆著,西尔维·梅祖尔编注:《论治史:法兰西学院课程》,冯学俊、吴泓缈译,北京:生活·读书·新知三联书店,2003 年;Maurice Mandelbaum, *Purpose and Necessity in Social Theory*, Baltimore: The Johns Hopkins University Press, 1987.

第三章 何谓"历史解释"?

历史学是一门科学,还是一门艺术?这是一个争讼不止的古老话题。自近代学科确立以来,历史学同其他学科一样,要求对自己的学科性质和内涵进行正名。享有"近代史学之父"声誉的兰克在《拉丁与条顿民族史(1494—1535)》一书的前言中,就声称要与"写文学书那样的自由去发挥自己的材料"划清界限,史家应该到档案文献中去寻找"过去究竟是怎样的",其职责是"对事实进行精确地陈述"[①]。此后的职业历史学家大多接受了类似兰克申明的家法,却很少去严格论证"历史学何以是如此的"。

历史学在经历了19世纪末的历史主义危机和两次世界大战的洗礼之后,人们普遍地期望从认识论和方法论的层面去探讨历史学的学科性质及其客观性问题,而"亨佩尔—德雷论战"最集中体现了二战期间及战后英语世界关于这一问题的思考。20世纪80年代中后期,我国史学理论界对这一问题也有深入的分析和讨论[②],其中也涉及了战后西方历史哲学关于历史知识性质的探讨。[③] 进入新千年之后,我国史学理论界的研究主题逐渐转向"历史叙事"问题[④],此前的争论就此告一段落。事实上,"历史叙事"问题自1970年代以来在西方历史哲学领域繁荣了三十年之后,也面临着新的挑战。

由此,重新回顾亨佩尔与德雷的论争,在更广阔的分析哲学运动中探讨其发展脉络,对于今天的史学理论界仍有积极的意义,特别有助于为我们澄清分析的历史哲学与叙事主义的历史哲学之间的关联提供新的思考路径。

[①] 何兆武主编:《历史理论与史学理论——近现代西方史学著作选》,北京:商务印书馆,1999年,第222—224页。

[②] 参见张耕华:《历史哲学引论》,上海:复旦大学出版社,2004年,第1—17页。

[③] 参见韩震:《西方历史哲学导论》,济南:山东人民出版社,1992年;何兆武:《历史理性批判论集》,北京:清华大学出版社,2001年;何兆武、陈启能主编:《当代西方史学理论》,北京:中国社会科学出版社,1996年。

[④] 参见陈新:《西方历史叙事学》,北京:社会科学文献出版社,2005年;韩震、董立河:《历史学研究的语言学转向——西方后现代历史哲学研究》,北京:北京师范大学出版社,2008年;彭刚:《叙事的转向——当代西方史学理论的考察》,北京:北京大学出版社,2009年;邓京力:《近二十年西方史学理论与历史书写》,北京:中国社会科学出版社,2018年。

第一节　因果性解释与亨佩尔的"覆盖律模式"

在日常生活世界中，人们经常会面对各种各样的现象，常常要对这些现象作出描述（description）和解释（explanation）。例如，太阳为什么总是从东方升起？筷子放在水里，为什么看起来会变弯曲？成熟的苹果为什么总是落到地上？当窗户玻璃被石头砸中了，玻璃为什么就碎了？同理，历史学家也同样会面对各种"为什么"的问题。诸如，恺撒为什么要入侵不列颠？罗马帝国为什么会灭亡？希特勒为什么要进攻苏联？第二次世界大战爆发的原因是什么？面对众多的繁复现象，哲学上有一个一般原则，认为"一切开始存在的东西必然有一个存在的原因"。近代英国大哲学家休谟则要进一步追问道，"为什么一个原因是必然的"，也即是"我们为什么断言，那样特定的原因必然有那样特定的结果，我们为什么由这一个推到那一个的推断呢？"[①]休谟认为因果关系要求满足两个必要条件，一个是，被认为原因或结果的对象在时空上的接近关系；另一个是，原因（cause）在时间上先于结果（effect）的接续关系。但是，休谟认为原因与结果之间并没有必然的联系，并不是造物主的天赋观念，而是人类的主观心理联想形成的习惯性联结。这类知识来自于观察和经验，只能得出归纳的概然性知识。[②] 由此可知，太阳为什么天天从东方升起也就不再是上帝的意志，而是人们每天都看到太阳升起的印象中获得的习惯（custom），也就不能必然地推论出太阳总是从东方升起的。哥白尼通过长年的观察和计算，否证了托勒密的"地心说"，精确证实了地球和其他行星围绕太阳运转的"日心说"。通过观察和实验这种方式，我们就对各种现象进行了描述和解释，爱因斯坦曾简明地指出："西方科学的发展是以两个伟大的成就为基础的，那就是：希腊哲学家发明的形式逻辑体系（在欧几里得几何学中），以及通过系统的实验发现有可能找出因果关系（在文艺复兴时期）。"[③]

参照近代历史学的发展，休谟对因果关系的分析同样适用于历史研究的一般原则，两者都分享着一段连续时间的"过程"（process）概念。例如，

[①]　〔英〕休谟：《人性论：在精神科学中采用实验推理方法的一个尝试》（上册），关文运译，北京：商务印书馆，1980年，第95—99页。

[②]　参见周晓亮：《休谟及其人性哲学》，北京：社会科学文献出版社，1996年。

[③]　〔美〕爱因斯坦：《爱因斯坦文集》（第一卷），徐良英等编译，北京：商务印书馆，1976年，第574页。

史家要探究恺撒为什么入侵不列颠，首先，史家要发现相关事件的所见过或所记忆的那些符号和文字，也即是史料和遗迹；再者，史家根据文献学和年代学等辅助学科和科学的程序来检验史料的可信度，以确立事实；最后，史家概括和归纳出事件之间的因果关系。

依循这一进路，随着自然科学的不断进步，卡尔·亨佩尔（Carl G. Hempel，1905—1997）在 1942 年发表的《普遍定律在历史学中的功能》一文，开宗明义地提出："在历史学和各门自然科学中，普遍定律具有非常相似的作用，它们成了历史研究的一个必不可少的工具，它们甚至构成了常被认为是与各门自然科学不同的具有社会科学特点的各种研究方法的共同基础。"①普遍定律（general law）是由适当的调查发现（findings）来证实和否证的全称条件形式的陈述（statement），由于"定律"会不断地面对在实际经验中相关证据的挑战，这种普遍定律始终只能是"普遍形式的假设"。由此，亨佩尔认为事件与事件之间的因果关系的科学解释包括：

（1）一组断言在特定时间和地点发生的事件 $C_1,\ldots,C_n$ 的陈述。

（2）一组普遍假设，如此：
  (a) 这两组陈述都由经验证据充分而合理地确证。
  (b) 断言事件 E 发生的语句就能从这两组陈述中逻辑地推演出来。②

所以，对事件 E 的解释就是从解释项（Explanans）逻辑推演出被解释项（Explanandum），用"图式"（schema）表示就是③：

$$\text{逻辑演绎}\begin{cases}C_1, C_2, \ldots, C_k \text{ 前提条件陈述} \\ L_1, L_2, \ldots, L_r \text{ 普遍定律} \\ \hline \rightarrow E \quad \text{经验现象的描述获得解释}\end{cases}\begin{matrix}\}\text{解释项}\\ \\ \}\text{被解释项}\end{matrix}$$

在对一个物理现象的解释中，亨佩尔举了一个例子来说明上述图式，比如，如何描述和解释一辆汽车的水箱经过一个寒冷的夜晚而破裂。（1）的语句可以是下述初始条件和边界条件的陈述：车整夜都放在街上。由铁制成的水

---

① Carl G. Hempel,"The Function of General Laws in History", *The Journal of Philosophy*, Vol. 39, No. 2(Jan. 15, 1942), p. 35; Also collected in *Aspects of Scientific Explanation and Other Essays in the Philosophy of Science*, The Free Press, 1965.

② Ibid., p. 232.

③ Carl G. Hempel and Paul Oppenheim,"Studies in the Logic of Explanation", *Philosophy of Science*, Vol. 15, No. 2(Apr., 1948), p. 138.

箱灌满了水,且水箱的盖子是拧紧的。夜间的温度从傍晚的 39°F 下降到早晨的 25°F,气压正常。水箱材料的破裂压力为某一数值。(2)的语句则包括如下一些经验规律:在标准大气压力下,水在 32°F 以下结冰。在 39.2°F 以下,如果体积保持不变或减小,全部水的压力随着温度的下降而增大;当水结冰时,压力再度增大。归根到底,这组陈述必须包括一组有关水压的变化是水的温度和体积的函数的数量规律。所以,从这两组陈述中,就能用逻辑推理推导出水箱在夜间破裂的结论,也就做出了所要考察的事件的解释。以此类推,历史学家在对特定时间和地点发生的事件的描述和解释同样要满足上述条件,"两者都只有依靠普遍概念才能说明它们的课题,历史学与物理学和化学一样,不多也不少,能够'把握'它的研究对象的'独特个体性'。"[1]例如,历史学家要解释第二次世界大战爆发的原因。首先,史家要给出(1)组陈述:美国华尔街股市崩盘;日本发动九一八事变;希特勒竞选为德国总理;德国入侵波兰,英法宣战;德国入侵苏联;日本袭击珍珠港,太平洋战争爆发;德国和日本相继无条件投降。这一段连续时间内的陈述要得到经验证据的证实。其次,史家要有(2)组陈述:"大萧条"的经济大危机席卷了整个资本主义世界;资本主义经济大危机对资本主义国家构成了沉重打击,法西斯势力崛起;随着帝国主义国家间经济、政治和军事发展不平衡的加剧,军事实力发展较快的德、意、日要求重新划分世界势力范围,使帝国主义之间的矛盾进一步激化。在这一组陈述中,就包含了经济影响政治的普遍假设,而且确立经济与政治之间函数的数量规律要得到经验证据的证实,满足这些条件,那么史家就解释了第二次世界大战。最终结果是,我们不仅描述了第二次世界大战的过程,同时也根据普遍假设逻辑推导出第二次世界大战爆发的原因。

在经验科学的意义上,第二次世界大战爆发的原因就不能再按照上帝的"意志"或大自然隐蔽的"计划"等等目的论进行解释,"历史解释(Historical Explanation)的目的在于表明,所研究的事件不是'偶然的事',而是鉴于某些先行条件或同时性条件而被预料到的。这种预料不是预言或占卜,而是建立在普遍定律的假设之上的理性的科学的预见。"[2]在大多数史家看来,如此严格的限定条件是无法实现的,在解释第二次世界大战时,即使史家承认经济与政治之间有紧密的联系,也无法形成类似于水在零度就结冰那样的数量规律。亨佩尔也承认历史学与社会科学中的普遍假设只能是

---

[1] Carl G. Hempel, *Aspects of Scientific Explanation and Other Essays in the Philosophy of Science*, New York: The Free Press, 1965, p. 233.

[2] Ibid., p. 235.

"解释概略"①(explanation sketch),他之所以要提出严格的全称条件,原因在于"自然科学中普遍规律的主要功能是以通常被称为解释和预见(prediction)的模型把事件联结起来的"。②

在自然科学中,解释与预见具有对称性。解释就意味着预见,能够预见的解释才能称之为科学解释。我们无法想象天文学家会像诗人那样,只是描绘天上的繁星多么壮观,以此来抒发自己的情感,而不把预测行星的运动轨道作为他的首要职责。比如,根据牛顿力学,给定了某一物体的现在的位置和动量,我们就能预测它在将来的某一时刻的位置和动量,可以对它在过去某一时刻的位置和动量进行测算,同时也可以根据物体过去的状态对于它在现在的位置和动量作出科学解释。

在近代历史学中,史家也常常把"恢复历史的本来面貌"作为自己职责,但是,至今看来,史家从来没有设想过像理论物理学那样,成立理论历史学这样一门学科,或者设想通过制造一台时间机器回到过去,以此来恢复历史的本来面目。史家也常常会反驳说,历史学虽然对时间和空间感兴趣,但是历史学的研究对象是人,是以人在时间和空间中的活动为对象,历史学是一门关于人类以及人类文明的学科,历史学不可能有自然科学意义上的预见,否则的话,我们就无法安放人类的自由意志。可是,我们也看到,近代以来兴起的社会学、经济学、政治学以及人类学也都是以人及其行为作为研究对象,它们根据普遍假设和数量关系而发展成社会科学的各个分支。所以,在亨佩尔看来,历史学和自然科学一样,两者都是一门经验科学,都是以经验和观察为基础来研究时空中事件之间的因果关系,对此作出科学的解释,历史学中的"解释概略由或多或少模糊暗示规律和有关初始条件的部分组成,它需要进一步地'扩充'以便转变成完全成熟丰满的解释"。③

第二节 合理性解释与德雷的"合理行动原则"

作为英美世界重要的分析派历史哲学家,威廉·德雷(William H. Dray,1921—2009)则为自律的历史学进行辩护,与亨佩尔的"覆盖律模式"(The Covering Law Model)针锋相对,提出了"合理行动原则"(The ration-

---

① Carl G. Hempel, *Aspects of Scientific Explanation and Other Essays in the Philosophy of Science*, p. 238.
② Ibid. , p. 232.
③ Ibid. , pp. 237 – 239.

ale of actions)。亨佩尔认为经验科学就是回答"为什么"(Why)的问题,在德雷看来,历史学更多地要回答"怎么样"(How)的问题。在解释一个事件为什么发生的时候,我们要对事件为什么不需要必然发生的假设提出反驳,而当我们解释一个事件怎样发生的时候,通过指出进一步的事实,就可以对事件不可能发生的假设提出反驳。所以,"为什么"的问题总是要论证它是必然的,而"怎么样"则是讲述实际发生的故事;而且,回答"怎么样"的问题要先于"为什么"的问题。① 例如,解说员在解说一场足球赛,首先介绍红蓝两队出场的队员,球员开球,比赛开始了,紧接着,后卫拦截了一次进攻,迅速把球传给中卫,中卫巧妙地盘球过了几个后卫,迅速地传给前锋,前锋接到传球,以迅雷不及掩耳之势踢向球门,球进了,红队领先,……时间到了,最终红队 2∶0 胜利。在这一系列的解说过程中,解说员并不需要解释一位球员为什么把球传给了另一位球员,也不需要根据牛顿力学的定律去预见球踢出后会不会进球门。在这一复杂的情境中,球员时时刻刻面对着偶然发生的事情,要根据自己的信念和判断做出选择。况且,足球的最大魅力恰好来自于人们很难做出预测,所以,一个事件接着一个事件并不总是因果的必然联结,而是通过可理解的方式或然联结在一起的,解说员和观众也能够依靠日常生活的经验和常识达成和谐一致,理解球场上发生的一切事情。

与此类似,我们随意翻开一本历史学著作的目录,都会看到大致可理解的有着开端和结尾的连续时间序列,如果再打开一本物理学著作与之对比,情况就会大为不同。这是因为历史学主要是以人类在社会中的活动为研究对象,它们往往来自于日常生活经验,人们阅读历史著作也主要是想从中扩展自己的经验,这的确与物理学纯粹研究自然现象有着重大的差别。如果是这样的话,历史学中的解释到底遵守什么样的特殊模式呢?

在 1957 年出版的《历史学中的规律与解释》一书中,德雷对覆盖律模式提出了系统性的批评。在覆盖律作为必要条件方面。历史学家解释的事件是唯一的事件,是不会重复的事件,这不同于逻辑学家所说的事件,"历史学家的解释,特别当他描述细节时,他对一个情境(situation)和事态(state of affairs)的描述是唯一的"。② 比如说,公元前 44 年 3 月 15 日布鲁图在罗马元老院刺死了恺撒。1914 年 6 月 28 日加弗利洛·普林西普在萨拉热窝枪

---

① William Dray,"Explanatory Narrative in History,"*The Philosophical Quarterly*,Vol. 4,No. 14(Jan. ,1954),pp. 15 - 27.

② William Dray,*Laws and Explanation in History*,Oxford:Oxford University Press,1957,pp. 44 - 57.

杀了奥国王储弗朗西斯·斐迪南夫妇。对这类事件的描述根本不需要使用规律,覆盖律不仅在逻辑上是人造的(artificial),而且在方法上也是误导的①,牛顿对苹果落地的原因感兴趣,他会不断地观察苹果落地的情势,也可以通过实验的方式制造一个假的苹果让它落地,以此得出万有引力定律。但历史学家要对一棵树上的苹果进行描述时,并不会必然涉及万有引力,他可能会描述这个苹果红一点,那个苹果小一点,甚至可以说,这个树上的苹果整体看起来像天上的繁星。在覆盖律作为充分条件方面,德雷承认历史学家有时会明确地指出他们研究的事件归入到某一规律或某些规律,但大部分史家并不会明确意识到他们运用了那些规律。举例来看,一块窗户玻璃被石头打碎了,这里就存在两种解释。一种是,要严格测量出窗户玻璃的质地,再找出那一块石头,以及根据物理学的定律进行精确的计算和反复的实验,才能最终准确地解释玻璃被打碎的原因;另一种则是,我们时常会在另外一种意义上寻找到解释,"当玻璃被石头打碎了,问玻璃为什么碎了,答案是:玻璃是易碎的。"第二种解释恰好是我们日常生活中经常碰到的一种解释。打开任意一本历史著作,随手翻开一页,都会看到"因为""所以""假如""那么"等等这种表示因果关系的"连词"。但是,这些连词都不会必然具有自然科学上的因果联系,而是我们日常使用中的"解释","覆盖律理论家使用的'解释'一词是一个技术性的术语,而且,就如这个术语经常规定的,是从日常使用这个术语中抽象出来的。"②通过对"解释"一词的考察,我们可以看到,自然科学意义上的解释是一个非常技术性的术语,而且是一个严格且窄化的语词,所以覆盖律就不能作为历史学家解释的充分条件。

在德雷看来,历史学家在对解释的使用中包含更广阔的"实用主义面向"③(pragmatic dimension),历史著作中出现的"原因"(causes)更多的是一个可理解的、合乎理性的"理由"(reasons),基于这种考虑,德雷提出了"合理行动原则"。自然事件可以在经验规律中获得解释,而历史学家要解释的则是"在历史叙事的过程中有重大意义的个体的行动"。覆盖律模式在这里是派不上用场的,这通常来自于这一信念:"人类的行动(human actions)——至少我们称之为'自由'——是无论如何不能归之为规律的。"④历史学家要想获得解释,不仅要像覆盖律模式那样得到外部的解释,而且历史学家还有一个强加给自己的本然任务,就是从内部理解人类的行动,"史

---

① William Dray, *Laws and Explanation in History*, p.58.
② Ibid., pp.77-78.
③ Ibid., pp.73-75.
④ Ibid., p.118.

家必须穿透到现象的后面,洞察到情境,同情地理解历史人物,想象地投射进对象的情境之中。他必须重新复活、重新设定、重新思考、重新经验这些他试图理解的希望、恐惧、计划、欲望、观点、意图等等。"①所以,对人类行动的解释就包含两个层面,外部经验事实的因果解释和内部意识的合理解释,考虑到人类行动的自由意志,合理解释是不能还原到或替换为因果解释的。"当我们要寻求一个行动的解释,我们经常需要的是,重新构造出基于特定环境中行为人自己估算的手段去适应他选择的目的。解释一个行动,我们需要知道基于什么样的考虑,使得行为人确信他需要像他过去所做的那样而行动。"②在一种情境下,类型 $C_1...C_n$ 的事情为 x,当我们说 A 做了 x 是因为 y,这里的 y 是 A 做 x 的理由。我们还会说,作为一名旁观者,我们知道事实 y,而且也知道 A 的目的和原则是什么,即我们不会惊讶 A 做了 x。因此,德雷认为,比之于覆盖律模式中"隐含的规律"(implicit law),我们应称之为"行动原则"(principle of action)更好。③

通过以上的分析,可以看出,德雷对覆盖律模式的反驳主要是基于人类行动中的自我意识(self-conscious)不能够还原为自然科学的普遍规律,也不必还原到心理科学意义上的脑神经科学(Cognitive Neuroscience),更好的态度应是日常语言使用中的实用主义,这也更符合大多数历史学家实际工作中的态度。但是,我们也看到,德雷在反驳亨佩尔的论述中所依据的资源主要来自两个方面:一方面是参照英国观念论者柯林武德、奥克肖特的论述并为之辩护;另一方面是汲取分析哲学中牛津日常语言学派的观点。而这些恰好是亨佩尔激烈反对的,"19 世纪末,史学界讨论得最热烈的一个论点是:历史学的性质和自然科学的不同,因而二者的解释方式也不同。沿着这个路数推论下去,就走入了二元论,把统一的世界分裂成两个截然对立的世界。"④亨佩尔提出的科学一元论就是要解决二元论所带来的自然科学与历史科学之间的分裂局面,坚持认为科学解释的逻辑是普遍有效的一般形式。

亨佩尔承认德雷辩护的"移情理解法"(the method of empathic understanding)是历史学家经常运用的方法,但却认为它本身并不构成解释,说它是一种启发性的手段更为合适,经常是依靠"说服性的隐喻"(persuasive metaphors)得到的,"在历史学中,与经验科学的其他任何领域一样,对一个现象的解释在于把现象纳入到普遍经验规律之下,解释的可靠性的标准不

---

① William Dray, *Laws and Explanation in History*, p. 119.
② Ibid., p. 122.
③ Ibid., pp. 132 – 133.
④ 何兆武:《历史理性批判论集》,北京:清华大学出版社,2001 年,第 411 页。

在于它是否诉诸我们的想象,并不在于它是根据有启发性的类比提出来的,或是使它显得似乎真实的其他方法——这一切在假的解释中可以存在——而唯一在于它是否依靠有关初始条件和普遍规律的被经验完全证实的假设。"[1]针对德雷提出的"合理行动模式",亨佩尔在一定程度上修正了严格蕴涵的"演绎—法则模式"(the Deductive-Nomological Model),提出"归纳—统计模式"(the Inductive-statistical Model)和"演绎—统计模式"(the Deductive-statistical Model)作为补充。

不过,亨佩尔也针对德雷提出了反驳,认为提供一个事件的经验证据与解释一个事件是不同的。再者,提供 A 做了 x 是合理的理由并不能使得我们确信 A 事实上做了 x,如果要证成后一个信念,我们需要更进一步的解释假设:A 是理性的行为人和以此来确证在特定环境中行为人无论做什么都是合乎理性的。加上这个假设之后,行动的原则就可以还原到或替换为描述性的概括(descriptive generalization),这又可以恢复到解释的覆盖律模式,用图式来表达就是:(图式 R)[2]

A 处于类型 C 的一个情境中
A 是理性的行为人
在类型 C 的一个情境中任何理性的行为人都会做 x
―――――――――――――――――
所以 A 做了 x

德雷与亨佩尔的这场论争激起了更为广泛的讨论,他们对"历史解释"的分析在英美世界掀起了极大的反响,英国《心灵》(*Mind*)杂志和稍后 1960 年在美国创办的《历史与理论》(*History and Theory*)杂志发表了大量的讨论和论争。可以说,国际知名刊物《历史与理论》杂志就是在这场争论的直接刺激下创办的,这也在一定程度上规定了此后一段时间英美世界历史哲学发展的可能趋向。帕特里克·加登纳、莫顿·怀特、阿瑟·丹图、莫里斯·曼德尔鲍姆等历史哲学家倾向于亨佩尔的科学解释[3],而沃尔什、

―――――――――――
[1] Carl G. Hempel,"The Function of General Laws in History",pp. 239 - 240.
[2] Carl G. Hempel,"Rational Action",*Proceedings and Addresses of the American Philosophical Association*,Vol. 35(1961 - 1962),3. 1,pp. 11 - 13.
[3] Patrick L. Gardiner,*The Nature of Historical Explanation*,Oxford:Oxford University Press,1952;Morton White,*The Foundations of Historical Knowledge*,New York:Harper & Row,1965;Arthur C. Danto,*Analytical Philosophy of History*,Cambridge:Cambridge University Press,1965;Maurice Mandelbaum,*The Anatomy of Historical Knowledge*,Baltimore:Johns Hopkins University Press,1977.

艾伦·多纳根、加利、路易斯·明克等历史哲学家更多地站在德雷的立场为历史学作为一门自律的学科辩护①。如果我们从历史哲学接下来的发展脉络来看,争论双方都不同程度上吸收和调和了对方的观点,他们之间的共同点远远大于他们的不同之处。② 他们把历史哲学的问题主要集中在"历史解释"上面,也更多体现出他们都认同历史学作为一门经验科学的首要性。自1973年《元史学》出版以来,叙事主义历史哲学家打破了这一调和状态,重新把历史学中的先验问题摆在了历史哲学的聚焦之处,"历史叙事"的问题成为历史哲学的首要性问题。

第三节 历史解释的整体论与戴维森的解决方式

亨佩尔与德雷的论战之所以获得如此广泛的讨论,同样基于他们的论战涉及人类文明在不同时代都会面临的普遍性问题,在形而上学表现为决定论与自由意志的问题,在方法论上表现为科学解释与人文理解的问题,在哲学史上表现为经验论与唯理论的问题。

亨佩尔作为维也纳学派的重要成员,是逻辑实证主义的重要代表,他提出的"覆盖律模式"是实证主义在20世纪的新的表现形式。这也使得我们看到,亨佩尔的经验科学的方法论统一化立场并不是在真空中构造出来的,而是与20世纪初英美世界广泛的分析哲学运动联系在一起的,他们都倾向于以自然科学和数理逻辑为标准,重新改造人类的一切知识。③ 分析哲学的开创者罗素就认为逻辑是哲学的本质,"黑格尔及其门徒以完全不同的方式扩大了逻辑的范围"是错误的,只有数理逻辑才是真正的哲学逻辑。④ 艾耶尔也要返回到休谟的立场,把一切真命题分为两类:逻辑和纯粹数学的分析命题和有关事实的经验可证实的命题。"一个句子,当且仅当它所表达的

---

① W. B. Gallie, *Philosophy and the Historical Understanding*, London: Chatto and Windus, 1964; Louis O. Mink, *Historical Understanding*, edited by Brian Fay, Eugene O. Golob, and Richard T. Vann, Cornell: Cornell University Press, 1987.

② Howard Adelman, "Rational Explanation Reconsidered: Case Studies and the Hempel-Dray Model", *History and Theory*, Vol. 13, No. 3 (Oct., 1974), pp. 208-224.

③ 参见〔奥〕鲁道夫·哈勒:《新实证主义——维也纳学圈哲学史导论》,韩林合译,北京:商务印书馆,1998年。

④ 〔英〕罗素:《我们关于外间世界的知识:哲学上科学方法应用的一个领域》,陈启伟译,上海:上海译文出版社,2006年,第24—45页。

命题或者是分析的,或者是经验上可证实的,这个句子才是字面上有意义的。"①以此标准,那些断言非经验的价值世界,人有不死的灵魂,或者有一个超验的上帝都是神秘主义的,没有意义的。赖尔也激烈批判了欧洲大陆自笛卡尔以来的心灵和身体两个实体的二元论,斥之为"官方的神话""机器中的幽灵",他们认为在具有物理属性的身体中存在着不同属性的心灵,把心灵等同于私密的、默不出声的或内在的"场所",而这种二元论是一种范畴错误,赖尔提出应通过逻辑的方式来研究人的行动。②

波普尔早在30年代发表的《研究的逻辑》(Logik der Forschung)③一书中就提出了类似于亨佩尔的演绎模型,人们后来将其合称为"波普尔—亨佩尔理论"(Popper-Hempel Theory)④。波普尔在《历史主义贫困论》一书中,从两个方面对传统的历史主义进行了激烈的批判。在方法论层面,历史主义反对自然主义,认为历史学是文化科学,不同于自然科学;而在历史观层面,历史主义拥护自然主义,认为历史的发展过程中有客观的历史规律。波普尔则是把历史主义这两个方面完全颠倒了过来,认为历史学在方法论上并没有不同于自然科学的特殊方法;但是,历史发展过程中并没有类似于自然科学意义的决定过去和未来的客观规律,并不存在有着整体发展目的那样的"空想工程学",只能有经验上不断试错的"零碎工程学"。⑤

波普尔提出的解决方案虽然与亨佩尔稍有不同,但考虑到西方二战前后的历史实际,他们都不可避免地把矛头对准了盛行于德国的思辨的历史哲学,以及新康德主义在认识论上把自然和历史分成两撅的历史哲学。这场非常时刻的哲学运动为英美世界的历史哲学提供了强大的动力,使得他们激烈地批判思辨的历史哲学,形成了独具特色的分析的历史哲学发展脉络。具体到史学史领域,战后慢慢形成的法国年鉴学派、英国马克思主义史学、美国社会科学史学派都不同程度从传统的观念史或政治史过渡到了新的社会史、制度史,采用了大量的数量分析和解释架构,也不同程度上呼应了"波普尔—亨佩尔理论"。⑥

---

① 〔英〕艾耶尔:《语言、真理与逻辑》,尹大贻译,上海:上海译文出版社,2006年,导言,第1—2页。
② 〔英〕赖尔:《心的概念》,徐大建译,北京:商务印书馆,1992年,第21—49、400—414页。
③ 参见〔英〕波珀:《科学发现的逻辑》,查汝强、邱仁宗译,北京:科学出版社,1986年。
④ Alan Donagan, "Historical Explanation: The Popper-Hempel Theory Reconsidered", History and Theory, Vol. 4, No. 1. (1964), pp. 3 - 26.
⑤ 参见〔英〕波普尔:《历史主义贫困论》,何林等译,北京:中国社会科学出版社,1998年,附录部分,第412—479页。
⑥ 张广智主著:《西方史学史》,上海:复旦大学出版社,2000年,第298—332页。

如果我们参照后分析哲学的发展脉络,"历史解释"的问题就可以在不同于叙事主义历史哲学的另一条进路中获得解决。首先,后期维特根斯坦放弃了早期的语言与实在一一对应的图像论,提出语言的意义即使用的实用主义观点,为牛津日常语言学派对日常语言的正当性进行辩护提供动力支持。德雷的合理性解释即是在日常语言的层面对历史学自主性的辩护。1951 年,蒯因发表《经验论的两个教条》一文,抓住了现代经验论的两个不言自明的前提假设:一为分析与综合的划界;二为还原论。而亨佩尔的覆盖律模式就分享着经验论的还原论教条,"相信每一个有意义的陈述之间都等值于某种以指称直接经验的名词为基础的逻辑构造"。[①] 亨佩尔坚守的还原论立场是基于解释与预见的对称性和同构性,否则的话,解释就不可能是科学的必然的解释。而德雷的合理行动原则则是在非还原论的立场上为人类行动的自由意志辩护,由此,亨佩尔与德雷的论战就演化成了一场古老的形而上学的争论,也就是自由意志与决定论之间的争论。

再者,亨佩尔的覆盖律模式在科学哲学内部也遭到了批判,亨佩尔只是给出了科学解释的一般形式,但忽略了科学解释的内容,适合于科学解释的演绎—法则忽视了作为解释前提的普遍定律的发现,只能适合于已完成的科学。这不仅对自然科学的新发现没有任何帮助,而且也不能完全有效地解释科学史的实际情况。[②] 例如,牛顿的《自然哲学的数学原理》出版时,人们对牛顿的运动理论并不是用万有引力定律来理解的,而是把它看成纯粹数学的理论,莱布尼茨从不认为这个理论是令人满意的物理解释。科学解释成为普遍认可的普遍定律同样是一个历史的过程,而且在科学共同体内部也会发生不同层面的争论,爱因斯坦在发明相对论的时候,也与另一位物理学家玻尔发生了激烈的争论,直到今天,相对论与量子力学之间的这场理论物理学内部的争论也没有最终的答案。托马斯·库恩就此提出科学解释的历史主义理论,一种基于社会认识的"范式"(paradigm)理论,"科学的历史可以桥接科学哲学与科学本身之间的鸿沟,可以成为他们提出问题,提供资料的源泉"。同时,"在历史学中正是这种模糊的综合关系才真正担负起了连接各种事实的全部重担。如果历史学是解释性的,那不是因为历史叙事为一般规律所覆盖"。[③]

[①] 〔美〕威拉德·蒯因:《从逻辑的观点看》,江天骥等译,上海:上海译文出版社,1987 年,第 19 页。

[②] 参见陈嘉明等著:《科学解释和人文理解》,上海:上海人民出版社,2010 年,第 86—105 页。

[③] Thomas S. Kuhn,"The Relations between the History and the Philosophy of Science", in *The Essential Tension*, Chicago: The University of Chicago Press, 1977, pp. 13 – 18.

既然人类行动中的合理性解释不可还原到自然科学的因果性解释，那么两者处于怎样的关系呢？1963年，戴维森发表《行动、理由和原因》一文，就试图解决这一问题。一般认为，人的行动是自由的，我可以在教室里自由地走过去，也可以自由地走回来，完全依靠我的意向和欲望。戴维森认为，要对这些基于意向和意愿而做出的行动给出一个合乎理性的解释，就必须有一个理性动物的假设，"行动总是以与当事人的某种长期或短期的、独有或非独有的特征相融贯的形式显现出来，而那个当事人则以理性动物的角色出现"。① 所以，这些意向和愿望总是要通过身体的运动来实现。如果我说我在心里自由地想象在教室里来回走动，就没有一个外在的标准区分究竟是意愿还是幻觉之类的心理感受。维特根斯坦曾举过一个例子，当"我举起我的手臂"时，一定是我的手臂上去了。如果从我举起我的手臂这一事实中抽掉了我的手臂往上去了这一事实，那留下的是什么呢？这些运动感觉就是我的意愿吗？② 所以，戴维森坚持一种自然主义的、外在主义的标准，赞同亨佩尔的科学解释，认为合理性解释是一类因果性解释，"行动的基本理由即是它的原因"，"合理化解释是一类因果解释"。③

但是，戴维森没有像亨佩尔那样把合理性解释还原到或替换为因果解释，在1970年发表的《心理事件》一文中，他提出异态一元论（anomalous monism），试图在形而上学的层面解决身心二元论，该文的主旨是：(1)所有心理事件都与物理事件有因果关系，一切事件都是物理的；(2)作为原因和结果而联系在一起的事件都纳入决定论的严格规律，哪里有因果关系，哪里就有规律；(3)不存在能据以预言心理事件和对之作出说明的决定论的严格定律，不存在把心理事件与物理事件联系起来的严格的心理-物理定律。④ 所以，戴维森对"历史解释"问题的解决方案是非常独特的，既不同于亨佩尔的因果性解释，又不同于德雷的合理性解释，而是把两者包含在一起的整体论（Holism）。在1982年发表的《理性动物》一文中，戴维森提出"三角架构"（triangulation）的隐喻来说明历史解释的整体论，"我们的客观性概念是另一类三角架构的结果，它要求两个生物。其中每一个生物都与一个对象相互作用，只有通过语言在生物之间建立起的基本联系，才能给每一个生物

---

① Donald Davidson,"Actions, Reasons, and Causes", in Donald Davidson, *Essays on Actions and Events*, Oxford: Oxford University Press, 1980, p. 8.

② 〔奥〕维特根斯坦：《哲学研究》，李步楼译，北京：商务印书馆，1996年，第224页。

③ Donald Davidson,"Actions, Reasons, and Causes", pp. 3-4.

④ Donald Davidson, "Mental Events," in Donald Davidson, *Essays on Actions and Events*, Oxford: Oxford University Press, 1980, pp. 207-225. 另参见张志林：《分析哲学中的意向性问题》，载《因果观念与休谟问题》，北京：中国人民大学出版社，2010年，第292—297页。

以事物客观存在方式的概念。事实上,只有他们共享一个真概念,才能使下述判断有意义:他们有信念,他们能够在公共世界中为对象安排一个位置。"①用图形表示就是:

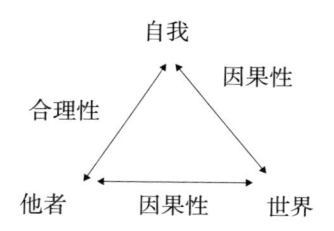

```
          自我
         /\
   合理性/  \因果性
       /    \
      /      \
   他者——因果性——世界
```

在上述的三角架构中,有着两类关系,一是人与人之间的交往关系,构成了合理性解释;另一个是交往着的人们与世界的共同因果关系,构成了因果性解释。在一个历史解释的整体论脉络中,并不存在合理性解释与因果性解释何者优先的问题,而是两者处于共在的三角架构中。诚如何兆武先生所言,"历史具有两重性。一方面它是自然世界的一部分,要受自然界的必然律所支配;另一方面它又是人的创造,是不受自然律所支配的。因此,历史学就包括有两个层次,第一个层次是对史实的认知,第二个层次是对第一个层次所认定的史实的理解和诠释。第一个层次属于自然世界,它是科学的;第二个层次属于人文世界,它是人文的。"②戴维森提出的异态一元论有效地解决了"亨佩尔—德雷论战"的二元对立,既辩护了历史学作为一门经验科学的地位,又承认了历史学作为一门自主科学的重要性。

---

① Donald Davidson, "Rational Animals", in Donald Davidson, *Subjective*, *Intersubjective*, *Objective*, Oxford: Oxford University Press, 2001, p. 105.
② 何兆武:《对历史学的若干反思》,载《历史理性批判论集》,北京:清华大学出版社,2001年,第3—4页。

第四章 分析的历史哲学中的"历史解释"与"历史叙事"之争

在西方的史学传统中,"历史"一词通常兼有"探究"和"故事"的双重内涵。古希腊罗马时期乃至中世纪,史学始终是修辞学分支下的一种文类,叙事自然是史家表现探究结果的方式。近代理性主义史学以还,随着实验科学或自然科学成为一切科学的理想类型,计量史学自然变成职业历史学家实现这一信念的标杆。叙事的优先性逐步让位于以"问题"为导向的分析史学,布罗代尔就曾激烈地批评传统的叙事史学是贫乏而不科学的。在经历"语言转向"的洗礼之后,人们逐渐认清历史学家所使用的语言,"定量""脚注"等现代史学特有的表现形式与古典史学中的"演说词"具有同样的功效,都不过是历史学家在不同时代气候中寻求确定性和表现过去的不同方式。[①]

依照劳伦斯·斯通的诊断,从20世纪30年代开始,"科学历史学"借助于马克思主义的经济模式、法国的生态学/人口统计学模式(ecological/demographic model)和美国"计量的"(cliometric)方法论,意在探究社会变迁的"融贯的科学解释"(a coherent scientific explanation),但是,到了70年代,这种分析的和结构的路径遭遇到了严重的瓶颈,而作为一种潜流的叙述史学重新得到了复兴,他们结合当时的文化人类学,侧重于对事件、小人物以及过去的心态进行刻画和深描,旨在讲述"单一的连贯故事"(a single coherent story)。[②] 霍布斯鲍姆大致同意斯通的论断,反对某些极端的经济还原论者将活生生的人和事消融进长时段的结构中。尽管斯通宣称要避免在分析史学和叙述史学之间做出优劣的价值判断,但是在霍布斯鲍姆看来,斯通的言论有些耸人听闻,因为法国的"年鉴学派"和英国的"过去与现在学

[①] J. H. Hexter, "The Rhetoric of History", *History and Theory*, Vol. 6, No. 1(1967), pp. 3 – 13. 亦可参阅〔美〕安东尼·格拉夫敦:《脚注趣史》,张弢、王春华译,北京:北京大学出版社,2014年。

[②] Lawrence Stone, "The Revival of Narrative: Reflections on a New Old History", *Past & Present*, No. 85(Nov., 1979), pp. 3 – 24.

派"从没有对事件和文化失去兴趣,就如 E. P. 汤普森的《英国工人阶级的形成》(1963)与《辉格党人与猎人》(1975)、勒华拉杜里的《朗格多克的农民》(1966)与《蒙塔尤》(1975)之间并没有必然的冲突。①

如果将史学实践中的论辩,转换到抽象层面的史学理论场域,又会是一种什么样的图景呢?大致来说,从 20 世纪 30 年代开始,基于物理学、生物学与历史学的研究对象都要涉及过去发生的事件这一要素,波普尔、亨佩尔、内格尔等科学哲学家在总结科学解释的一般结构和逻辑的过程中,也试图对历史研究中的解释"说三道四",随后激发了英美世界围绕历史知识性质的大讨论。到 60 年代中期,莫顿·怀特、加利、丹图等历史哲学家在"历史解释"(historical explanation)的议题中引出"历史叙事"(historical narrative)的问题,认为历史叙事可以更好地贴近和分析实践史家的主要工作程序以及历史学的主要特征。与此后叙事主义历史哲学从修辞学和文学理论的视野重新阐释历史叙事和历史意义有很大的不同,分析的历史哲学内部关于历史叙事的论争,更倾向于将历史叙事看作是历史解释的一种替代性方案。② 但是,我们也应看到,叙事主义历史哲学很大程度上继承了分析派历史哲学的一些问题意识,特别是沃尔什、加利、德雷等分析的历史哲学家对历史叙事的讨论,对于我们理解此后美国史学理论界的多样化生态仍有意义。

第一节 历史科学所处理的研究对象是唯一的吗?

从 19 世纪末至 20 世纪初期,为了应对历史主义的危机,德国的新康德主义者尝试从认识论的角度来反思和论证历史知识的基础问题。文德尔班在《历史科学与自然科学》(Geschichte und Naturwissenshaft,1894)一文中率先将历史科学与自然科学区分开来,认为前者是表意的(idographisch)的

---

① E. J. Hobsbawm,"The Revival of Narrative: Some Comments", *Past & Present*, No. 86 (Feb., 1980), pp. 3 – 8.
② 陈新:《论 20 世纪西方历史叙述研究的两个阶段》,《史学理论研究》1999 年第 2 期。此文主要以"历史叙述"作为讨论的中心,将分析派历史哲学家的讨论称为认识论研究阶段,而将此后以海登·怀特为代表的叙事主义历史哲学定位为本体论研究阶段。在此基础上,本书尝试以"历史解释"作为论述的主轴,以曼德尔鲍姆对分析派内部关于"历史解释"和"历史叙事"的批判为线索,以此来展示美国史学理论多样化的发展脉络:一方面,以海登·怀特为代表的叙事主义历史哲学继承了分析派历史哲学的问题域,两者之间仍有某种连续性的关联;另一方面,即便是叙事主义历史哲学成为 20 世纪 70 年代以来的主要形态,分析派历史哲学作为一种潜在的探究路径仍在向前发展。

科学,研究的对象是一次性的、个别的人和事,采用的是直观或体悟的认识方式;后者则是法则的(nomothetisch)的科学,研究的对象是重复的、普遍的现象,采用的是抽象和演绎的认识方法。[1] 可以说,以文德尔班和李凯尔特为代表的批判的历史哲学不仅继承了德国历史主义传统中"自然"与"历史"的二分,同样基于康德的批判哲学预设着有什么样的认识论就有什么样的形而上学,他们的历史哲学也总是与"价值哲学"联系在一起,认为以人的自我认识为主体的人文学科所面对和处理的是价值的世界,以此来抵制以自然世界为研究对象的自然科学侵蚀到人文领域。

"历史解释"成为英美世界的历史哲学家讨论的中心议题,与此背景紧密相连。但是,他们探究的路径和立场与此存在显著差异。相对于大陆唯理论,从洛克到密尔的经验主义传统更强调实验科学和自然科学的方法在精神科学或人文科学中的应用,到了20世纪初期,以摩尔和罗素为代表的分析哲学即是建立在对德国观念论的批判之上,尝试用现代的数理逻辑来改造康德以来的认识论,将方法论与带有心理主义色彩的认识论区分开来。由此可见,英美世界的历史哲学的主要特征之所以是分析的,就源于它附属于分析哲学。起初,分析哲学主要讨论和总结自然科学中的方法,基于自然科学和历史科学在研究内容上有着重叠和交叉,比如达尔文对于生物学的研究所得出的进化理论就与历史科学高度相关,所以说,分析派历史哲学家所讨论的历史解释问题就对着自然科学中的科学解释。

历史科学研究的对象是过去所发生的人与事,在这一点上,一般无疑义。但是,分析派的历史哲学家则会质疑,在这一点上,人们能够在历史科学与自然科学之间画出一条截然的界限吗?[2] 基于时间的不可逆性,历史学家研究恺撒渡过卢比孔河这件事可以说是唯一的,不可重复的,那么,对于自然科学家而言,苹果砸到牛顿先生头上这件事同样是不可重复的。天文学和地质学研究的对象是天体和地球的变化,生物学研究物种的演化,同样,历史科学也是研究过去发生的人或事的发展过程。在这一点上,历史的

---

[1] 参见何兆武主编:《历史理论与史学理论——近现代西方史学著作选》,北京:商务印书馆,1999年,第381—400页。此后,李凯尔特在《文化科学与自然科学》(*Kulturwissenschaft und Naturwissenschaft*,1899)和《自然科学概念构成的界限》(1896—1902)两书中进一步论证和完善了文德尔班的立场。相关讨论可参阅李子建:《文德尔班的历史思想研究》,复旦大学历史学系史学理论与史学史专业硕士论文,2014年。

[2] 相关讨论参见 P. H. Nowell-Smith,"Are Historical Events Unique?"*Proceedings of the Aristotelian Society*,New Series,Vol. 57(1956—1957),pp. 107-160;Carey B. Joynt and Nicholas Rescher,"The Problem of Uniqueness in History",*History and Theory*,Vol. 1,No. 2(1961),pp. 150-162。

(historical)和发生的(genetic)是同义的。新康德主义者从形式逻辑上认为,历史科学处理的往往是单称的实然判断;自然科学的结果则是普遍的定然判断。① 比如,"公元前44年3月15日,布鲁图刺死了恺撒"这一单称陈述描述的是特殊时间和地点所发生的事件,而天文学家研究的"日食现象"则是普遍的陈述,因为,天文学家不仅仅在观察和描述一次性或唯一的日食现象,而是要概括出日食原理,以期计算和预测过去和未来所发生的日食现象,每一次的日食只不过是日食原理的一个例证。

就这一点而言,分析派历史哲学内部虽然产生了巨大的分歧,但是,他们仍旧否定以此可以在历史科学与自然科学之间划界。在内格尔看来,历史学并非纯粹的表意的科学,"单称陈述(singular statement)在理论科学中不起作用,或者历史探究不适用全称陈述,这种观点是一个十足的错误。……虽然历史学家关心不可重复的、唯一的东西,但他必须从他致力研究的具体事件中进行选择和抽象,他对个别或单一事物的论述需要使用通名或一般的描述词项(general descriptive terms)。"②在此意义上,历史学家所使用的"封建社会""资本主义""革命"等语词或概念并非单称的陈述,而是某种意义上的抽象和概括。例如,"法国大革命"并非仅仅意指1789年巴黎人民攻占巴士底狱这一单称陈述,而是带有普遍意义上的资产阶级革命,因为革命这一术语本身就是通名。总而言之,如丹图所辩论,"当人们认为所有的历史事件都是唯一的和不可重复的,这就带来了悖论性的观点:每一个事件都是某种意义上唯一的,没有任何事件是重复的,因为没有两个事件从属于相同的类别,以及两个其他类似的事件发生在不同的时间或在不同的位置。"③这也就是说,丹图也反对历史科学所处理的研究对象是唯一的,认为这种观点在逻辑上存在矛盾。

由此可见,分析派历史哲学继承了新康德主义者的问题意识,都试图从哲学的高度来讨论历史知识的性质及其合法性的问题,但他们规避了新康德派的"价值世界",站在科学统一化的立场反对将历史科学与自然科学分成两撅。这也正是分析的历史哲学与批判的历史哲学的差异性所在,他们试图将形而上学从认识论中解放出来,仅仅从方法论的角度来解决历史知

---

① 李子建:《文德尔班的历史思想研究》,第23页。
② Ernest Nagel,"Some Issues in the Logic of Historical Analysis",*The Scientific Monthly*,Vol. 74,No. 3(Mar.,1952),pp. 162-169;Also collected in Patrick Gardiner eds.,*Theories of History*,New York:Free Press,1959. 亦可参见〔美〕欧内斯特·内格尔:《科学的结构》,徐向东译,上海:上海译文出版社,2005年,"第十五章:历史研究的逻辑问题",第618—686页。
③ Arthur C. Danto,"On Explanations in History",*Philosophy of Science*,Vol. 23,No. 1(Jan.,1956),p. 17.

识的问题。早在《历史知识问题》(1938)一书中,曼德尔鲍姆就认为,"方法论研究不同于一般的认识论,因为这些研究既不涉及知觉问题,也不涉及对认知者和被认知者之间的关系所作的一般表述。"①在曼德尔鲍姆看来,将形而上学与认识论等同起来是历史主义导致相对主义的根本性谬误所在,即认为认知主体的道德和审美考量会影响和决定历史过程本身的结构。针对这一问题,他认为,任何事件在一定意义上都是"唯一的"(unique),在另一个意义上,任何事件都不是唯一的,因为绝对的唯一性即意味着不可分类、不可比较、不可认识。"历史事件的过去性以及它们没有重复发生这种性质,并没有使历史知识变得不可能,而仅仅给历史学家设置一些在他决定自己的工作程序时需要遵守的限制。"②虽然历史事件一旦发生,就不可重复,不可再观察,历史学家不能够像自然科学家那样,可以在实验里反复观察到,但是,历史事件一旦发生,同时也意味着可以被观察到,记录到,实际上,很多历史事件都存在于人们的记忆之中,存在于历史遗留下来的文献之中,因此,"从历史事件能被人们在许多地方发现这个事实中,从历史事件具有直接的和引人注目的重要性这个事实中,就在历史知识中产生一种类型的'同时代性证实'(contemporary verification),它类似于自然科学中的'反复性证实'(verification repetition)。"③近代历史学家的实践也证实了历史知识具有自然科学家同样的确证性,许多历史学家通过收集文献,文献考证乃至考古发掘,证实了许多古代所发生的历史事件,除此之外,历史学家也试图在历史事件与历史事件之间寻找某种关联,进而综合和概括出历史发生的原因。历史学家工作实践中的成就在伯伦汉以及朗格诺瓦和瑟诺博司的"史学方法论"教科书中得到了总结。

第二节 历史解释中的综合和因果关系

近代以来的史学实践表明,历史学家通过文献考证等分析工作,可以建立起类似于自然科学意义上的历史事实,但是,大多数史家都没有停留在史实重建的工作上,而是在此基础上进行综合工作。"文献考证仅仅得出了孤

---

① Maurice Mandelbaum, *The Problem of Historical Knowledge: An Answer to Relativism*, New York: Liveright Publishing Corporation, 1938, p.1.
② Ibid., pp.188-189.
③ Ibid., p.188.

立的事实。为了把那些事实组织成一门科学,有必要进行一系列的综合工作。"①对于史家如何进行概括(generalization)和综合(synthesis)工作,却存在严重的分歧,可以说,一种路径是通过先验的范畴和概念建立起解释的原则,以此将分散的历史事实聚合到一起,比如上述的"资本主义""工业革命"等概念;另一种路径则是承继休谟和密尔对于因果观念的分析,以期建立起事件与事件之间的因果关联。瑟诺博司在"综合工作"这一部分主要讨论的即是"分类"和"定性的和定量的描述性公式"。② 亨佩尔在《普遍定律在历史学中的功能》(1942)一文中所提出的历史解释的"覆盖律模式"③,将实证主义史学的方法论原则进一步形式化,以期建立起统合自然科学、历史科学乃至社会科学的理论基础。

由波普尔、亨佩尔所提出的强健的历史解释的方法论形式在英美世界激起了持续不断的论辩,用明克的话来说,解释的覆盖律模式成为"常年的竞争者"(perennial contender)④。美国的《哲学杂志》随后就刊发了相关的讨论文章,里斯(Lincoln Reis)和克里斯特勒(Oskar Kristeller)就此提出反驳:亨佩尔严格的解释形式可能适用于社会科学家的工作,但并不适合历史学家,因为历史学家处理的对象是特殊的、唯一的、具体的历史事件,而不是建构普遍的规律。此外,覆盖律模式预设已知的普遍规律,而对于实践中的历史学家和自然科学家来说,普遍规律是未知的,而是需要探究的对象。"历史研究与历史哲学的差别,就如同科学与科学哲学之间的差异。"他们更强调历史的方法就是历史学家在实践中的工作程序和方法,也即"发现事实(fact-finding)和解释(interpretation)"。可以看出,他们在这里使用的"解释/诠释"不同于自然科学意义上的"说明/解释"(explanation)。借用康德关于形式与内容之间的关系,他们认为"事实"与"解释"之间是互涉的、同步的。⑤ 针对诸如莫里斯·科恩(Morris R. Cohen)和悉尼·胡克(Sidney Hook)对历史方法的批评,他们坚持认为历史是对于"事件的叙述"(nar-

---

① 〔法〕朗格诺瓦、瑟诺博司:《史学原论》,余伟译,郑州:大象出版社,2010年,第127页。
② 同上书,第140—177页。瑟诺博司在"综合工作"这一部分并未讨论因果观念的问题,而是采用了类似于亨佩尔"覆盖律模式"意义上的函数关系来表示。
③ 参见 Carl G. Hempel,"The Function of General Laws in History",*The Journal of Philosophy*,Vol. 39,No. 2(Jan. 15,1942),pp. 35-48。
④ Louis O. Mink,"Philosophical Analysis and Historical Understanding",in Louis O. Mink,*Historical Understanding*,edited by Brian Fay,Eugene O. Golob,and Richard T. Vann,Cornell:Cornell University Press,1987,p. 120.
⑤ Lincoln Reis and Paul Oskar Kristeller,"Some Remarks on the Method of History",*The Journal of Philosophy*,Vol. 40,No. 9(Apr. 29,1943),pp. 229,235,240.

ration of events),历史的方法或发生的方法只能给予我们编年史(chronicle),并不能给予我们解释(explanation)。莫顿·怀特通过皮朗对于资本主义社会历史的发展阶段之研究的事例,来证明历史的方法是关于"过程的理论",是需要通过过去来"解释"现在的。不同于孔德和密尔的静止的规律,历史学得出的是动态的概括(dynamic generalization),比如达尔文和斯宾塞的社会进化理论,以及历史主义学派的经济史实践等。此外,从本体论上,莫顿·怀特反对传统哲学上认为"只有历史(histories)是指具体的物质(substances),只有自然(natures)是指抽象的实体(entities)",进而指出"事物所拥有的本质并非绝对的,而是相对的,其相对性是通过特定的视角来获得"。[1] 如此,他进一步借助杜威的观点,即"实验的方法也同样是发生的方法,它考量的方式或过程是事物如何变成所经验的存在"[2],来佐证历史的方法即是相对性的方法,我们就此才能认识事物的本性。

从莫顿·怀特的论述中可以看出,19世纪历史学的实践不仅仅是历史学科内的工作,其中所蕴含的历史性思维已经影响到西方世界对于事物本质的看法。不仅新康德主义者对于历史知识性质的讨论承继了历史主义的问题和遗产,而且分析派历史哲学同样深受历史主义的影响,只不过,分析派历史哲学所谓的历史主义已不是黑格尔意义上的历史主义,而是达尔文意义上的历史主义。恰如柯林武德在《自传》(1939)一书中所意味深长地道出的,"20世纪的哲学的主要任务是要清理20世纪的史学"。[3] 除了美国的《哲学杂志》、英国的《心灵》和《亚里士多德学会会刊》等杂志都在20世纪30年代至60年代刊发了大量的讨论历史知识性质的论文,1940年创刊的《观念史杂志》于1942年也及时推出讨论历史学中的因果观念的文章。

相对于以特纳、鲁滨逊、比尔德、贝克尔等为代表的美国的"新史学",弗雷德里克·J.梯加特(Frederick J. Teggart)是不太受关注的历史学家,同时也是被遗忘的史学理论家。实际上,他在20世纪初期就曾将"过程"和"进化理论"引入到史学理论的讨论中来,在某种意义上可以说是分析派历

---

[1] Morton G. White, "The Attack on the Historical Method", *The Journal of Philosophy*, Vol. 42, No. 12(Jun. 7, 1945), p. 322.

[2] John Dewey, "The Evolutionary Method as Applied to Morality. I", *Philosophical Review*, Vol. XI(1902), p. 107. 转引自 Morton G. White, "The Attack on the Historical Method", pp. 328–331.

[3] 〔英〕柯林武德:《柯林武德自传》,陈静译,北京:北京大学出版社,2005年,第77页。即便是科学哲学领域,也已不可能回避历史的方法或发生的方法,上述提到的波普尔、亨佩尔、内格尔等科学哲学家都讨论了历史知识的性质问题,而且到库恩《科学革命的结构》(1962)一书的出版,历史性思维已侵入和倒置了科学哲学的问题意识。

史哲学的先声。① 在《历史事件中的因果关系》一文中,他一上来就反对历史探究只是讲述兰克意义上"实际发生的事情",历史学家需要借助于因果观念来使得叙述变得可理解,每一个叙述都要涉及因果关系的解释。"历史学家要比仅仅记录事件做更多的工作,他必须发现(discover)一个事件与另一个事件之间的关联。"② 在梯加特看来,历史解释就是通过变化(change)的方式来解释这个世界,这里的历史意指过程中的重大变化。历史事件并非是唯一的,而事件与事件之间是普遍联系的。由此,在本体论上,历史不是一元的,而是多元的,历史学家即是通过探究和比较的方法来发现过程中诸如衰落和兴盛此类的重大变化。他进一步通过史学实践来探究和比较中国和罗马的变化,以此发现历史事件之间的关联。③ 莫里斯·科恩在相对宽泛的意义上讨论了历史学中的因果关系,认为历史学中关于因果观念或者因果规律的讨论和论辩主要牵涉到人类自由意志的问题。他首先梳理了"原因"一词的历史用法,最早亚里士多德提出四因说:质料因、形式因、动力因和目的因;在拉丁语里,"原因"一词是一个社会和法律的术语,意指行动的目的及其承担的责任;近代以来,自然科学家以此来类比时空中的现象及其变化的关联,最著名的要数休谟关于因果观念的讨论;现代物理学进一步把因果关系简化到数学中的函数关系,亨佩尔的覆盖律模式即是一种约束变元的函数关系。由此,现代自然科学意义上的因果规律就将人类行动中的目的和意志消解了,同时也取消了历史与自然之别。其次,在科恩看来,历史学家作为过去发生之事件的叙述者,需要讲述一个一致性的故事,而一致性就需要某种意义上宽松的因果概念。"绝对的唯一性,即没有任何因素是共同的,是难以名状的(indescribable),因为所有的描述和分析都必须通过预见(predicates)、分类的概念(class concepts)或可重复的关联(repeatable relations)等术语来获得。"④ 但是,就人类的自身目的以及获取过去证据的不完整的意义上而言,历史学中的因果关系只能是宽松的,它不同于天文学、地质学、生物学等自然科学中的因果关系。

---

① 参见 Frederick J. Teggart, *The Processes of History*, New Haven: Yale University Press, 1918; Frederick J. Teggart, *Theory of History*, New Haven: Yale University Press, 1925。

② Frederick J. Teggart, "Causation in Historical Events", *Journal of the History of Ideas*, Vol. 3, No. 1(Jan., 1942), p. 3.

③ Ibid. , pp. 8-10. 另可参阅〔美〕弗雷德里克. J. 梯加特:《罗马与中国:历史事件的关系研究》,丘进译,郑州:大象出版社,2009 年。

④ Morris R. Cohen, "Causation and its Application to History", *Journal of the History of Ideas*, Vol. 3, No. 1(Jan., 1942), p. 21. 亦可参见 Morris R. Cohen, *Reason and nature: an essay on the meaning of scientific method*, London: Kegan, Paul, Trench, Trubner & Co. Ltd. , 1931.

在对历史相对主义的驳论中,曼德尔鲍姆就曾提出,历史中的关联性和因果性是实在的,以此才能保证历史学家能够探知历史,而不是相对主义者认为那样,是历史学家赋予了历史中的关联性和因果性。他将事件称之为"持续一段时间的实体",比如,历史学中的"文艺复兴""工业革命"等事件。这些事件又可以分为亚事件(sub-events),诸如,"工业革命"这一事件可以分为"瓦特改良蒸汽机""议会改革"等等亚事件。事件与亚事件之间是整体与部分的关系,一组亚事件即是这个事件的原因。"当我们把一个事件看作是一个持续存在的实体,它被一种特殊的统一性所渗透,同时又包括各种各样的亚事件,由此,存在性依赖关系就变成一种使事件与其亚事件连接起来的东西。这整个一组亚事件就成为那个有关事件的原因,如果没有这些亚事件,这个事件本身也就不能存在。"[1]但是,在曼德尔鲍姆看来,一个历史事件与其组成部分的亚事件并非科学规律意义上一一对应的必然联系,因为亚事件并非原子式的,而是互不依赖的单子,组成一个历史事件的亚事件都是具有不同持续时间的实体,它们可以构成另一个历史事件的亚事件。比如,"议会改革"可以成为"工业革命"的亚事件,又可以成为"英国代议制民主政治"的亚事件。就此,曼德尔鲍姆反对一切形式的一元论,提出历史多元论。"历史多元论是这样一种观点,它认为我们称之为历史过程的那一系列相继发生的事件是由众多数目不定的成分组成,这些成分并没有组成一个完全连接在一起的集合物。"[2]一元论具有多种表现形式,像历史目的论、有机体论以及时代精神论这种一元论是思辨的历史哲学家常常预设的一种前提假设,认为历史的过程是一种单一的线性联系;另一种表现形式是像物理学、天文学等自然科学意义上的决定论。比如,每当事件 A 与事件 B 有必然联系,B 的出现就要求 A 也必定出现。可以说,覆盖律模式即是对这种决定论的总结和说明。与此不同,"历史学家不仅无意于从对一个事例的观察中建立历史事件的规律,而且无意于把对那些使得他得以确证和否认某条所谓历史过程规律的假设性事例进行考量作为首要的任务"。[3]

在《历史学中的因果分析》(1942)一文中,曼德尔鲍姆延续了《历史知识问题》一书的基本思路,一方面,反对新康德主义者将人文主义与自然主义截然划分;另一面,批驳比尔德的历史相对主义观点,进而提出因果分析在历史学中的重要性。"正是基于历史学家对于因果分析的兴趣,而不是直觉

---

[1] Maurice Mandelbaum, *The Problem of Historical Knowledge: An Answer to Relativism*, p. 225.
[2] Ibid., p. 274.
[3] Ibid., p. 277.

的重演过去,才使得'历史'与'编年史'区分开来。"①接着,曼德尔鲍姆讨论了历史学中的假设(hypotheses)及其确证(verification)问题。同历史学中的因果关系类似,每一本历史著作中都或隐或显地包含有假设的要素。曼德尔鲍姆进而指出,历史学的假设类似于历史相对主义者使用的"视角",是将事件聚合到一起的"路径",比如洛夫乔伊的"单元观念"(unit-ideas)。这些假设可以来源于日常经验的概括,或者诸如社会进化论这样的科学理论,但大部分是来自其他历史学家的实践工作的概括。由此,对其确证不仅在于历史遗存中的事实,还在于科学理论的权威性。

总而言之,在二战前后的英语世界里,参与"历史解释"讨论的大部分历史哲学家以及历史学家,某种程度上都反对新康德主义者将历史科学与自然科学截然划分的观点,而是坚持一种"自然主义的经验论"②(naturalistic empiricism),认为自然科学的方法论可以解决历史学中的问题。但是,大多数历史哲学家并不认可波普尔、亨佩尔等科学哲学家提出的"覆盖律模式"。可以说,对"覆盖律模式"进行反驳最为有力的,要数德雷于1957年出版的《历史学中的规律和解释》一书中所提出的"合理行动原则"。③ 德雷主要针对以下两点提出反驳:1)历史学中的解释并没有自然科学意义上的严格规律,历史学家在实际的工作中,首先通过梳理史料,考证文献,要回答的是"怎么样"(How)的问题,而不是"为什么"(Why)的问题。即便是史家追问历史事件发生的原因,也无需提出像自然科学家那样具有"预见"(predict)功能的规律。因为历史学家使用的语言是一种日常语言,而不是自然科学意义上的人工语言。在德雷看来,史家使用的"因为""所以"这些连词都具有实用主义的色彩。2)历史学研究的对象并非自然科学意义上的"事件",而是以人类活动为中心的"行动"。由于事件是一个纯粹外在的实体,而行动则必然包含人类的情感和目的,所以,历史学中的解释还有一个内在的层面,只能基于合乎情理的假设和原则来解释人类过往的行动。在此意义上,亨佩尔与德雷之间在形而上学层面就出现了差异,一个是外在主义的,经验论的,另一个则是内在主义的,唯理论的。

赫伯特·哈特(H. L. A. Hart)和托尼·奥诺尔(Tony Honore)于1959

---

① Maurice Mandelbaum,"Causal Analysis in History", *Journal of the History of Ideas*, Vol. 3, No. 1(Jan., 1942), p. 40.

② 参见 Philip P. Wiener, "On Methodology in the Philosophy of History", *The Journal of Philosophy*, Vol. 38, No. 12(Jun. 5, 1941), pp. 309 – 324。

③ 参见 William Dray, *Laws and Explanation in History*, Oxford: Oxford University Press, 1957。

年出版的《法律中的因果关系》(Causation in the Law)一书进一步呼应了德雷的观点。他们认为法学和历史学家所使用的因果关系相似,都是一种日常经验中经常出现的因果关系,这与自然科学意义上的因果关系是不同的。"在为数众多的因素中,一个重要的因素是,法律人和历史学家都主要关心对于特殊事件进行因果关系陈述,以确立某一特定场合下某种特殊事件是另一个特殊事件的结果和后果。"[1]在他们看来,历史学家和法律人处理的是各种各样极为复杂的单称因果陈述,而它们在实验科学中仅仅作为一般性命题或原理的例证。自休谟以来,西方哲学却一直把实验科学所揭示的规律看作是因果关系的真正本质,对于特定事件之间联系的单称因果关系而言,也暗含着一般性。举例来说,在大多数火灾案件中,法律人以及普通人都不会认为起火的原因是因为氧气的存在,而总是把电线短路、丢烟头称为火灾的原因。当然,有氧状态是起火的必要条件,或者说无氧必然不起火是一个实验科学的通则或规律。但是,他们关心的主要不是发现这些规律,而是经常性地将已知的通则应用于特定的案件。也即是说,法律人更为关注的并不是"天灾",而是"人祸",后者则是单称因果陈述所特有的。"原因和条件的差别以及对原因链条在时间上前移或者后推加以限制的各种原则,正是法律人理解其所面对的原因时会碰到许多难题的根源;但在传统哲学对原因的讨论中,这些问题却很少受到注意。"[2]再举历史事件来看,对于"布鲁图刺死恺撒"这一历史事件而言,不仅涉及原因与条件的差别,同样也关涉历史分期的问题。历史学家并不会把恺撒的死亡归因于他的血液缺氧,这应是医生所要追问的原因。史家通常会将其归咎于恺撒对罗马元老院权威的挑战,如果进一步向前追溯或向后推演,史家也可以归因于罗马从共和向帝制的转型。可以看出,哈特、奥诺尔和德雷一样,都尝试将自然化的因果观念转化为带有人文色彩的因果关系。"原因"一词在人文学科中,更多的是指向人类自身的"理由"或"责任"。

在《历史解释:"覆盖律"的问题》(1961)一文中,针对战后英美世界关于何谓历史解释的大讨论,曼德尔鲍姆首先对众多论者进行了区分:波普尔、亨佩尔、加登纳等学者为"覆盖律理论家"(covering-law theorists),德雷、多纳根、柏林等学者为"反动论者"(reactionists),克罗齐、柯林武德、奥克肖特

---

[1] 〔英〕H. L. A. 哈特、托尼·奥诺尔:《法律中的因果关系》,张绍谦、孙战国译,北京:中国政法大学出版社,2005年,第10页。

[2] 同上书,第12页。

第四章　分析的历史哲学中的"历史解释"与"历史叙事"之争

等学者为"观念论者"(idealists)。虽然后两个群体都反对"覆盖律模式",但反动论者也不赞同观念论者的一些形而上学或认识论命题。在曼德尔鲍姆看来,反动论者起源于"分析哲学的一个新分支",即"日常用法分析"(ordinary-usage analysis),"不同于覆盖律理论家采用的唯科学形式的分析(sicence-oriented form of analysis)"。① 其次,曼德尔鲍姆对以亨佩尔和德雷为代表的双方观点都提出了批判。针对覆盖律理论家,曼德尔鲍姆赞同他们的基本立场,即认为历史科学与自然科学在同一条船上,他们都反对新康德主义历史哲学家将两者截然划分的立场。但是,他认为亨佩尔的"覆盖律模式"所预设的休谟意义上的"因果观念"是错误的,"我不赞同他们关于'因果'概念的意义,'规律'概念与'因果'观念之间的关系,以及假定原因在时间上优先于效果。"②正是在这一点上,他赞同德雷对亨佩尔的驳论,亨佩尔依照休谟的因果观念建立严格的"初始和边界条件"(initial and boundary conditions),对于历史学家而言,这本身就是及其复杂的工作。"亨佩尔坚持认为因果解释将涉及对于某一规律的发现,相反,我主张,对于某人从梯子上摔下此类特定情况的因果分析,牵涉到分析此类复杂事件的构成部分的亚事件,诸如某人昏倒、放松把柄、失去重心以及摔倒到地。"③针对反动论者的观点,曼德尔鲍姆重点讨论了德雷提出的"连续序列模式"(the model of the continuous series),认为此模式类似于沃尔什所说的"总括"(colligation)。德雷举例说,当我们要解释摩托车为何出现故障的问题时,汽车修理厂的机修工告诉我们是因为油箱漏油的缘故。但从"可理解性"(intelligibility)来看,对于解释者自身要明白为何漏油就能导致发动机不能发动而言,他首先要明白发动机的功能,即汽油的燃烧带动活塞在气缸中的转动,然后进一步追踪汽油是油泵通过油管从油箱中抽到气缸中,最后发现是油管破裂导致汽油从油箱中泄露,由此解释了机器失灵的原因。对于解释者而言,他必须自己明白这一系列发生的事情。"我对于机器出现故障的理解直接源于这一事实,即我可以追踪随之发生的事件的过程。"④在曼德尔鲍姆看来,德雷依照"可理解性"和史家的"判断"(judgement)完全误解了历史学中的普遍规律的功能以及归纳科学中的描述(description)的角色。当我们解释发动机出现故障时,必然要涉及关于摩擦力的普遍规律的知识;

---

① Maurice Mandelbaum,"Historical Explanation:The Problem of 'Covering Laws'",History and Theory,Vol.1,No.3(1961),p.230.
② Ibid.
③ Ibid.,p.238.
④ William Dray,Laws and Explanation in History,p.68.

而在追踪连续关联,同时要区分那些与发动机故障有关联条件以及那些没有关联。在更深层的意义上,曼德尔鲍姆认为,与他所反对的覆盖律理论家一样,德雷无意中也预设了休谟关于"因果观念"的立场。①

可以看出,曼德尔鲍姆在这里的讨论基本上延续了他在《历史知识问题》关于历史中关联性和因果性的观点。在《历史知识的剖析》(1977)一书中,他甚至认为接下来讨论的"历史叙事"问题同样源自休谟的因果观念,他用三分之二的篇幅集中剖析了历史知识的"因果性"和"客观性"问题,提出了截然不同于休谟的因果概念。

第三节　历史叙事作为一种历史解释

随着《历史与理论》于1960年创刊,英语世界关于历史解释的论争平台已从宽泛的哲学或思想史杂志转移到历史学的专业期刊上,随之也举办了多场学术研讨会,出版了大量的关于历史哲学或史学理论的论文集。② 参与论辩的大多还是原先那群学人,只是亨佩尔在《历史与理论》中始终是缺席的。与曼德尔鲍姆的观察有些不同,明克将参与这场关于历史解释论辩的学者区分为"方法论的一元论者"(methodological monists)和"方法论多元论者"(methodological pluralists)。后者又包括"理性模式"(rational model)和"叙述模式"(narrative model)。③ 明克这里所指的叙述模式即是莫顿·怀特、丹图和加利尝试用历史叙事作为历史解释的替代性方案,以期进一步分析史家的实际工作。

早在《历史解释》(1943)一文中,莫顿·怀特就讨论了亨佩尔的论题。人们既然在"解释"一词加上"历史的"限定词,那么"历史解释"就与物理学的解释或生物学的解释有所不同。"历史解释以指称过去的方式区别其他类型的解释,……历史解释通过指涉某一时刻先前的事实来解释某一时刻的事实。"④可以看出,怀特在总体上是赞同亨佩尔的经验论立场,只是尝试

---

① Maurice Mandelbaum,"Historical Explanation:The Problem of'Covering Laws'",p. 240.
② 诸如 Hans Meyerhoff ed. , *The Philosophy of History in Our Time*, New York:Doubleday Anchor Books,1959;Patrick Gardiner ed. , *Theories of History*, New York:The Free Press, 1959;Sidney Hook ed. , *Philosophy and History:A Symposium*, New York:New York University Press,1963.
③ Louis O. Mink,"Philosophical Analysis and Historical Understanding",pp. 121 – 122.
④ Morton G. White,"Historical Explanation", *Mind*, New Series,Vol. 52,No. 207(Jul. ,1943),p. 212.

将"覆盖律模式"添加上具有时间性的陈述以描述历史解释所独有的特征。"假如我们成功地澄清了叙述的逻辑,我们将会开启历史知识理论的一个新时代。假如我们做到这一点了,历史哲学就不再会是哲学共同体之中贫穷的亲属。一旦叙述史学是人类话语中的独特形式,研究历史的人就有权成立独立的王国。"① 在 1962 年纽约大学哲学系举办的"哲学与历史"的年会上,怀特提交了《历史叙事的逻辑》,此文后来成为其《历史知识的基础》(1965)中最为核心的内容。在讨论叙述的结构这个问题时,怀特一上来就假定所有历史都是关于某些实体的历史,由此就将历史学家的叙述与小说家讲述的虚构故事区分开来。首先,历史学家的叙述(narrative)是由一个个陈述(statement)所构成的,一个个陈述的经验可证实性就指称着过去的某些实体。但是,叙述总是涉及某一"核心主题"(central subject),不同于单称的陈述。"叙述是语言上复杂和不规则地蔓生的(sprawling),不同于恺撒渡过卢比孔河这样的陈述,不同于独立的单称解释性陈述,甚至不同于思辨历史哲学中的概括。"② 其次,历史叙事不同于编年史(chronicle),"某一主题的编年史是非因果单称陈述的连接(conjunction),它明确提到那一主题以及报道不同时间发生的真实情况"。③ 这也就是说,在怀特看来,编年史引导读者去问"接下来是什么?"(And then what?),而叙述史引导读者去问"那么何以如此?"(So what?)。怀特通过"英国王室"这一核心主题的事例来区分编年史和历史叙事:"英国国王逝世,之后英国王后也离去,接着王子死亡,随后公主去世。"VS"英国国王逝世,随后英国王后由于悲伤也离去了。王子因母后之死,过分悲痛,自杀了;随后公主因孤寂无伴,抑郁而终。"从中可以看出,历史叙事是将单称因果陈述组合成有着逻辑关联陈述的一个核心主题。用图式来表达就是:

因为 A 在 t_1 时是 S,所以 B 在 t_2 时也是 S。
与此同时,因为 B 在 t_2 时是 S,所以 C 在 t_3 时也是 S,

---

① Morton G. White,"A Plea for an Analytic Philosophy of History(1953)"in Morton G. White, *From a Philosophical Point of View: Selected Studies*, Princeton, NJ: Princeton University Press, 2005, p. 39.

② Morton G. White, *Foundations of Historical Knowledge*, New York: Harper & Row, Publishers, 1965, p. 219.

③ Ibid., p. 222.

以此类推,如此等等。①

可以看出,怀特在此尝试用自然科学的方法论来改造克罗齐从认识论上对于编年史(死的历史)和历史(活的历史)的区分,关于历史叙事逻辑的探讨带有鲜明的分析的历史哲学的特征。但是,怀特还试图超越亨佩尔的模式,提出历史之真虽由历史叙事中的构成要素的真实性本身来决定,而历史叙事作为整体仍有着超越单称陈述真实的维度,这正是叙述哲学的基本问题:当每一历史叙事都真实地陈述了各个事实以及它们之间的联系时,在何种条件下,历史学家能够评价各个历史叙事之间的优与劣?怀特的回答是:历史学家自身的兴趣和价值判断,而选择的标准是基于"审美主义"(Estheticism)和"道德主义"(Moralism)。② 在此,我们也不难看出,分析派的莫顿·怀特与叙事主义的海登·怀特之间的某种亲缘,特别是我们从实用主义的立场和背景来对比两者之间关于历史叙事的观点时,这种关联尤为显著。

无独有偶,沃尔什明确参照克罗齐关于编年史和历史的观点,将历史叙事区分为"平淡叙述"(plain narrative)和"意蕴叙述"(significant narrative)。前者叙述过去发生的事实,仅仅牵涉到记忆判断(memory-judgement),或者从现有的材料中推论出过去的事实;后者要叙述何以发生的原因,即涉及因果性解释。而这一解释或叙述活动是思维的组织活动,史家要将他获得的事实连接到一起以成为一个融贯的整体。可以看出,意蕴叙述中的"意蕴"一词要表达的即是"可理解性"(intelligibility),源自历史学家的"总括"(colligation)活动。③ 而在丹图看来,所有叙述都是意蕴叙述,并不存在平淡叙述和意蕴叙述的本质区别,其原因在于没有历史学家仅仅叙述

---

① Morton G. White, *Foundations of Historical Knowledge*, pp. 223 – 224. 曼德尔鲍姆认为怀特的这一图式仅仅讨论了连续、因果的联系,从而忽略了整体与部分的联系。举例来说,"英国国王逝世了,随后英国王后由于悲伤也离去了。随后大臣为他们举行葬礼。由于葬礼的缘故,交通阻塞,我乘坐的公共汽车晚了。因为我回家比平时晚,所以在我的朋友离开伦敦前我没有看到他。"现在假定事实性陈述都是真实的,以及因果性解释也是真实的。但是,我们明显看到,关于"王室的问题"和"我与朋友的关系"之间并不构成一个历史叙事,而是两个没有任何关联的历史叙事。在曼德尔鲍姆看来,构成核心主题之历史叙事的一个部分或一个方面,应有一个一般性或共性,由此才能保证历史叙事的真实性,这必然涉及亨佩尔意义上的规律。参见 Maurice Mandelbaum, "Objectivism in History", in Sidney Hook ed., *Philosophy and History: A Symposium*, New York: New York University Press, 1963, pp. 46 – 47.

② Morton G. White, *Foundations of Historical Knowledge*, pp. 237 – 240.

③ W. H. Walsh, "The Intelligibility of History", *Philosophy*, Volume 17, Issue 66, April 1942, pp. 128 – 143;另可参阅〔英〕沃尔什:《历史哲学导论》,何兆武、张文杰译,北京:北京大学出版社 2008 年,第 21—39 页。在此应该注意的是,沃尔什虽然借鉴了克罗齐的观点,但论证的思路已完全不同,前者可以说是认识论的,后者则是方法论的,属于分析派的脉络之中。

事实,每一个历史学家都拥有居先的图式(prior scheme)以组织他们所获得的事实,而这必然涉及亨佩尔意义上的历史规律。① 历史科学与自然科学同样都运用超出事实性陈述之上的组织架构,它们之间的区别是各自所运用的组织架构的种类不同。历史学所运用的组织架构就是"具时态语句"(tensed sentence)的历史叙事。

依照分析派历史哲学的家法,丹图首先讨论的是叙述语句的可证性问题。在完全运用分析哲学的路数来分析历史学家的语言时,却得出历史著作中具有时间性语言的"叙述语句"(narrative sentences)的可证实性不能还原到命题的"陈述语句"(statement sentences)的可证实性,在客观的物理时间坐标系中,"叙述语句不仅指称两个在时间上分立的事件,以及在对在前事件的描述中参照在后的事件。它在逻辑上还要求,如果它为真,这两个事件就都要发生。"②举例来说,历史学家对"第一次世界大战"的叙述必须参照"第二次世界大战"才是合法的,没有人在1914年的时候,说出"第一次世界大战已经发生了"这样的语句,这种叙述在认识上对于现场观察者来说是不可及的,也就是不可说的,同样也就是没有意义的。史家也不能在2021年的时候说出"第三次世界大战将要发生了"的语句,这种意在未来的语句没有指称,所以也没有认识上的真值。丹图认为史家最大尺度的史学描述,就是对过去的描述,历史叙事中的"具时态语句"是区别于科学"陈述语句"的主要特征。③

在此基础上,丹图总结出历史叙事的模式就是:

(1) X 在 t-1 时为 F。
(2) t-2 时某一事件 H 对 X 发生。
(3) X 在 t-3 时 G。④

在丹图看来,(1)和(3)构成待解释项,即解释为何 X 由 F 到 G 的转变,(2)是解释项。提供(2)即解释了(1)—(3)。在此意义上,历史解释采取历史叙事的形式,(1)(2)(3)本身具有故事的结构。它有一个开始(1),中间

---

① A. C. Danto,"Mere Chronicle and History Proper",*The Journal of Philosophy*,Vol. 50,No. 6 (Mar. 12,1953),pp. 173 – 182;另参见〔美〕阿瑟·丹图:《叙述与认识》,周建漳译,上海:上海译文出版社,2007 年,第 141—178 页。关于沃尔什的回应可参见 W. H. Walsh,"'Plain' and 'Significant' Narrative in History",*The Journal of Philosophy*,Vol. 55,No. 11(May 22,1958),pp. 479 – 484。
② Arthur C. Danto,"Narrative Sentences,"*History and Theory*,Vol. 2,No. 2. (1962),p. 165.
③ 〔美〕阿瑟·丹图:《叙述与认识》,第 44—80 页。
④ 同上书,第 296 页。

(2)和结尾(3)。丹图甚至认为,既然休谟意义上的因果关系具有时间上的先后关联,因果解释事实上也具有故事的形式。与丹图给出的一般图式不同,怀特认为历史叙事有着超越真实性陈述的内涵,只能求助于历史学家选择的兴趣和道德诉求,而丹图则认为(2)是根据普遍规律给出的,由此才能保证历史叙事的真值。"构成叙述中关键性的中间即事件 H(发生在 X 并引起它的变化)的抉择必定是根据某些普遍概念做出的,这一点在我看来是无可置疑的。"①依照休谟的撞球示例,丹图构想了历史叙事的一个例子:

I、车子在 t-1 没事。
II、车子在 t-2 时遭 y 撞击。
III、车子在时间 t-3 有凹痕。

在这一图式中,"在 t-2 时某物 y 以特定的力量撞击 x"即是一个带有普遍规律的描述。由此,II 表明了,根据已知的普遍规律,关于特定事件的描述被嵌入之处即是具有解释力的中间,它能够使得解释纲要变成完整的叙述解释。假如史家根据文献资料给出这样三个叙述语句:

II_1、一辆卡车于 3 点 30 分撞击那辆小车。
II_2、小车司机于 3 点 20 分咳嗽。
II_3、小车车主于 3 点 30 分用一个磅锤砸车。②

从逻辑上看来,II_1、II_2、II_3 三个叙述语句都属于反事实假设,都具有某种可能性,都是已知普遍规律所能够覆盖的事例。历史学家的工作要是在过去所留下的"痕迹"中找到事实 II_1,或者 II_1 和 II_2,就不可能是 II_3。在此意义上,丹图就认为历史叙事就是历史解释的一种替代性方案,比之历史解释的覆盖律模式,历史叙事的一般形式能够更好地描述历史学家的实践工作。

在分析派内部,除了莫顿·怀特和丹图之外,加利也是历史叙事的倡导者。在《历史学和发生科学中的解释》(1955)一文中,加利反对将历史研究看作是一种与自然科学截然不同的、独特的理解类型。虽然历史科学处理的是某些特殊情况下实际发生的特殊事实(particular facts),自然

---

① 〔美〕阿瑟·丹图:《叙述与认识》,第 298 页。
② 同上书,第 299—300 页。

科学关注的是限定描述的任何情况下必然发生的样本或示例事实(specimen or sample facts),但是,历史科学同样在描述特殊事实的情形下涉及概括和解释。在采取何种意义上的解释时,加利提出一种温和的立场,认为历史学中的解释不是生物学科学上的"功能解释"(functional explanation),而是一种"典型性历史解释"(characteristically historical explanation),"1)为了追述特定时间在先的条件以宣称某一事件被解释为必然的,典型性历史解释着重强调特殊事件过程中发展方向的连续性或特定因素的持续性;2)当被解释项是某类人类行动或一系列行动时,典型性历史解释强调某些因素的连续性和持续性是为了保证被解释项变得可理解或可证明为正当的。"[1]正是在第二点上,历史解释中的必然性的前件(necessary antecedent)总要涉及行动主体的动机、信念或决定,它们是一些心理前件(mental antecedents),这也就需要历史研究要考量人类行动中的实践智慧(practical wisdom)。与沃尔什的讨论类似,加利也从"可理解性"的角度引申出历史叙事的议题,"跟踪某一叙述或谈话的逻辑(the logic of following a narrative or a discussion)涉及理解某一特殊陈述的情形,因为它关涉到我们对于某一单一理智行动的理解,而不同于我们理解语法学家的样本语句"。[2]

紧接着在《历史理解》(1963)一文中,加利认为狄尔泰、柯林武德等批判的历史哲学家都没有很好地分析"历史理解"(historical understanding),进而提出历史叙事才是历史思维(historical thinking)的基础问题,全面总结了他关于历史叙事就是"跟踪故事"(following a story)的观点。设想我们跟踪或观看一场足球比赛,首先我们要了解一些足球比赛的规则,这是使得我们能够看懂一场比赛的前件,但仅仅依照规则,我们并不能"预知"(predicate)比赛的结果,比赛过程中的惊奇和不可预测恰恰是观看一场比赛最为重要的部分。其次,我们又总是依照日常生活的经验在比赛的进程中"期盼"(looking forward)比赛的结果,人们的注意力总是受到目的性的引导,与此同时,观察者的心态又是开放的,能够接受比赛过程中的各种可能性,包括不断出现的惊奇(surprise)和偶然(contingency)。在加利看来,历史叙事也是如此,"跟踪并不是控制和预知事件,归根到底是发现这些事件在理智上是可接受的,这也是事件所带来的震惊和惊奇能够首先引起我们关注的原因所在。在此意义上,跟踪故事提供了我们使用概括思维最为显著的

---

[1] W. B. Gallie,"Explanations in History and the Genetic Sciences",*Mind*,New Series,Vol. 64,No. 254(Apr.,1955),p. 162.

[2] Ibid.,p. 172.

地方。"① 由此可见,历史叙事中所使用的概括与历史解释中所涉及的规律或不变条件是不同的,历史叙事首要考虑的是不可预知的"突现"(contingency)问题,针对历史事件的偶然性,好的历史叙事者总是能够将偶然性的特征匹配进我们的日常经验之中,使得整个历史叙事"在情理之中,却在意料之外"(acceptable yet unpredictable)。在此层面上,加利将历史叙事与历史理解关联起来,认为"每一个历史叙事都是自我解释的(self-explanation)"。② 只有历史叙事发生断裂的情况下,历史叙事者才借助自然科学意义上的历史解释,使得历史叙事变得可跟踪。在这里,历史叙事是优先的,历史解释仅是辅助性的,甚至是侵入性的。虽说加利仍在分析派历史哲学的场域中讨论了历史解释的问题,但与莫顿·怀特和丹图认为历史叙事是历史解释有着很大的不同,他明确提出"历史是故事的一种","历史叙事是自我解释的",到了明克发表《历史理解的自主性》③(1966)一文之后,分析派历史哲学讨论的历史解释彻底被历史叙事替代了,而且讨论的前提也彻底被置换了。

作为美国史学理论发展和变迁的重要参与者和见证者,曼德尔鲍姆敏锐地观察到,到 20 世纪 60 年代中后期,诸多历史哲学家都在讨论叙述结构的问题。他认为主要有三个原因:1)基于事件本身依照时间先后排列的秩序(chronological order),历史学家很自然地将他的研究结果表现为一种具有时间序列的叙述形式,但这是表面上的类似,因为历史学家在没有发现历史事实之前,他并无任何故事可以讲述,历史学的叙事形式不仅不是优先的,而且不是唯一的,比如专题论文的写作就不会采用叙述的形式;2)将历史学家的活动等同于讲故事是认为历史写作中有某种定向性的(tropistic)或目的论的(teleological)因素,以此将事件作为历史叙事中的单线链条插曲,而这种目的论的因素恰好是历史相对论的一种形式;3)将历史中的因果连接归咎于人类行动的意图,历史也被叙述为人类理智行动的线性序列。④曼德尔鲍姆承认,历史叙事论者对于历史事件的时间性因素的考量有效地反驳了自然科学意义上的历史解释模式,但是,历史叙事论者以此将历史叙

---

① W. B. Gallie,"The Historical Understanding",*History and Theory*,Vol. 3,No. 2(1963),p. 156;另参见 W. B. Gallie,*Philosophy and the Historical Understanding*,London:Chatto & Windus,1964。

② 参见 W. B. Gallie,*Philosophy and the Historical Understanding*,p. 108。

③ 参见 Louis O. Mink,"The Autonomy of Historical Understanding",*History and Theory*,Vol. 5,No. 1(1966),pp. 24 - 47。

④ 参见 Maurice Mandelbaum,"A Note on History as Narrative",*History and Theory*,Vol. 6,No. 3(1967),pp. 413 - 416。

事看作是线性的、连续的序列:a 导致 b,b 引起 c,c 产生 d,以此类推。正如上述曼德尔鲍姆所指出的,其谬误在于历史叙事论者与历史解释模式同样预设了休谟和密尔意义上的因果观念,即认为事件在时间上的先后是因果关系的要素,以及在"原因"和"条件"之间划出一条清晰的界限。在曼德尔鲍姆看来,事件与事件之间的关联并不总是先后的关系,而是整体与部分的关系,"正如我曾经论述的,历史学中的事件与事件之间的基础关联是部分和整体的关系,而不是前件与后件的关系。……比如,手表是一个复杂的整体,它的每个部分都是共在的,并作为整体中的一个组成部分。"①曼德尔鲍姆以最能体现历史叙事结构的人物传记为例,由于在叙述人物活动的时间序列的过程中必然涉及他所处的社会情境,这就使得传记人物与他所处的社会之间是同时存在的,他们之间就是整体与部分的关系。总体而言,曼德尔鲍姆对历史叙事是持否定态度的,"当前将历史看作是叙事的观点为历史学建立了一个过于简单的模式。并且……对历史学在本质上带有类似于讲故事的特征的强调,导致了在历史学家的事业中对探究作用的忽视。由于这两个原因,在我看来,目前视历史为叙事的趋势是不幸的,需要纠正。"②

曼德尔鲍姆对于历史叙事取代历史解释的反驳在历史哲学家中引起了不同的反响。③ 理查德·伊利(Richard G. Ely)从逻辑上分析了曼德尔鲍姆对于莫顿·怀特、丹图、加利的误解,他虽然不赞同历史学在本质上是叙事,但是认为对于历史叙事的反思有利于丰富史学实践;罗尔夫·葛鲁纳(Rolf Gruner)赞同曼德尔鲍姆的看法,进一步论证了历史著作更多的是历史描述(historical description),而不是历史叙事,而后者应是前者的一种类别;德雷某种程度上则持中庸之论,一方面反对把历史叙事作为历史学的基本原则,另一方面又认为历史叙事论者的讨论有利于更新历史哲学的研究主题,改变分析的历史哲学的窘迫现状。德雷在《论历史学中叙事的性质和作用》(1971)一文中,特别提到明克对于历史理解的贡献,认为明克提出的"综合统一体模式"(the model of synthetic unity)超越了以往历史哲学家对于历史叙事的讨论,因为这种复合体具有不可分的属性,历史作品作为整体本身具有自主的意义。④

---

① Maurice Mandelbaum,"A Note on History as Narrative",pp. 417 – 418.
② Ibid.,p. 419.
③ 参见 Richard G. Ely,Rolf Gruner and William H. Dray,"Mandelbaum on Historical Narrative:A Discussion",*History and Theory*,Vol. 8,No. 2(1969),pp. 275 – 294。
④ 参见 W. H. Dray,"On the Nature and Role of Narrative in Historiography",*History and Theory*,Vol. 10,No. 2(1971),pp. 153 – 171。

可以看出,曼德尔鲍姆对历史叙事的批评意见并没有成为主流,随着历史学的语言转向,历史学家所使用的语言而不是历史解释或因果关系成为20世纪70年代以来历史哲学家反思的主题,历史哲学已经发生了一种范式的转变。早期的历史叙事研究,"narrative 一词的核心意思仍停留在'事'而非'叙'的意义上",语言转向之后的历史叙事,"narrative 的理解有一种客观知识向叙述的行为方面转向的趋势。这种转向意义重大,它将是叙述研究从认识论领域向本体论领域的扩展,也将是历史哲学研究中的一次革命的开端。"①而在以海登·怀特和安克斯密特为代表的叙事主义历史哲学已成明日黄花的今天,重新梳理叙事主义历史哲学的"前史",辨析"历史解释"转向"历史叙事"的过程,仍有着某种启示意义。正如《历史与理论》的资深编辑理查德·汪所言,"像曼德尔鲍姆这样的哲学家,他们甚至在莫顿·怀特与丹图最早的著作中就觉察到一种对相对主义敞开大门的倾向,现在他们最大的担心显然已经证实。"②

第四节　曼德尔鲍姆的历史哲学构想

　　自1938年《历史知识问题》出版,曼德尔鲍姆就对欧洲和美国流行的历史主义或历史相对主义进行批判。随着20世纪70年代叙事主义历史哲学的兴起,曼德尔鲍姆仍然坚持批判的立场,并将其与20世纪30年代的历史相对主义关联起来。我们知道,库恩于1962年出版了《科学革命的结构》一书,由此带来了科学哲学的历史主义转向,库恩提出的"范式"概念逐渐成为人文社会科学领域的通用术语。曼德尔鲍姆敏锐地指出,库恩将科学共同体中的科学革命描述为一种范式变迁是一个"准社会学的概念"(quasi-sociological terms),提出了一个普遍的科学史编纂学的问题。但是,库恩将科学革命与政治革命、艺术风格关联起来,忽视了科学本身的内在逻辑,由此会导致"概念的相对主义"(conceptual relativism)。③ 随着海登·怀特于1973年出版《元史学》,英语世界的历史哲学进入一个新阶段,同样带有历

---

① 陈新:《论20世纪西方历史叙述研究的两个阶段》,《史学理论研究》,1999年第2期,第99—100页。
② 〔美〕理查德·汪:《转向语言学:1960—1975年的历史与理论和〈历史与理论〉》,载陈新主编:《当代西方历史哲学读本(1967—2002)》,上海:复旦大学出版社,2006年,第54页。
③ 参见 Maurice Mandelbaum, "A Note on Thomas S. Kuhn's *Structure of Science Revolutions*", *Monsit*, 60(1977), pp. 445 – 452; Also collected in Maurice Mandelbaum, *Philosophy, History and the Sciences: Selected Critical Essays*, Baltimore: The Johns Hopkins University Press, 1984.

史主义的色彩,如同库恩在科学哲学领域所带来的变革。《历史与理论》杂志在 1980 年刊发了讨论《元史学》的一组专题论文,其中就包括曼德尔鲍姆的《元史学的预设》一文。曼德尔鲍姆采取其一贯的批判立场,分析了元史学的基本预设,认为海登·怀特关于历史编纂学基本结构的构思继承了加利和丹图关于历史叙事的看法。在曼德尔鲍姆看来,海登·怀特通过对史家解释策略的讨论最终试图得出历史学家能够自由选择他的研究主题时,就接受了历史相对主义的观点,特别是怀特形式主义的、转义学的研究路径忽视了历史学家的实践,对于语言形式的分析消解了语言的内容,进一步解构了历史之真的问题。这就与欧洲历史主义传统的李凯尔特、克罗齐的论证有着类似的预设和困境,由此走到历史相对主义的老路上去了。①

针对欧洲历史主义在英美世界的再次兴起,曼德尔鲍姆不仅始终将其定位为一种相对主义,即事实判断与价值判断的混为一谈,与此同时,他也进一步区分和总结了相对主义的各种形态:第一为主观相对主义,即特殊个人的信念和态度决定着事实和价值的判断;第二为客观相对主义,即特殊的语境或形势决定着事实与价值的判断;第三为概念相对主义,与客观相对主义类似,概念相对主义认为语境而非个人决定着事实和价值的判断,与此同时,概念相对主义认为个人的信念和态度隶属于他置身其中的文化背景之中。其中以后期维特根斯坦、库恩以及罗蒂为代表,曼德尔鲍姆将其称为"自我排除谬误"(the self-excepting fallacy),会导致一种自我反驳的困境。② 由此可以看出,曼德尔鲍姆终其一生都坚守实在论立场,批判一切形式的相对主义。

同样,随着《历史知识问题》的出版,曼德尔鲍姆自此开启了英语世界分析派历史哲学的先河,他在其中所处理的因果性和关联性问题也是随后历史解释中的核心问题。在参与历史解释与历史叙事的论争过程中,曼德尔鲍姆也进一步修正和完善了他此前的观点,并在 1977 年出版的《历史知识的剖析》一书中重点讨论了因果性和客观性的问题。

首先,在曼德尔鲍姆看来,从历史解释的讨论过渡到历史叙事的讨论,论争双方都接受了一个关于因果性的共同前提:"在我看来,对于因果观念

---

① 参见 Maurice Mandelbaum,"The Presuppositions of Metahistory",*History and Theory*, Vol. 19, No. 4, Beiheft 19: Metahistory: Six Critiques(Dec., 1980), pp. 39 – 54; Also collected in Maurice Mandelbaum, *Philosophy, History and the Sciences: Selected Critical Essays*, 1984。

② 参见 Maurice Mandelbaum, "Subjective, Objective and Conceptual Relative", *Monist*, 62 (1979), pp. 403 – 428; Maurice Mandelbaum, "Some Instances of the Self-excepting Fallacy", *Psychologiche Forschung*, 6(1962), pp. 383 – 386; Also collected in Maurice Mandelbaum, *Philosophy, History and the Sciences: Selected Critical Essays*, 1984。

的过分简单化和扭曲的首要因素是源自这样一个传统观点：当我们讨论因果关系的时候，我们总是持有一种时间序列的关系，即先前发生的事件是随后发生事件的原因。"①正如上述所讨论了，不管是亨佩尔的"覆盖律模式"，还是丹图的"叙述语句"，他们都共同接受了休谟关于因果观念的观点，认为事件与事件之间是截然分离的，在前的事件则是随后事件的原因，随后事件则是在前事件的结果。而且，休谟进一步反驳因果必然性的看法，认为事件与事件之间的连接并不是事件本身的必然属性，而是来自主观的心理联想和日常习惯。虽然密尔后来通过使用条件和原因的区分一定程度上化解了休谟的困境，但是，曼德尔鲍姆认为历史解释和历史叙事的讨论并未最终解决历史知识客观性的问题。在讨论因果性的感知问题时，曼德尔鲍姆提出了不同于休谟的观点。同样是撞击球体的例子，曼德尔鲍姆通过三边台球撞击(three-cushion billiard shot)的事例来证明我们感知和看到的是撞击的连续过程，而不是相继的、独立的撞击事件。

正是在因果性的感知中，事件与事件是一个单个的连续过程，在前事件与随后事件在空间上构成了一个统一的整体，它们都隶属于单个连续过程的一个部分。"在这些事例中，我们能够感知到因与果，原因和结果的连接存在于这样一个事实之中，即原因和结果同时看作是单一不间断过程的相位(aspects of a single ongoing process)。结果被看作是过程的终点或结果，而这个过程本身即是结果的原因。"②由此可以看出，一方面，曼德尔鲍姆试图要证明，事件与事件之间的连接并不是主观的心理联想，而是事件与事件之间的连接本身所具有的属性，历史学家的主观探究必须符合客观的事实，由此，曼德尔鲍姆始终坚持一种真之符合论。另一方面，曼德尔鲍姆试图论证日常生活中的因果概念与科学中概括和因果解释之间并没有截然的不同。③ 正是在对照科学的解释这个意义上，曼德尔鲍姆来论证历史知识不仅是可能的，而且是跟科学知识一样是客观的。

其次，与主流分析派历史哲学家处理历史知识的方式都有所不同，曼德尔鲍姆试图将历史知识中的时间问题转化为空间问题，由此将历史的问题转化为社会的问题，事件与事件之间的时间序列就被转化为事件与事件之间的整体和部分的关系。"我在前面章节试图建立这样一种观点：历史记述(historical account)所处理的事件与事件之间最初的或首要的关系是整体

---

① Maurice Mandelbaum, *The Anatomy of Historical Knowledge*, Baltimore: The Johns Hopkins University Press, 1984, p. 52.
② Ibid., p. 57.
③ Ibid., pp. 75 – 79.

和部分的关系。……给定一个研究主题,历史学家跟随材料的引导来观察哪些部分是结合在一起的、哪些部分是相互影响的,以及哪一些特别的事件被看作是某一特殊整体中的构成部分。"[1]正是将"历史的"转化为"社会的"层面上,曼德尔鲍姆试图把传统思辨的历史哲学讨论的内容转化为一种社会哲学,认为历史学本身就是一门社会科学(social science),在此意义上,历史学家、社会学家和人类学家属于同一家族。早在《社会事实》(1955)和《社会律则》(1957)两文中,针对当时英美世界讨论热烈的"方法论个人主义"(methodological individualism)和"方法论整体主义"(methodological holism),曼德尔鲍姆提出了自己的看法,认为社会的概念不可化约为个体的概念。[2] 方法论上的实在论使得曼德尔鲍姆在本体论上也坚持一种社会实在论,即历史和社会都是由一种"制度性事实"(institutional fact)构成的,这与后来的塞尔对于社会哲学的建构有共同之点。"社会事实根本上是心理学上的事实,指涉一个社会的各种组织形式不可化约为仅仅指涉特殊个体思想和行动的概念。……所有的社会事实都源自个体的行为,但是社会事实不可化约为个体行为的事实。……社会的'部分'并不是人体,而是塑造一个社会的特殊制度以及其他形式的组织。"[3]基于方法论和本体论上的实在论,在《历史知识的剖析》一书中,曼德尔鲍姆尝试提出一套对于历史哲学的构想。他首先区分了两种历史:"普遍的历史"(general history)和"特殊的历史"(special history)。其次,他借用当时社会学家和人类学家对于"社会"和"文化"的区分,认为普遍的历史处理的是"社会",特殊的历史处理的是"文化"。[4] 这也即是说,普遍的历史处理的是社会的结构,诸如政治、法律或经济制度以及这些制度的变迁;特殊的历史处理的是文化层面的内容,包括人工制品、观念和其他形式的行为,诸如艺术、文化、哲学或宗教的历史等等。虽然文化不同于社会,普遍的历史与特殊的历史属于两个不

---

[1] Maurice Mandelbaum, *The Anatomy of Historical Knowledge*, p. 119.

[2] Maurice Mandelbaum, "Societal Facts", *The British Journal of Sociology*, Vol. 6, No. 4 (Dec., 1955), pp. 305 – 317; Maurice Mandelbaum, "Societal Laws", *The British Journal for the Philosophy of Science*, Vol. 8, No. 31 (Nov., 1957), pp. 211 – 224, also collected in Maurice Mandelbaum, *Philosophy, History and the Sciences: Selected Critical Essays*, The Johns Hopkins University Press, 1984. 关于曼德尔鲍姆的社会哲学可参阅 Maurice Mandelbaum, *Purpose and Necessity in Social Theory*, Baltimore: The Johns Hopkins University Press, 1987. 对于曼德尔鲍姆社会哲学的讨论亦可参阅 Christopher Lloyd, "Realism and Structurism in Historical Theory: A Discussion of the Thought of Maurice Mandelbaum", *History and Theory*, Vol. 28, No. 3 (Oct., 1989), pp. 296 – 325; Ian F. Verstegen ed., *Maurice Mandelbaum and American Critical Realism*, London: Routledge, 2010, pp. 129 – 162。

[3] Maurice Mandelbaum, "Societal Facts", pp. 307, 313, 314.

[4] Maurice Mandelbaum, *The Anatomy of Historical Knowledge*, pp. 11 – 13.

同的领域，普遍的历史是历史学家通过探究制度和事件的真实关系来获得，而特殊的历史则是历史学家对于文化作品的评估来获得。但是，在曼德尔鲍姆看来，两者之间是相互协作和相互支撑的，特殊的历史可以从普遍的历史那里获得所要处理的材料，普遍的历史可以从特殊的历史那里了解到不同时代的人们是如何看待和认识那个社会的。① 由此构成了曼德尔鲍姆所期望的历史研究的统一性和多样性。

总而言之，曼德尔鲍姆对于历史哲学的建构和设计是非常独特的。虽然他的历史哲学隶属于宽泛的分析派历史哲学的阵营，但他的历史哲学又不同于大多数分析的历史哲学家，他们仅是从方法论的层面来讨论历史知识的性质，以及何谓历史解释和历史叙事的问题，而曼德尔鲍姆则试图借助于当时社会学家、人类学家的资源，来建构一种类似于传统思辨历史哲学的实质性的历史哲学。正如曼德尔鲍姆自己所总结的那样，"历史记述是通过历史学家的探究建立起来的，其有效性源自证据和已发生的事件，而这些事件或证据关涉到某一特殊社会的性质和变迁。历史学家运用同样的方法去追寻我们定义为文化形式的某一社会中人类活动的变迁。"②

作为20世纪英美世界少数几个最重要的历史哲学家之一，莫里斯·曼德尔鲍姆终其一生都在从历史哲学的层面上驳斥历史相对主义和历史怀疑主义，坚守历史知识的客观论。在其前半生，针对30年代在美国兴起的以卡尔·贝克尔和查尔斯·A.比尔德为代表的"认知相对主义"（Cognitive Relativism）思潮，他深入到欧洲大陆历史主义传统中来探讨这种思潮缘起的前提预设，并借助英美经验论的资源逐一加以批驳，提出一种强健的历史客观主义方案。而在其后半生，随着史学实践和历史哲学在战后美国的蓬勃发展和交互影响，特别是在历史学的语言转向过程中，70年代兴起了以海登·怀特为代表的"新修辞相对主义"（New Rhetorical Relativism）浪潮，他在持续批判历史怀疑主义的过程中，一定程度上弱化了早期的客观主义立场。这一思索进路可以用他在中期提出的"批判实在论"（Critical Realism）加以概括。

质而言之，他一方面始终坚守关于历史知识的实在论前提，认为在过去发生的历史事件是完全独立于认识和语言之外的，它在逻辑上先于任何形式的相对主义；另一方面，他反对"直接实在论"（Direct Realism）所认为的，历史学家可以直接亲知到过去的历史事件，而是认为历史学家只能通过科学方法和程序间接批判地获得关于过去的历史知识。

---

① Maurice Mandelbaum, *The Anatomy of Historical Knowledge*, pp. 18 – 23.
② Ibid., p. 14.

第五章　后分析历史哲学与历史知识客观性的重建

第一节　历史知识客观性论争的世界时刻

　　1973年,注定是美国不平凡的一年。在政治经济领域,美国总统尼克松签署越南停战协定,第四次中东战争爆发,随后引发石油危机,美国经济出现滞胀。在文化层面的历史哲学领域,出身于工人家庭的海登·怀特出版了《元史学:19世纪欧洲的历史想象》,此书后来被认为开启了西方历史哲学或史学理论的新方向,也引发了世界范围内的历史知识客观性论争。

　　海登·怀特重新复活了分析派历史哲学家所批判和清算的欧陆历史主义传统,认为十九世纪的欧洲大陆展现着他心目中历史学的"理想国":不仅作为喜剧的兰克与作为反讽的布克哈特可以共享同一个过去(历史实在),而且,作为历史学家的兰克与作为历史哲学家的黑格尔也能够和谐一致。怀特试图用他构筑的自由书写过去的王国,来反讽他在学院派课堂中所接受的单一的自然科学化的"兰克"形象。沃尔什、德雷、丹图等分析派历史哲学家所划分的思辨的(实质的)历史哲学与批判的(分析的)历史哲学之间的界限,在怀特魔幻的组合理论观照下都消失了,更进一步来说,在运用同一套"日常有教养"的自然语言来书写过去的层面上,历史学(historiography)与文学(literature)之间的界限就变得模糊不清。[①] 所以,历史学家、历史哲

[①] 怀特早期主要关注历史文本与虚构(fiction)文本之间的同一性,近来则修正了这个观点。参见 Hayden V. White, *The Practical Past*, Evanston: Northwestern University Press, 2014, preface, pp. ix – xv。

学家和文学批评家都是同一个怀特的不同面向。①

实际上,早在《历史学的重负》(1966)一文中,怀特对历史学的现状就表达了不满。1973年在《克丽奥》上发表的《当前历史哲学的政治学》则把矛头直接对准了波普尔、亨佩尔、德雷等分析派历史哲学家,认为他们在"正当的历史学"(straight history)与"元史学"(metahistory)之间做出的区分,这本身就是"承载意识形态的"(ideologically loaded),犹如"标准"英语与"粗俗"英语之间的区分都有一个"社会等级起源"。在怀特看来,历史书写隶属于广义的社会实践的一部分,"马克思正确地看到,如果不改变受众的社会习惯,我们就无法修改看待历史的方式,反之亦然。"所以说,我们应"开始考虑把欧洲历史哲学的努力作为合法的哲学活动给予更多的同情"。② 正是基于这种考量,怀特放弃了英美世界从基础主义去分析和还原历史学与自然科学的相关性,转而向欧陆思想汲取思考历史学的新洞见。

怀特所开启的新方向在当时英美的历史哲学界并没有受到太多重视,但在低地国家荷兰获得了积极的响应。安克斯密特在《当前盎格鲁-撒克逊历史哲学的困境》(1986)一文中系统地清点了分析的历史哲学的家当,并宣布它寿终正寝。"一场从认识论的历史哲学到叙事主义的历史哲学的革命,就是在怀特的著作中上演的:这场革命使得历史哲学最终追赶上了自蒯因、库恩和罗蒂的工作以来哲学的发展。"③此后,怀特与安克斯密特一时瑜亮,主导了叙事主义历史哲学的方向,而且,与史学实践领域的"文化转向"一道,在西方形成了蔚为壮观的后现代主义史学思潮。

新千年,特别是911事件以来,有关叙事主义议题的论争渐趋平静,在广泛的历史记忆和文化记忆的讨论中,安克斯密特于2005年又适时推出《崇高的历史经验》一书,认为创伤记忆这种崇高的历史经验无法用理性语

---

① 怀特的元史学(metahistory)至少包含两层涵义,一个指欧洲传统的思辨的历史哲学,另一个是他组装的转义理论(Tropology),"转义学强调话语的元语言学(metalinguistic)的功能"。参见 Hayden White, *Figural Realism: Studies in Mimesis Effect*, Baltimore: The Johns Hopkins University Press, 1999, p.17. 此外,《元史学》还可以看作是史学史或思想史的著作,但是,正因为上述两个涵义,使得此书不同于后来成为怀特论辩对手的伊格尔斯所著的《德国的历史观》(1968),也不同于跟怀特共事过的曼德尔鲍姆所著的《历史、人和理性——19世纪思想研究》(1971)。

② Hayden White, "The Politics of Contemporary Philosophy of History," *Clio*, 3:1(1973: Oct), pp.43,47,53. 此文原是1969年春季在纽约大学举办的历史哲学会议上提交的论文,当时德雷曾用多于怀特的篇幅来回应这个挑战,参见 William Dray, "The Politics of Contemporary Philosophy of History: A Reply to Hayden White," *Clio*, 3:1(1973: Oct), pp.55–76.

③ F. R. Ankersmit, "The Dilemma of Contemporary Anglo-Saxon Philosophy of History", *History and Theory*, Vol.25, No.4, Beiheft 25: Knowing and Telling History: The Anglo-Saxon Debate(Dec.,1986), p.21.

言来表现，而是一种本体论的"在场"(presence)，由此倡导超越"语言转向"的新历史哲学。此后，"历史记忆""历史时间""历史正义"逐渐成为西方史学理论前沿的关键词，这也促使怀特修正了一些早期观点，但是，这些讨论仍旧可以看作是在怀特近期提出的"实践（用）的过去"(the practical past)这一理论术语的射程之内。

显然，一度站在舞台中央的分析派历史哲学家都纷纷退场，但没有像安克斯密特所认为的那样完全消亡。毋庸置疑，当前西方的历史哲学或史学理论是多元化的、无法聚焦的，与此同时，关于史学理论向何处去的讨论也是此起彼伏。① 这也一定程度上说明，异质性的论争往往是一个学科领域发展的动力。值得一提的是，2012 年，低地国家比利时根特大学的贝尔贝·贝弗纳奇(Berber Bevernage)、安顿·弗洛伊曼(Anton Froeyman)等青年学者成立了"国际史学理论网络"(International Network for Theory of History, INTH)，次年 7 月举办了主题为"史学理论与历史哲学的未来"的国际学术会议。② 据莱顿大学的青年学者赫尔曼·保罗(Herman Paul)观察，当前的史学理论有两个趋势：其一，超出学院派之外的历史兴趣，即"历史学科之外的过去怎样被定义、记忆、阐释(interpreted)、叙述、解释(explained)、享受和抑制"；其二，克服之前的理论极端化，借用吕森综合的"多面向的模式"(multi-dimensional model)来说，就是"对于先前讨论的历史思维之语义的、认知的、审美的、修辞的以及政治的诸面向的整合"。③

赫尔曼·保罗大致梳理出了当前西方历史哲学或史学理论趋向融合的

---

① 国内近期的讨论可参见陈新：《近 10 年西方史学理论界有关历史时间的讨论——兼评〈关于时间的新形而上学〉》，《江海学刊》2013 年第 1 期；吕和应：《艾尔克·鲁尼亚与历史哲学的未来》，《学术月刊》2013 年第 10 期；彭刚：《历史记忆与历史书写——史学理论视野下的"记忆的转向"》，《史学史研究》2014 年第 2 期；董立河：《后-后现代史学理论：一种可能的新范式》，《史学史研究》2014 年第 4 期；黄艳红：《欧洲历史中的过去和未来——简析科泽勒克和阿尔托格的历史时间研究》，《史学理论研究》2014 年第 4 期。

② 参见张旭鹏：《"国际历史理论网络"根特会议述评》，《史学理论研究》2013 年第 4 期。2016 年 8 月，又在巴西举办了第二届国际史学理论大会，主题是"实用的过去：历史对于生活的利与弊"(The Practical Past: on the advantages and disadvantages of history for life)。

③ Herman Paul, "Relations to the past: a research agenda for historical theorists", Rethinking History, 2015, Vol. 19, No. 3, pp. 451, 452. 赫尔曼·保罗尝试使用"过去之关联"(Relations to the past)这一概念将两种路径看作是同一研究议程的两个方面。进一步的讨论可参阅 Herman Paul, Key Issues in Historical Theory, London: Routledge, 2015。类似的讨论可参见 Berber Bevernage, "From Philosophy of History to Philosophy of Historicities: Some Ideas on a Potential Future of Historical Theory", BMGN: Low Countries Historical Review, Volume 127—4(2012), pp. 113 - 120。

发展面向,但是,他有意无意也忽略了英美与欧陆两种研究传统之间的张力。[①] 特别是面对历史知识客观性的问题时,作为一个学科的历史学仍有值得关注和讨论的空间。实际上,在后实证主义或后经验主义时代,分析的历史哲学并没有终结,而是在向前发展。

第二节　海登·怀特与安克斯密特的史学理论思想:"历史叙事"与"历史表现"

(一) 叙述逻辑与历史表现:从"语词"到"文本"

　　大多数分析派历史哲学家都依照逻辑经验论的还原论教条,通过对语言进行不断地切分来确立不可再分的最小单位——"语词"(word),并以此来奠立对象世界的基础。借助"奥卡姆剃刀",他们在清扫知识道路上的垃圾的同时,也把人类在知识道路上遗留下来的所有痕迹都清除掉了。怀特则反其道而行,从这些"痕迹"开始考察,将19世纪经典历史学家和历史哲学家的最终成品——"文本"(text)——作为一个整体分层级地来进行剖析。从句法、语义的角度,逻辑经验论者通过分析句子中主词与谓词之间的符合关系来确立对象世界的逻辑构造,所以,在这个意义上,分析的历史哲学家在分析历史学家的语言时,也多从"历史陈述"这一基本单位开始,认为历史陈述指称着对象世界,以此来保证历史之真,进而才能辩护历史知识的客观性。但是,从语用的视角来看,这种构造方式并不符合历史研究领域的现实情况。我们都知道,分析哲学运动的著名代表人物维特根斯坦后期放弃了早期的逻辑构造论,转而强调语言的意义就是在于语言实践中的使用,开创了分析哲学的"语用转向"。

　　考虑到大多数历史学家使用的语言仍旧是日常有教养的自然语言,而不是纯粹的人工语言,怀特将历史文本或历史作品"视为以叙事性散文话语为形式的一种言辞结构"。[②] 这种话语结构并不能按照严格的数理逻辑语

[①] 在根特会议上,安克斯密特与保罗·罗斯的论争即是一例。参见 Paul A. Roth, "Whistling History: Ankersmit's Neo-Tractarian Theory of Historical Representation", *Rethinking History*, 2013, Vol. 17, No. 4, pp. 548 – 569; Frank Ankersmit, "Reply to Professor Roth: on How Antidogmatism Bred Dogmatism", *Rethinking History*, 2013, Vol. 17, No. 4, pp. 570 – 585. 有关此论争的评论可参见 Jouni-Matti Kuukkanen, "The Current State of Play in the Theory and Philosophy of History: the Roth-Ankersmit Controversy and Beyond", *Rethinking History*, 2014, Vol. 18, No. 4, pp. 613 – 619.

[②] 〔美〕海登·怀特:《元史学:19世纪欧洲的历史想象》,第1页。

言来精确地分析,因为人类日常交往中的语言是要通过人类主体意识的话语行动来实现的,严格逻辑化的"电脑"并不能代替自由意识的"人脑"。在怀特看来,"话语会通过一种预想运动(prefigurative move)影响对象描述的充分性,而这种预想运动与其说是逻辑的,不如说是转义的(tropical)"。① 通过对转义(tropic)一词的词源学分析,怀特认为转义是一种"修辞格"(figure of speech)或"风格"(style),它既区别于逻辑论证又不同于纯粹虚构,这种预想运动"既是事物关联方式的观念从这一种转向另一种的运动,也是事物之间的关联运动,使得事物能够用一种语言来加以表达,同时又考虑其他表达的可能性"。②

在考察 19 世纪欧洲的历史意识过程中,借助于传统诗学和近代欧陆的话语理论,怀特提出了自己独特的一般性结构理论,"作为一种普遍性诗性语言的理论基础"③,也即转义学(Tropology)。怀特的转义学由四个主转义构成,分别为隐喻、转喻、提喻、反讽。隐喻(metaphor)指根据诸现象相互间的相似性与差异,以类比或者明喻的方式进行描述,以此确立事物之间的类比和相似关系。比如"我的爱人是一朵玫瑰"。在历史作品中,我们常常可以看到,历史学家用自然界的春夏秋冬或生命的生老病死来类比一个民族或文明的兴衰起落,我们也常常用"三座大山"来比喻近代史上压在我们头上的封建主义、官僚资本主义、帝国主义。转喻(metonymy)是运用事物某部分中的名称指代整体的名称,以此确立事物之间连续和因果的关系。比如我们用"50 张帆"指代"50 艘船"。在新文化史的著作中,历史学家通过深层次地"厚描"一个偏远的小山村,以此来指代整个世纪的图景。提喻(synecdoche),与转喻类似,指人们用部分来象征假定内在于整体的某种性质,使得某种现象得到描述,以此确立事物之间同一性和可表达性的关系。比如"他唯独只有一颗心"。在历史哲学家的著作中,像"一切历史都是阶级斗争的历史"或"一切历史都是思想史"这样的语句都可以在此意义上来理解。反讽(irony)指的是各种实体能够通过比喻层面的否定,同时也是字面意义上的积极肯定得到描述,以此确立事物之间的对立关系。比如"冷酷的热情"。在历史著作中,我们也能看到类似的语句,比如"帝国主义都是纸老虎"这个语句,就是能通过"纸老虎"这种反讽来获得对帝国主义的描述,以此来表达我们民族独立的勇气和信心。在对以上四个主转义的分析中,怀特认为转喻、提喻、反讽都是隐喻的不同类型,其区别在于,"隐喻根本

---

① Hayden White, *Tropics of Discourse: Essays in Cultural Criticism*, p. 1.
② Ibid., pp. 2 - 3.
③ 〔美〕海登·怀特:《元史学:19 世纪欧洲的历史想象》,第 49 页。

上是表现式的,转喻是还原式的,提喻是综合式的,而反讽是否定式的。"①

为了进一步保持转义学的开放性,怀特自觉地在四个主转义的形式结构中引入历时性因素来阐述它们的演变过程,"从人们对历史世界的隐喻式理解,经由转喻式或提喻式理解,最后转入一种对一切知识不可还原的相对主义的反讽式理解"。② 在此后的几部论文集中,他都在尝试把转义学当作理想类型来检测其普遍有效性。"转义学聚焦在话语中的转换:从一个层面的概括到另一层面的概括,从一个阶段的事件序列到另一个阶段的事件序列,从一个描述到一个分析或从一个分析到一个描述,从一个比喻到一个实在或从一个事件到它的背景,从一个话语中一种约定文风到另一种文风,等等。"③ 以转义学范畴为基石,怀特同时也建构了与之亲和的另外三组范畴:情节化模式(emplotment)、论证模式(argument)、意识形态蕴涵模式(ideological implication)。怀特对四组范畴的建构,让我们联想起康德通过质、量、关系、模态四组范畴表来展开他的"三大批判",如果这个类比不为过的话,怀特正是以上面这四组范畴来论述他的历史哲学的体系内涵的,"事实上,只有通过转义,而不是逻辑演绎,我们才有可能把任何一组给定的不同种类的过去事件称之为历史的,其实现方式是:(1)首先把过去事件表现为有秩序的一个年代记;(2)通过情节化模式把年代记转换为一个可辨别的有开端、中间、结尾的故事;(3)人们根据具体情况提出不同形式的论证模式来确立它们的'意义',以此把故事构造为认知的、伦理的、审美的。"④

由此可见,海登·怀特在英美世界的历史哲学中引入的革命性变革可以体现在以下几个方面。首先,怀特把历史学家的文本作为一个整体来探究,天然地克服了分析的历史哲学的还原论的教条,"对史学科学化的要求,仅仅代表着表达了对一种特殊的历史概念化形态的某种偏好"。⑤ 与此同时,在自然语言的观照下,我们很容易发现,历史学家的文本与文学家的文本之间原先所设定的清晰可见的"三八线"名存而实亡,为历史书写的多元化和多样性提供了有效的认识论基础,使得具体的史学实践就可以不再是以"计量史学"这样唯一一座标杆为鹄的,而是可以采取多种写作方式来表

---

① 〔美〕海登·怀特:《元史学:19世纪欧洲的历史想象》,第44页。
② 同上书,第50页。
③ Hayden White, "Literary Theory and Historical Writing", in *Figural Realism: Studies in Mimesis Effect*, The Johns Hopkins University Press, 1999, pp. 10-11
④ Ibid., p. 8.
⑤ 〔美〕海登·怀特:《元史学:19世纪欧洲的历史想象》,第4页。

现历史实在,"叙事史学"在 70 年代的复兴可以看作史学理论与史学实践之间紧密互动的一个范例;①其次,怀特的转义学突破了逻辑经验论者通过数理逻辑把事件与事件之间的关系构造成一一对应的因果关系,进而强调历史学家在使用语言来表现过去实在的自主性。在怀特看来,由传统修辞学发展而来的转义学能够更好地解释大多数历史学家使用的语言,更进一步来说,现代意义上的数理逻辑仅仅是传统修辞学的一个特例。② 汉斯·凯尔纳就此认为,怀特把转义学作为"秩序的基石"复兴了欧洲"语言人文主义"的传统,"通过指出语言的创造性力量而重申了人类的自由"。③ 再者,怀特的转义学鲜明地表现出不同于科学精确化思维方式的隐喻性思维,在"人脑"没有完全被改造为"电脑"之前,人们言说事物的方式就不会仅仅是数理逻辑这样一种方式,而是会大量通过想象和类比的方式来实现这一目的,隐喻性思维恰恰能为人类的想象力和自由意志提供有效的解释。正如怀特被广泛引用的前卫性宣言,历史学家"选择某种有关历史的视角而非选择另一种视角,最终的根据是美学的或道德的,而非认识论的"。④ 正是在此意义上,怀特认为,"转义学强调话语的元语言学的功能,而不是指称的功能。"⑤如果我们从欧洲自启蒙运动以来一直孜孜不倦地"祛魅"并追求"精确性"的背景来看,怀特所倡导的转义学确实是一次思维"革命",是对西方后工业社会的技术性思维带来人的异化的抗争,完全可以说是一次反启蒙的启蒙。

跟怀特一样,安克斯密特所关心的也是我们如何来评价作为整体的两个文本本身,在何种意义上我们能够说这一本比另一本更好或者说更精彩。既然用于分析单个陈述语句的可证实性范畴不再适用于分析一个叙述的范畴,安克斯密特也就摒弃了在认知的符合论层面上来探讨叙述的可能性,正是在此意义上,他要划清分析的历史哲学的界限,把二战以来英美世界对历史知识性质的探讨称之为认识论的历史哲学(epistemological philosophy of history),以《元史学》为标志的历史哲学则命名为叙

---

① 参见张广智主著:《西方史学史》,第 348—353 页。
② Hayden White, *Figural Realism: Studies in Mimesis Effect*, The Johns Hopkins University Press, 1999, p. 54.
③ Hans Kellner,"A Bedrock of Order: Hayden White's Linguistic Humanism," *History and Theory*, Vol. 19, No. 4, Beiheft 19: Metahistory: Six Critiques. (Dec., 1980), p. 29; Also collected in Hans Kellner, *Language and Historical Representation: Getting the Story Crooked*, University of Wisconsin Press, 1989, p. 227.
④ 〔美〕海登·怀特:《元史学:19 世纪欧洲的历史想象》,第 4 页。
⑤ Hayden White, *Figural Realism: Studies in Mimesis Effect*, p. 17.

事主义的历史哲学(narrativist philosophy of history)。

紧跟怀特的步伐,安克斯密特也跻身到当代历史哲学的前沿领域,享有广泛的声誉。出生晚一辈的安克斯密特所受到的学术训练与怀特不尽相同,大学阶段学习过物理学和数学,其著作充满英美分析哲学或语言哲学的印迹,而怀特的学术贡献则更多地从欧陆文学理论中汲取养分,但是他们都不约而同地从整体主义(Holism)的立场来探究历史学家的最终作品——历史文本。①

分析哲学有一个不言自明的家法,就是强调通过句法、语义分析来获得对象世界的精确化和明晰性,罗素的摹状词理论(Description Theory)就是通过精确地量化语言中的语词来确立我们关于外部世界的知识,但这一家法的弊端常常是只见树木,不见森林,或者说,把"树木"等同于"森林",正是在这一背景下,分析哲学为我们如何认识作为文本的"森林"留下了大量可探讨的空间。

在历史哲学被引入分析哲学之时,分析哲学的自然科学化倾向就遭遇到不同程度的挑战,阿瑟·丹图在完全运用分析哲学的路数来分析历史学家的语言时却得出,历史著作中具有时间性语言的"叙述语句"(narrative sentences)的可证实性不能还原到命题的"陈述语句"(statement sentences)的可证实性,在客观的物理时间坐标系中,"叙述语句不仅指称两个在时间上分立的事件,以及对前发事件的描述中参照后发事件。它在逻辑上还要求,如果它为真,这两个事件都要发生。"②例如,历史学家对"第一次世界大战"的叙述必须参照"第二次世界大战"才是合法的,没有人在1914年的时候,说出"第一次世界大战已经发生"这样的语句,这种叙述在认识上对于现场观察者来说是不可及的,也就是不可说的,没有意义。同时,史家也不能在2021年的时候说出"第三次世界大战将要发生"的语句,这种意在未来的语句没有指称,所以也没有认识上的真值。丹图认为史家最大尺度的史学描述,就是对过去的描述,历史著作中的"具时态语句"是区别于自然科学"陈述语句"的主要特征。③

丹图在认识论上对叙述的分析打开了"科学统一化"链条上的一个缺口,为安克斯密特进一步对"叙述逻辑"(Narrative logic)的探究提供了前提。我们知道,后期维特根斯坦抛弃了早期语言与世界的严格蕴涵论,提出

---

① 参见〔波兰〕埃娃·多曼斯卡编:《邂逅:后现代主义之后的历史哲学》,彭刚译,北京:北京大学出版社,2007年。
② Arthur C. Danto, "Narrative Sentences", *History and Theory*, Vol. 2, No. 2. (1962), p. 165.
③ 〔美〕阿瑟·丹图:《叙述与认识》,周建漳译,上海:上海译文出版社,2007年,第44—80页。

语言游戏中"家族相似"的类型概念,认为"一个语词的意义就是它在语言中使用"。① 这使得安克斯密特认为,语词和句子的恰当意义的条件取决于话语(utterance),句子环绕句子的意义则取决于语境(context),这应是叙事主义的主题。② 原先从文本-句子-语词的不断分析的过程,转换到现在从语词-句子-文本的综合过程,两者并不是可以相互转化的同一个过程。就如亚里士多德所强调的,离开身体的手足还能成其为手足吗?语词和句子各部分的机械相加并不等同于作为整体的文本,"叙述(narratios)并不仅仅是语句的合取,如果一个叙述仅仅看作一系列的句子,那么最精华的东西就被忽略了"。③ 比如,两位史家对同一个历史事件或主题写了两本历史著作,关于时间和空间的事实层面,我们可以通过对史料和证据的检讨来确立文本中陈述句子的真值,但是,我们能不能像通过约定 $1+1=2$ 来判断 $1+1=3$ 是错误的那样,以此来判定这本历史著作是真的,那本历史著作是假的呢?

显然,大多数历史学家并不会这么认为,他们会回应说:"历史学并不需要关心这个问题,我关心的仅仅是事实而已。"有些史家或许会自然而然地感觉这一本好过另一本,但问及依照什么样的标准的时候却莫衷一是,就像奥古斯丁遇到时间问题的感慨那样,"没有人问我,我倒清楚,有人问我,我想说明,便茫然不解了"。④

如果史家的著作不再是马路上的"路标","路标"仅仅为行人和车辆"指向"下一个目的地,那么历史文本又是什么呢?对此,安克斯密特提出"叙述实体"(narrative substance)的概念,历史文本也即是"关于过去的综合性观点的语言学实体"⑤。当我们言说"山""川""河""岳"这些专名时,我们总是要指称自然界中的存在物,与此对应,在历史文本中,"苏格拉底""柏拉图""拿破仑""希特勒"也是要指称历史上存在的人物。但是,我们说"飞马""孙悟空"又是指什么呢?我们可以说这些专名是一种文学上的虚构,同样在历史文本中,我们也会常常看到"文艺复兴""工业革命""冷战"这样的名称,史家用这些名词在言说什么呢?我们可以回答说,但丁是文艺复兴的代表人

---

① 〔奥〕维特根斯坦:《哲学研究》,李步楼译,北京:商务印书馆,1996年,第43节,第31页。
② Frank Ankersmit, *Narrative Logic: A Semantic Analysis of the Historian's Language*, The Hague/London: Nartinus Nijhoff Publishers, 1983, p. 57.
③ Ibid., p. 58.
④ 〔古罗马〕奥古斯丁:《忏悔录》,周士良译,北京:商务印书馆,1963年,第242页。
⑤ 〔波兰〕埃娃·多曼斯卡:《邂逅:后现代主义之后的历史哲学》,第89页。

物,彼特拉克出生在佛罗伦萨,布克哈特写了《意大利文艺复兴时期的文化》这样一本书,等等。我们并不会说,历史上就存在着清晰可见的"文艺复兴""工业革命""冷战"这样的实在物,同样也不会说这些名称都是文学上的虚构。那么这些名称到底是什么呢？安克斯密特把这些名称称为"综合性概念"(colligatory concept),它们并不"指称"过去的存在物,而是"关于"过去的观点(point of view)。它们也不仅仅是马路上指示另一方向的"路标",它们本身就是物(things),在语言实体的意义上分享着"山""河"同样的属性,"叙述中的陈述具有双重而非单一的功能:(1)根据叙述实在论对叙述的解释,作为陈述,它们指称过去的事物或过去的一个方面;(2)除了第一个功能之外,遵照叙述观念论对叙述的解释,作为一个叙述的成分,它们具有关于过去的'拟像'(image)和'图画'(picture)的属性,也即一个'叙述实体'的特征。"①

叙述中陈述的双重功能是同一时刻实现的,史家在描述过去的事物的同时也就塑造了关于过去的拟像,反之亦然,史家在形塑过去图画的同时也要通过陈述过去的事物来完成,这里面就包含了描述和个体化的成分。那么,历史叙事中的双重成分就是综合的,而不是分析的,历史叙事不能还原到单个陈述。例如,"单身汉是没有结婚的"这个陈述是分析的,意思是说,"单身汉"="没有结婚的",这个语句是重言式的,是一种同义反复,就像5+7=7+5那样;而历史叙事的语句则会说,"单身汉是猪",它就不再是同义反复,而是一种隐喻陈述(metaphorical statements),通过把"单身汉"类比或想象为"猪"来获得新的意义,"它是对叙述的卓越的总体性概括:它邀请我们去构想相关叙述中关于过去的字面陈述。"②个体化的观点就来源于这一隐喻陈述,也就能够解释像"文艺复兴""工业革命""冷战"这些综合性观点的合理性。与此同时,个体化的观点也就能更好地解释不同文本之间的差异性。

在逻辑上确立了个体化在历史叙事中的正当性之后,我们就要面对个体化之间的同一性(identity)问题,也即我们如何评判有关同一主题的不同文本的优与劣？安克斯密特的答案是,"最好的历史叙事是最具隐喻的历史叙事,具有最大视界的历史叙事。它也是最'冒险的'或最'勇敢的'历史叙事。"③这意味上最好的历史文本就是最具想象力和最具个体化

---

① Frank Ankersmit, *Narrative Logic: A Semantic Analysis of the Historian's Language*, p. 94.
② Ibid., pp. 191-207.
③ Frank Ankersmit, "Six Theses on Narrativist Philosophy of History", in Frank Ankersmit, *History and Tropology: The Rise and Fall of Metaphor*, Berkeley: University of California Press, 1994, p. 41.

的历史叙事,历史叙事也就不再仅仅是道路上的"路标"或透明的"玻璃",安克斯密特将其比之为"观景楼",在爬上单个陈述的楼梯之后,人们可以观看远远超出楼梯所建区域的地方。①

在逻辑上探讨了叙述与陈述的差异性之后,为了更好地理解"叙述实体"在本体论上的意义,安克斯密特引出了"历史表现"(Historical Representation)的概念,经常把史家的文本与画家的风景画、肖像画作对比,意在寻求"历史哲学和美学之间的和睦关系"②。画家面对大自然的山川河岳或他的模特时,利用手中的画笔和颜料,描述出了一幅风景画或一张肖像画。在这一创作过程中,一方面,画家要模仿大自然的风景和模特的体貌特征,利用自己的技艺画出逼真的作品,另一方面,画家要运用自己独特的生活经验和修养来表现出画作的个体化风格。观众在观看这些画作时,人们并不会刻意关心这张肖像画与模特是不是同一个人,也不会关心这张画用了什么质地的画布,用了多少颜料,而是从整体上来体悟这张肖像画美不美;人们不会关心"山川河岳"指称对象世界中具体的"山""川""河""岳",而是从整体上感受这幅"山川河岳"够不够壮丽。如果人们只是关心模特的身份,则会去比照模特的证件照,看她是真的还是假的,所以在观看画作时,人们不会比较这张画与那张画哪一个更真实,也就不会在认识论上面对相对主义的困境。康德晚年在《判断力批判》一书中,同样认为美(ästhetisch)是无利害的,无目的的,并不关心对象的真假判断,是通过想象力而与主体的情感相联系。③ 正是在这一意义上,安克斯密特摒弃了艺术哲学中的摹拟理论和相似理论,而认可贡布里希和丹图的替代理论,"表现总是要求非指称性的模仿物在场"。④

历史表现超出了认识论将语词与事物一一对应的范围,而是把事物与事物联系起来,历史表现是用语言做成的事物,也即是"叙述实体","'表现'(representation)的词根可以让我们接近其本体论属性:我们通过展示某一不在场的替代物令其'再度呈现'(re-present)。原本的事物不在了,或者为我们所无法触及,另外之物被给出以替代它。在这一意义上可以这样说,我

---

① Frank Ankersmit,"Six Theses on Narrativist Philosophy of History", in Frank Ankersmit, *History and Tropology:The Rise and Fall of Metaphor*, Berkeley:University of California Press,1994,p. 41.

② F. R. Ankersmit,"Historical Representation", *History and Theory*, Vol. 27, No. 3(Oct., 1988),p. 209.

③ 〔德〕康德:《判断力批判》,邓晓芒译,北京:人民出版社,2002年,§1,第37页。

④ Ankersmit,"Historical Representation,"p. 216.

们用史学补偿本身不在场的过去。"①历史表现在本体论上是自我指称的，在整体上并不指称历史实在，认识论问题在这里就变成了美学问题，历史文本就成为艺术鉴赏力的对象，借助于艺术哲学中的风格理论，就如建筑艺术中的巴洛克风格、洛可可风格，我们可以更好地理解历史叙事中的"家族相似"，更好地鉴别竞争中的不同文本的同一性问题。

当我们考虑到，西方的历史学作为一门职业化学科自诞生以来，大约经历了近200年的历史，特别是到了安克斯密特生活的年代的历史学家，历史著作就比从希罗多德到1960年历史学家的总数还多。②在他看来，历史学科内的知识生产并不是良性的增长，而是恶性循环，因为历史学家常常恪守兰克的家法，把所有的精力和智力都消耗在低级生产的阶段，并没有考虑历史学自身也是要在历史变迁的过程中不断地更新，以适应史家在整体知识群体中的竞争力，所以安克斯密特要呼吁，"历史学家面对的最严峻和最有趣的理智挑战是建立在历史写作的层次上（选择，解释，如何看过去）。历史学家在本质上超出柯林武德寻找约翰·道埃的谋杀者的侦探。"③

我们可以看到，整体主义（holism）是叙事主义历史哲学区别于分析的历史哲学最为鲜明的特征，通过揭示历史研究中被遮蔽的主体性，重申了历史写作中的审美和伦理因素的正当性，克服了科学的还原论教条，唤起了古老的人类自由意志的主旋律。与此同时，由于叙事主义历史哲学家都是在与分析的历史哲学的论辩过程中发展而来的，所以他们在论述中常常无意识地把"历史叙事"与"历史解释"简单地对立起来，"叙述逻辑探究陈述与叙述之间的关系，这事实上暗示我们把历史编纂学与科学的不同提到日程，……陈述仅仅通过满足正确的谓述对应于正确的主词来表现历史实在，比之于此，叙述史学能够更好地探知历史学家表现历史实在的深层次意义。"④正因为他们强调历史学与科学之间的绝对差异性，从而忽视历史学作为一门学科的重要性，克里斯·洛伦茨（Chris Lorenz）就此批评"怀特与安克斯密特的叙事解释观念都严重地沾染上主观主义，而主观主义导致了隐喻叙事主义与历史学实践之间的紧张关系"，进一步促使"研究与叙述之间的关系

---

① 〔荷〕安克斯密特：《历史表现》，周建漳译，北京：北京大学出版社，2011年，第11页。
② F. R. Ankersmit, "Historiography and Postmodernism", *History and Theory*, Vol. 28, No. 2. (May, 1989), pp. 137 – 153.
③ Frank Ankersmit, "Six Theses on Narrativist Philosophy of History", 2. 3, p. 35.
④ Frank Ankersmit, *Narrative Logic: A Semantic Analysis of the Historian's Language*, pp. 124 – 128.

问题消失在哲学的黑洞之中"。①

在史学实践领域,大多数实证史家认为,怀特将历史学等同于文学虚构,这无异于历史学的一次自杀事件。即便是像娜塔莉·戴维斯这样标新立异的新文化史家,也是有限度地接受怀特的观点,她就此指出,"海登·怀特和其他人在指出历史学行文中若干影响我们叙事的文学特性方面,给我们很大教益。……海登·怀特基于叙事文体而展开的对于历史写作虚拟性的探讨,忽略了文章成规所开启的多种多样的可能性、以及历史既处于文学编排的领域也处于证据领域的这一事实。"②显然,在面对历史证据这个问题上,怀特的转义学面临着巨大的挑战,因为历史证据总有一个外在的物质属性,使得历史学区别于文学的纯粹虚构。而在面对大屠杀的问题上,怀特的转义学也同样面临着道德相对主义的困境,另一位重要的新文化史家卡洛·金兹堡就此指出,怀特的相对主义为大屠杀的修正主义者打开了方便之门,他坚持认为即便只有一个证人,我们也不能就此否定大屠杀是不存在的。"怀特坚持他的怀疑主义和相对主义能够为宽容提供认识论的和道德的基础。但这个主张在历史上和逻辑上都是站不住脚的。"③针对新修辞相对主义的定位和诸多批评,怀特则始终坚持历史认识的相对性原则,"不少理论家都把我经常被控持有的相对主义观点理解为是意味着一种虚无主义,而这种虚无主义招致了某种尤其不负责任的革命行动主义。在我看来,相对主义是认识论上的怀疑主义在道德上的对等物;而且,我将相对主义理解为社会宽容的基础,而不是一张'想怎么做就怎么做'的许可证。"④

(二) 历史表现的悖论:"大屠杀"的创伤记忆

随着柏林墙的倒塌和苏联解体,冷战结束,世界局势发生了根本性的变化,二战遗留的问题也就出现了新的形势,导致了二战期间第三帝国对犹太人的屠杀问题再次成为人们关注的焦点。早在1986年,联邦德国知识界就

---

① Chris Lorenz,"Can Histories be True? Narrativism, and the 'Metaphorical Turn'", *History and Theory*, Vol. 37, No. 3. (Oct., 1998), pp. 309 - 329. 另可参阅〔荷〕克里斯·洛伦茨:《跨界:历史与哲学之间》,高思源等译,北京:北京大学出版社,2015年。

② 〔英〕玛丽亚·露西娅·帕拉蕾丝-伯克编:《新史学:自白与对话》,彭刚译,北京:北京大学出版社,2006年,第77—78页。

③ 〔意〕卡洛·金兹堡:《只有一个证人:对犹太人的灭绝与真实性原则》,陈栋译,载彭刚主编:《后现代史学理论读本》,北京:北京大学出版社,2016年,第107页。

④ Hayden White, *Content of the Form: Narrative Discourse and Historical Representation*, The Johns Hopkins University Press, 1987, p. 227.

爆发了"历史学家之争"(Historikerstreit),主要围绕第三帝国的特殊道路和屠杀犹太人的问题。① 这一场争论使得原先被历史哲学忽略的"历史记忆"问题成为此后备受关注的主题,也即历史学家将如何来表现"大屠杀"(the Holocaust)。我们知道,记忆、回忆和遗忘是人类基本的生理机能,但它并不类似于物理的存储器,可以随时随地供人调取而不改变什么。回忆什么或者遗忘什么,同时也是一种历史文化现象,关涉到历史主体在时间意识中的情感,它更类似于我们常说的"历史感"。

围绕"大屠杀"这一历史事件来看,历史学家一般都会考虑以下几个要素:时间(1933—1945)、地点(纳粹集中营)、行为人(施暴者、遇难者)、见证人(幸存者、旁观者)。依照实在论者的历史解释,我们通过记忆中的经验证据最终可以确证这个陈述语句:1933 年至 1945 年纳粹德国屠杀了 600 万犹太人。但是,如果参照观念论者的历史理解,"大屠杀"本身并不指称具体的纳粹德国或犹太人这些专名,而是一个综合性概念,它是把 1933 到 1945 年这一段时间中纳粹德国对欧洲犹太人的迫害和屠杀行为领会到一起的观点,也就包含行为人和见证人记忆中情感的和道德的因素,也即我们常说的意识形态。这些因素并不能简单地还原到数量函数,600 万这个数字本身并不能说明和解释过去发生的一切。

对于像伊格尔斯、金兹堡、弗里德兰德尔这样有着二战经历的那一代人,同时兼具犹太人身份的史家来说,首先他们不能接受某些"修正主义"历史学家认为的那样,这一事件从未发生过。金兹堡则从证据的角度认为,即使只剩下唯一的证人,都不能在认识上否定这一事件从未发生。② 再者,由于他们的身份认同以及幸存者的苦难记忆,他们不能接受历史学家可以自由地表现"大屠杀"事件。如果这样做的话,就遵从了怀特在《元史学》中的主张,即史家通过情节化的编织,可以把一个历史事件任意地表现为喜剧或悲剧而不需要认识论上的依据。

在回应相对主义和怀疑论这样的批判和指责中,一方面,怀特始终认为,表现属于话语的规则,表现的相对性是语言使用的一个功能,每一个历史现象的表现都有一个涂抹不去的相对性。③ 所以说,大屠杀和法国大革

---

① Chris Lorenz, "Historical Knowledge and Historical Reality: A Plea for 'Internal Realism'", *History and Theory*, Vol. 33, No. 3(Oct. ,1994), pp. 297 – 327.
② Carlo Ginzburg, "Just One Witness", in Saul Friedlander ed. , *Probing the Limits of Representation: Nazism and the "Final Solution"*, Cambridge: Harvard University Press, 1992, pp. 82 – 96.
③ Hayden White, "Historical Emplotment and Problem of Truth", in Saul Friedlander ed. , *Probing the Limits of Representation: Nazism and the "Final Solution"*, Cambridge: Harvard University Press, 1992, p. 37.

命、美国内战一样,并不只有一个故事,一种表现方式。"认识到表现的相对性是语言的功能,而过去的事件是语言建构的结果,这就说明了,要想在历史表现的层次上消除相对主义而追求某种外在于语言的绝对真实是不现实的;同时,它也意味着,要想在历史认识论之中避免相对主义也不可能。事实上,只有在生活与实践之中,在行动之中,我们才可能正视不同理论导致的相对主义历史认识,并通过伦理和价值抉择扬弃相对主义。"①

另一方面,怀特从没有像修正主义者那样否定这一事件从未发生过,认为"这一主张在道德上是无礼的,在学术上也同样令人迷惑不解"。② 他想要强调犹太复国主义者与修正主义者之间关于事实争论背后的意识形态蕴涵,这种在认识论上的相对性才能使得双方在政治伦理的层面达到相互理解和宽容,而不是在认识论上通过争夺所谓的不切实际的"真理",进一步导致双方的不理解和相互怨恨。之后,怀特也意识到表现"大屠杀"问题的特殊性,在 1999 出版的《比喻实在论》一书中,他一定程度上修正和补充了前期相对激进的观点,认为法西斯主义的恐怖统治和对犹太人的大屠杀已经超越了历史表现的极限,达到了无法用话语来表达的不可名状的境地,是一个"现代主义的事件",这完全不同于 19 世纪历史学家和文学家表现实在的方式,而更类似于 20 世纪"意识流"小说家表现实在的方式,这种表现方式既不是主动语态的,也不是被动语态的,而只能是一种"中间语态"(Middle Voice)。③

实在论和观念论之间的根本分歧使得两者之间的争论得不到解决,很容易演变为聋子之间的对话。金兹堡总是从认识论上来捍卫历史研究的客观性,怀特则更喜欢从道德和政治的角度来看待历史表现和历史写作的多样性。吕森就此指出,"只要历史研究还是一门学术性学科,我们就得谈论真理,我们就得对意味着客观性和真理的认识策略进行反思和强化。这个问题不同于语言学和修辞学,但是跟着海登·怀特走的话,就会对其不加考虑。"④如此看来,怀特并没有很好地处理历史哲学中的认识论与审美和伦理之间的位置和关系,而是很容易走向了另一种基础主义的陷阱。⑤

---

① 陈新:《历史认识:从现代到后现代》,北京:北京大学出版社,2010 年,第 129 页。
② Hayden White, "The Politics of Historical Interpretation: Discipline and De-Sublimation", in Hayden White, *The Content of the Form: Narrative Discourse and Historical Representation*, Baltimore: The Johns Hopkins University Press, 1987, p. 76.
③ Hayden White, "Historical Emplotment and Problem of Truth", pp. 8–53.
④ 〔波兰〕埃娃·多曼斯卡:《邂逅:后现代主义之后的历史哲学》,第 182 页。
⑤ 在怀特看来,历史哲学的"问题在于确定这种一致性和融贯性的基础","这种基础是诗性的,本质上尤其是语言学的"。参见〔美〕海登·怀特:《元史学》,第 39 页。

众多历史学家和历史哲学家都认识到要重新返回到历史经验,试图克服历史表现的危机,安克斯密特于是说道:"现在该是在传统史学理论对于语言的天真想法与某些后现代理论家的夸大其词间找到中道(juste milieu)的时候了。"① 对于安克斯密特来说,这并非简单地回到逻辑经验论就可以一劳永逸地解决表现大屠杀的问题,"面对大屠杀我们所遭遇的是与康德式的崇高同样的复杂性,以及为什么这一概念能帮助我们克服表现不可再现的大屠杀的悖论"。②

在逻辑经验论者看来,历史经验是外在于认识主体的"感觉与料"(sense-datum),需要知性范畴把感觉与料转换为一种可证实的证据和事实,历史经验才能转变为客观的历史知识,其客观性的保证来自于物理学和数学的普遍性,而不是来自于主体的心智和情感。安克斯密特把这种历史经验称之为客观的历史经验,大多数的历史学家就是通过考证档案中的资料得出事实,以此来重建历史的。但是,这种重建的历史并不是过去本身,因为过去包含的大量主观的历史经验被知性范畴放逐和忽略了。

安克斯密特想要探讨的是能够打破"语言牢笼"的主观的历史经验,这里的历史经验就是历史主体在时间意识中的情感体验(Erlebnis)。这种主观的历史经验就是近来大多数历史学家谈论的"历史记忆","记忆有着'历史'和'过去'概念所欠缺的经验之维"。③ 所以安克斯密特对历史经验的探讨仍旧是延续了《历史表现》一书中的美学维度。美学(aesthetic)一词在英文里即是感性、情感之义。实际上,历史学家对"历史记忆"问题的关注也就意味着已经接受了主体意识中的情感因素。

在《崇高的历史经验》一书中,安克斯密特借助于精神分析和心理学的成果,重点分析了记忆与遗忘、认同、创伤之间的心理机制,他认为:"在历史学家不动情感地考察那个客观地给出的过去之前,还有着另一个阶段,一个崇高的历史经验的阶段。"④

在日常生活中,我们并不能记起过去 24 小时内所有发生的事情,大部分的事情都被自然而然地遗忘了,人类过去的大部分记忆都在这种自然遗忘中消失了,"有时候,历史学家'忘记'了过去中真正重要的东西,但不是故意要歪曲历史,而是他/她们不知道某些因果关系的重要性。"⑤ 只有当我们

---

① 〔荷〕安克斯密特:《历史表现》,第 21 页。
② 同上书,第 167 页。
③ Frank Ankersmit, *Sublime Historical Experience*, Stanford: Stanford University Press, 2005, p. 5.
④ Ibid., p. 15.
⑤ Ibid., p. 325.

的身份(identity)出现危机,我们才试图去回忆过去的日常生活。比如在人生的成长阶段,当我们要离开父母,开始独自进入社会之时,我们才意识到自己长大了,不再是过去的小孩子,我们才开始回忆起童年的故事,"锦瑟无端五十弦,一弦一柱思华年"。这种记忆与认同(identity)和身份转换相关,历史学家对心态史、日常生活史的关注也即是提供一种不同于当下生活的陌生感,是关于过去的怀乡病经验(nostalgic experience)①。在日常生活中,人们常有痛苦的失恋或亲人去世的经历,这种记忆与身份转换又稍有不同,这种痛失的过去和现在之间形成了某种断裂,"此情可待成追忆,只是当时已惘然"。这种断裂往往会演化成一种创伤,"当我们谈及过去时,失去与爱的感受奇特地交织在一起——一种结合了痛苦和愉悦的感受。历史经验的崇高性正是来自这种结合。"②这种创伤还会演变成一种极端的形式,这种记忆太过悲痛和恐怖,痛苦的过去无法通过遗忘来抹平,过去与现在不仅形成了断裂,而且记忆试图在认识上遗忘过去,但过去始终以某种偷渡的方式存在于现在。"如我们从精神病理学中所知道的那样,在最糟糕的情况下,两种身份(前一个身份和来自创伤经验的新身份)的共存是最后的结果。"③

具体到如何表现大屠杀来说,当我们试图通过采访来获得第一手的直接证据时,幸存者的记忆会发生变形,可能记不起具体的一系列行为和事件。即使幸存者记得,由于当时骇人听闻的恐怖场景,也无法用语言来精确地描述这一事件,很容易患上失语症,所以客观的历史经验在这里就有可能派不上用场,而只能转向主观的历史经验。当幸存者试图去回忆这一悲痛的经历时,由于记忆太恐怖、太痛苦,可能就会给幸存者带来第二次创伤,由此而患上忧郁症,也就只能采用心理分析的(psychoanalysis)方式来理解和表现大屠杀。④

这种创伤性体验已经超越了任何知性范畴和想象力,安克斯密特将这种历史经验称之为崇高的历史经验,"在很多方面,崇高是'创伤'这一心理学概念在哲学上的对应物"。⑤ 崇高(sublime)是康德审美判断力中的一个

---

① Frank Ankersmit, *History and Tropology: The Rise and Fall of Metaphor*, pp. 195-213.
② Frank Ankersmit, *Sublime Historical Experience*, p. 9.
③ Ibid., p. 324.
④ 参见 Dominick LaCapra, *Representing the Holocaust: History, Theory, Trauma*, Cornell: Cornell University Press, 1994; Dominick LaCapra, *History and Memory after Auschwitz*, Cornell: Cornell University Press, 1998; Dominick LaCapra, *Writing History, Writing Trauma*, Baltimore: The Johns Hopkins University Press, 2001。
⑤ Frank Ankersmit, *Sublime Historical Experience*, p. 318.

概念,与优美不同,在数学上意味着绝对的大,常常是主体对于自然界的审美情感,比如险峻高悬仿佛威胁着人的山崖,火山以其毁灭一切的暴力,这使我们与之对抗的能力在和它们的强力相比较时成了毫无意义的渺小。[1] 安克斯密特认为:"创伤向我们呈现了大致相同的图景。由于太过可怕,意识无法接纳创伤性经验;可以说,这种经验超出了我们理解经验的能力。正常情况下,借助于联想的力量,我们把经验整合进生命故事,然而,对于创伤,联想的力量显然是不充分的,帮不上什么忙,因此创伤经验与我们的生命叙事仍是分离的。"[2]纳粹德国对 600 万犹太人以工业化的方式屠杀是史无前例的,不仅给幸存者带来了极大的创伤,而且给德国的下一代留下了痛苦的记忆,这就是表现不可再现的大屠杀的悖论。对于德国的下一代人来说,这一创伤性的记忆既被忘记了,又被记住了。他们主观上倾向遗忘羞耻的过去,但过去总是保存在纪念碑、博物馆这样的记忆空间中。要克服这种悖论,只能采取与过去的崇高分离,需要忘记和摆脱以前的身份,必须经历一个历史化的过程,这样才能进入新的身份。

(三) 崇高的历史经验:拯救被语言放逐的"情感"

安克斯密特对历史经验的探讨一定程度衔接了历史学家对历史记忆的研究,试图对历史学家的实际工作给出理论分析和回应,并进一步探讨历史学实践中的问题对历史哲学的启示。鲜明地表现出他以今日之我反对昨日之我的理论勇气和前卫风格。

首先,安克斯密特试图对西方在 20 世纪 80 年代兴起的"新文化史"做出理论分析。历史学家为何对 16 世纪的法国小村庄感兴趣?对 16 世纪一个磨坊主的宇宙观感兴趣?对 16 世纪的法国乡村农民的身份感兴趣?这种历史意识是如何产生的?安克斯密特认为这些历史写作新方式是历史主义的激进化形态,因为历史主义的一个重要假设就是过去与现在之间的差异性,这种写作新方式恰恰是一种对过去的怀乡病经验。[3] 针对历史学家围绕"大屠杀"引发的"历史记忆"问题的争论,安克斯密特认为"大屠杀"的创伤记忆造成了历史表现的悖论,他用"崇高的历史经验"这一概念分析创伤记忆的心理机制,进一步把这一概念上溯并视为西方历史意识的起源要素,创伤记忆成为了历史意识得以可能的重要因素。通过举例来分析中世纪是怎样转变为近代的,以及文艺复兴或法国大革命之后的欧洲,他认为,

---

[1] 〔德〕康德:《判断力批判》,第 99—106 页。
[2] Frank Ankersmit, *Sublime Historical Experience*, p. 335.
[3] Frank Ankersmit, *History and Tropology: The Rise and Fall of Metaphor*, pp. 223 - 238.

"我们之所以能够超越过去,必要的条件是能讲述一个最终故事,其内容是关于我们恰恰由于讲述此故事的能力而将放弃的东西——因而,那也就是对创伤性经验的克服。"①

其次,安克斯密特对历史经验的探讨体现了他试图超越叙事主义历史哲学的理论抱负。"语言转向完全可以被看作是康德的先验主义在 20 世纪的翻版,康德归之于知性范畴的东西现在被归诸语言。"②如同康德通过四组范畴表来论证人类知识是如何可能的那样,叙事主义历史哲学的代表人物海登·怀特也正是通过四个主转义来论述历史知识是如何可能的。如同康德的物自体一样,怀特也认为过去是一个神奇之地,我们只能通过转义学来赋予过去以某种意义。③ 安克斯密特认为,这种通过知性范畴来"驯化"主观的历史经验与语言先验论者通过转义学来赋予过去某种意义是同样的方式。但是,崇高的历史经验则引发了历史表现的悖论,也即我们无法通过知性或转义学来表现创伤记忆。这使得"语言"和"经验"之间造成了暂时的断裂,换句话说,也使得被语言放逐的"情感"得以揭示出来。作为历史经验之中心的情感和感受是最具个体化和私人性的领域,同时也是消解一切理论或语言重负的最有效的武器。所以,安克斯密特才自称对崇高的历史经验的分析"需要有割裂真理与经验的勇气","这种经验概念是反传统的、反认知主义的"。④

当然,这种浪漫主义和神秘主义的探讨方式也遭受诸多的批评,"史学理论和历史哲学终归是要以人们能够相互理解和沟通的概念工具来进行交流和传达一个学术领域,一种多少带有神秘意味而充满了个人化、私密性色彩的历史经验,将会给人们对此种范畴的交流、传达和推论带来难以克服的障碍"。⑤ 因为在通常情况下,语言与经验并不是崇高分离的,而是紧密联结在一起的,没有语言,我们就无法在公共性的层面来探讨历史经验为何物。"偏爱经验概念并不意味着把语言放在一边,也不需要切断经验与真理的关联,而是承认语言与世界早已某种方式捆绑在一起,它允许语言

---

① Frank Ankersmit, *Sublime Historical Experience*, p. 342.
② 〔荷〕安克斯密特:《历史表现》,第 165 页。
③ Frank Ankersmit, "White's 'New Neo-Kantianism': Aesthetics, Ethics, and Politics", Collected in edited by Frank Ankersmit, Ewa Domanska, and Hans Kellner, *Re-Figuring Hayden White*, Stanford: Stanford University Press, 2009, pp. 34 – 53.
④ Ibid., pp. 11 – 15.
⑤ 彭刚:《叙事的转向:当代西方史学理论的考察》,北京:北京大学出版社,2009 年,第 75—76 页。

与经验在相互开放中获得理解,而不是关闭两者之间的关联。"①波兰历史哲学家埃娃·多曼斯卡批判安克斯密特对历史经验的考察是激进的和前卫的(avant-poste),只是试图去吸引哲学家的注意,而忽略了人类学和考古学对历史经验的研究,多曼斯卡进一步略有深意地指出,"叙事主义在史学理论中的主导地位,从丹图的《分析的历史哲学》开场,在怀特的《元史学》达到高潮,前后持续了30年,似乎在安克斯密特的《崇高的历史经验》接近尾声。有人也许会问道,安克斯密特的这部著作,或许可以看作在当今的人文学科中对经验主义的兴趣重新复兴的标志。"②

显然,安克斯密特也意识到这些批评,在《崇高的历史经验》一书的导论中就曾自我辩解道:"我强烈坚持本书是关于崇高历史经验的,而不是关于任何其他东西(如历史解释、因果性、叙述或表现)的研究。"③"崇高的历史经验"是回应大屠杀创伤记忆引发的历史表现的危机,不仅是对历史表现理论的修正,也可以看作是进一步深化历史表现理论中的美学维度。审美上的情感是连接"历史经验"与"历史表现"之间的纽带,两者有着内在的一致性和连续性。"在历史写作中,我们的目标也应是真理和经验间的恰当中道。当其中一方出现过度的情况时,有时候人们为了矫枉需要过正地倾向另一方。"④在近来发表的论文和专著中,安克斯密特显然吸收了学界的批评,2012 年出版的《历史表现中的意义、真理和指称》一书进一步探讨了历史表现的真和指称问题,认为"表现包含真——一个历史表现是由一组陈述构成的——它并不反对真,而是超越真"。⑤ 这种探讨方式展现了安克斯密特一以贯之地试图"弥合两种哲学传统之间的鸿沟"。⑥

总而言之,20 世纪 80 年代,安克斯密特从英美语言哲学流行的语义学

---

① Jeff Malpas,"Truth,Narrative,and the Materiality of Memory:An Externalist Approach in the Philosophy of History," *Journal of the Philosophy of History* 4(2010),pp. 328 - 353. Also see Rüdiger Graf,"Interpretation,truth,and past reality:Donald Davidson meets history," *Rethinking History* 7:3(2003),pp. 387 - 402;Ewa Domanska,"The Material Presence of the Past," *History and Theory*,Vol. 45,No. 3(Oct. ,2006),pp. 337 - 348.

② Ewa Domanska,"Frank Ankersmit:From narrative to experience," *Rethinking History*,Vol. 13,No. 2,June 2009,pp. 175 - 195;also see Ewa Domanska,"Toward the Archaeontology of the dead body," *Rethinking History*,Vol. 9,No. 4,December 2005,pp. 389 - 413.

③ Frank Ankersmit,*Sublime Historical Experience*,p. 15.

④ Ibid. ,p. 313.

⑤ Frank Ankersmit,"Representation and Reference," *Journal of the Philosophy of History* 4(2010),p. 407. Also see Frank Ankersmit,*Meaning,Truth,and Reference in Historical Representation*,Cornell:Cornell University Press,2012.

⑥ 〔波兰〕埃娃·多曼斯卡:《邂逅:后现代主义之后的历史哲学》,第 86 页。

进路探讨"叙述逻辑",奠立此后学术道路的根基,并与海登·怀特一道引领历史哲学的"语言转向";90 年代以后,他旨在寻求历史哲学与美学的亲缘,着重"历史表现"的分析;新千年之后,他又推出长期思索的"历史经验"范畴,尝试摆脱语言先验论的桎梏。安克斯密特标新立异的风格在西方学术界也遭到褒贬不一的评论,有的学者批评其著作中带有浓厚的神秘主义色彩,有的学者则赞扬其理论原创性,认为他对"历史经验"的探讨有超越叙事主义历史哲学的理论抱负。

实际上,安克斯密特并没有发生激进的彻底转变,"崇高的历史经验"是他回应大屠杀创伤记忆引发的历史表现悖论的自然调整,"历史表现"与"历史经验"之间有内在的连续性。从近来安克斯密特对"历史表现"的语义学分析来看,他并没有转向遭人诟病的带有神秘的、不可言状的"历史经验",而是在"语言"与"经验"之间探求某种中庸之道。

安克斯密特对历史经验的探讨对历史哲学仍有重要的启发意义。作为历史经验中的情感和感受一直是历史哲学所忽略的问题,特别是近代以来的历史学对移情并不抱有好感,认为它是妨碍历史学的真实性和客观性的罪魁祸首。20 世纪 80 年代以来,"新文化史"逐渐成为西方史学实践中的新贵,诸如心态史、日常生活史、物质文化史等等,它们企图摆脱传统史学的桎梏,探索历史研究和历史写作的新途径。这些新途径就为史学理论带来新的问题和思考路径,也即我们如何认识和理解过去、如何理解他人的心灵?传统心理学或心灵哲学能够给我们提供新的资源,近来欧美世界的心灵哲学也试图超越语言哲学的桎梏,约翰·塞尔就提出语言哲学是心灵哲学的一章,应该打破心理学中的行为主义传统,承认第一人称权威,认为主体中的情感或意识不能够还原为物理现象。[①] 可以看出,安克斯密特探索历史哲学新方向的理论抱负与心灵哲学的最新发展具有一致性。马克·贝维尔(Mark Bevir)和卡斯滕·斯图贝尔(Karsten Stueber)在最近一篇文章中就在心灵哲学的框架内论证历史学中的"移情"是历史理解的重要组成部分。[②] 而民俗心理学(Folk Psychology)则是人们认识和理解过去或他人心灵的有效工具,可以为心态史、日常生活史等历史学实践提供理论基础。

[①] 参见〔美〕约翰·塞尔:《心灵的再发现》,王巍译,北京:中国人民大学出版社,2005 年。

[②] Mark Bevir, Karsten Stueber, "Empathy, Rationality, and Explanation", *Journal of the Philosophy of History* 5(2011), pp. 147 – 162. 另见 Karsten Stueber, *Rediscovering Empathy: Agency, Folk Psychology, and the Human Sciences*, Cambridge, MA: The MIT Press, 2006.

第三节　假如没有《元史学》，分析的历史哲学会怎样？

（一）《元史学》之前的分析的历史哲学

我们知道，在《元史学》出版之前 8 年，怀特曾经的大学同学丹图于 1965 年出版了《分析的历史哲学》一书。依照丹图的观点，分析的历史哲学"是运用语言与逻辑分析手段……例如关于'意义证实原则'、'（过去的）指称问题'及'历史解释'这样一些标准分析哲学问题的讨论"。① 再往上回溯，逻辑实证主义者亨佩尔为了完成维也纳学派所倡导的"国际统一科学百科全书"（International Encyclopedia of Unified Science），于 1942 年发表《普遍定律在历史学中的功能》一文，确立了历史解释的覆盖律模式，由此奠定了分析的历史哲学作为常规科学的一些基本纲领，在一段时间内被公认为进一步实践的基础。② 换言之，分析的历史哲学作为分析哲学的分支学科，是使用逻辑实证主义或逻辑经验主义的方法和语言来探讨历史知识的性质问题，我们以此可以总结分析的历史哲学所隐含的预设：1）历史实在论（historical realism），这应是分析派历史哲学家不言而喻的假定，没有历史事件是客观存在的这个假定，丹图所分析的指称问题、历史解释问题都是"无本之木"；2）可证实性原则（principle of verifiability），就如维也纳小组成员的艾耶尔所总结的那样，"用一个简单的方式去表述可证实性原则，我们可以这样说，一个句子，当并仅当它所表达的命题或者是分析的，或者是经验上可以证实的，这个句子才是字面上有意义的"。③ 3）逻辑和语言的分析方法，用蒯因所总结的话说，就是"语义上行"（semantic ascent）。他们关于历史知识性质的讨论，是从最基本的、不可再分的语词开始，一切讨论的优先性都让位于语词、句子和命题。这也使得分析的历史哲学定位在洛克哲学意义上的"小工"（underlabourer）范围内，不仅与批判的历史哲学（侧重历史认识何以可能的问题）拉开了距离，而且与海登·怀特所要复兴的思辨历史哲学更是水火不容。

依照库恩科学范式的观点，《元史学》无疑是一次哥白尼式的革命，是对分析的历史哲学的一次反叛。正如哥白尼体系与托勒密体系不能相容一

---

① 〔美〕阿瑟·丹图：《叙述与认识》，周建漳译，上海：上海译文出版社，2007 年，第 14 页。
② 实际上，我们还可以把分析的历史哲学的诞生追溯到曼德尔鲍姆《历史知识问题：对相对主义的答复》（1938）一书。
③ 〔英〕艾耶尔：《语言、真理与逻辑》，尹大贻译，上海：上海译文出版社，1981 年，第 1—2 页。

样,"元史学"与分析的历史哲学也是不可通约的。如果从科学主义与人文主义对立的谱系来看,这种张力更为显著。

逻辑实证主义可看作是实证主义的升级版,一般可追溯到孔德那里。按照孔德的观点,人类思想最初表现为神学结构,上帝是主宰一切的终极力量;随着历史的进步,神学构想过渡到形而上学构思;最后让渡给实证知识这一终极阶段。研究人类行为的"社会学"最终成为实证科学。"对孔德而言,最令人深恶痛绝的是诉诸超验的或者形而上学范畴,也即那些未经感官观察确证的假定性实在。"[1]在孔德设置的实证主义体系下,研究过去人类行为的历史科学自然受制于实证主义的精神和一般原则。

法国历史学家朗格诺瓦和瑟诺博司合著的《历史研究导论》(Introduction aux études historiques,1897)正是实证主义史学的方法手册。像实证主义者看待形而上学那样,作者们认定"历史哲学(即当时思辨的历史形而上学)这一主题在本书中将毫无容身之所"。[2] 此书共分为三个部分和阶段:初阶研究、分析工作和综合工作。初阶研究就是上穷碧落下黄泉,动手动脚找材料,"文献的检索和搜集是历史学家技艺的一部分,在逻辑上是第一步且是最重要的部分"。[3] 文献是过往人类思想和行动所留下的痕迹和书写符号,这是感官可观察的、可证实的基础。"事件只能从经验上被认识。要认识事件有两种方式:一是正在发生时可通过直接观察来认识;二是通过对事件遗留下的痕迹进行研究来间接地认识。"[4]近代科学的历史学讲求与历史(时间)拉开一段距离,这不同于古典史家那样书写自己亲身经历或道听途说的当代史。近代的历史学家更倾向于在历史遗迹中、到档案馆里发现真实的过去,犹如自然科学家在大自然当中观察和收集数据。所以说,近代史家只有通过批判地分析文献中所记载的信息,间接地获得过去发生事件的历史事实。这一步是一项艰苦卓绝的工作,也是史家这个行当获得社会广泛认可的不二法门。

---

[1] John H. Zammito, *A Nice Derangement of Epistemes: Post-positivism in the Study of Science from Quine to Latour*, Chicago: Chicago University Press, 2004, p. 7.

[2] 〔法〕朗格诺瓦、瑟诺博司:《史学原论》,余伟译,郑州:大象出版社,2010年,第1页。关于19世纪末史学方法论的论争可参阅 Rolf Torstendahl, *The Rise and Propagation of Historical Professionalism*, London, New York: Loutledge, 2014, pp. 99 - 128; Arthur Alfaix Assiss, "Schemes of Historical Method in the Late 19th Century Cross-References between Langlois and Seignobos, Bernheim, and Droysen", in Luiz Estevam de Oliveira Fernandes, Luísa Rauter Pereira, Sergio da Mata eds., *Contributions to Theory and Comparative History of Historiography: German and Brazilian Perspectives*, Switzerland: Peter Lang, 2015, pp. 105 - 125。

[3] 〔法〕朗格诺瓦、瑟诺博司:《史学原论》,第3页。

[4] 同上书,第31页。

然而，就如不能收集一些植物就称之为植物学，收集一些动物标本就称之为动物学一样，仅仅把互不相连的史料或史实堆砌在一起，并不能称之为历史科学。"文献批判仅仅得出了孤立的事实。为了把那些事实组织成一门科学，有必要进行一系列的综合工作。"①这就要求历史工作者对异质性的历史事实进行分类，从残缺或断裂的遗迹中所获得的历史事实必然是不完整的，为了获得历史的完整画卷，史家还要进行建设性的推理，依照人性相似等人类经验来推理出新的历史事实。最后，历史学家还要完成通式的建构，才能完成实证主义的两条纲领：确立事实和建立规律。"历史学，若希望把其自身建设成为一门科学，就必须加工好作为原材料的事实。它必须借助于定性的和定量的描述性公式，以某种便于操作的形式凝练事实。它必须搜寻那些构成每门科学之终极结论的事实间的联系。"②正如这部联手之作所展示的，朗格诺瓦此前曾出版过《历史文献学手册》，主要负责此书的分析的实践部分，而瑟诺博司在法国现代史领域成就卓著，主要负责综合的理论部分。这种隐含的分析与综合的二分就为实证主义以及逻辑实证主义后来所遭到的批判埋下了伏笔。

我们首先来看自外部或者说人文主义的批判，可以说，德国观念论和历史主义传统就是在与英国经验论和实证主义的对立中发展起来的。在历史学领域，我们可将这一谱系延伸到德罗伊森对于巴克尔《英国文明史》中所彰显的实证主义的批判，他在《历史知识理论大纲》(Grundriss der Historik, 1868)一书中建构了历史主义传统中独特的"历史知识理论"(Historik)体系。在德罗伊森看来，历史与自然是不同的，历史现象中包含着人类伦理团体的精神，"历史学的材料有形态学方面(morphologische Art)的特性：每个精神(Geist)的特质都表现于某种相称的外形之上。"③历史学家所要做的工作就是借着各种可见的现象和遗迹来观察这个精神。观察这个精神现象的方法就是理解，"科学方法可以按其研究的对象及我人思考的特性，分为三类：(哲学、神学)玄思方法、物理的方法及历史的方法。此三者的本质为：认识(erkennen)、说明(erklären)以及理解(verstehen)"。④ 由此，德罗伊森将历史知识理论的任务与历史哲学(神学)、自然科学、修辞学等区分开来，其中包含不可分割的、相互依存的三个部分：方法论(Methodik)、系统

---

① 〔法〕朗格诺瓦、瑟诺博司：《史学原论》，第 127 页。
② 同上书，第 159 页。
③ 〔德〕德罗伊森：《历史知识理论》，耶尔恩·吕森、胡昌智编选，胡昌智译，北京：北京大学出版社，2006 年，第 4 页。
④ 同上书，第 12 页。

论(Systematik)以及体裁论(Topik)。以此观之,这与实证主义史学方法论最大的不同,就是建立于诠释学(Henneneutik)传统之上的历史理解原则。"从事理解活动的人,因为他有一个自我(Ich),有一个整体性(Totalität);就如同被理解的客体是一个自我,是一个整体一样;所以他一方面能借客体所形之于外的言行,充实自己的整体性;另一方面,又能借自己既有的整体性,理解客体的言行。"①这就是历史理解得以可能的条件,德罗伊森就此会认为,历史研究的起点不是实证主义史学的文献(客体),而是从事理解活动的人(主体)所提出的历史问题。而且,与实证主义史学将分析工作与综合工作看作是分离的两个阶段不同,"理解的行为既是综合,又是分析;既是归纳,又是演绎"。②

首次在哲学上回应并反击实证主义的,要数德罗伊森之后的狄尔泰,他在《精神科学导论》(1883)一书中认为,要了解人类历史和社会现实存在的各种联系,只有通过心灵的直觉和移情的"体验"(Erleben)才能达到"理解"。新康德主义者文德尔班、李凯尔特、卡西尔等学者也尝试在哲学方法论的层面划清自然科学与历史科学之间的界限,认为历史科学面对的是价值世界,这与自然科学要处理的自然世界是截然不同的。二战之后,伽达默尔的《真理与方法》(1960)仍延续着德国历史主义的传统,进一步将审美经验抬高到哲学诠释学的维度,认为艺术和美是人类存在的基本方式,以此来对抗后工业社会中自然科学方法对于人文主义精神的僭越。德国之外的新黑格尔主义者克罗齐和柯林武德也应属于这个广义的历史主义传统,而后两位正好是怀特写作《元史学》最初的灵感来源。③

通过这个对立谱系的描绘,我们不难发现,就如托勒密的"地心说"与哥白尼的"日心说"很难相容一样,"元史学"与分析的历史哲学之间是对立的,在其各自的源头那里就是相互拒绝的,不可通约的。

---

① 〔德〕德罗伊森:《历史知识理论》,第11页。
② 同上。德罗伊森接着又说,"理解(Verständnis)的行为和逻辑机械式的认知行为是不一样的。理解的行为,正如上述是一定条件下的直觉;正好像一个心灵潜入到另外一个心灵一样;它也正好像交配受孕一样,具有无限创造力。"(德罗伊森:《历史知识理论》,第11页。)这恰好是与实证主义史学方法论不可通约的观点,"德罗伊森的《史学概论》(Grundriss der Historik)厚重迂腐,杂乱无章,绝非我们所能想象到的。……伯伦汉教授(《历史方法教程》,1894)主要讨论了形而上学问题,而我们对之毫无兴趣;相反,有些问题在理论与实践上都具有十分重要的意义,对我们来说,这些问题显然是值得思考一番,但伯伦汉教授当时完全忽视了。"(朗格诺瓦、瑟诺博司:《史学原论》,第4—5页。)
③ 〔波兰〕埃娃·多曼斯卡编:《邂逅:后现代主义之后的历史哲学》,彭刚译,北京:北京大学出版社,2007年,第21页。

(二) 后分析哲学对于逻辑实证主义的反叛和超越

如果说德国观念论和历史主义传统是从外部来批判和超越实证主义的,那么,后分析哲学则是从科学主义的内部来批判和超越的。"后分析哲学"这一称谓首次出现在拉奇曼(John Rajchman)和韦斯特(Cornel West)合编的《后分析哲学》(Post-Analytic Philosophy,1985)一书中,编者聚焦在文学理论、科学理论和道德理论三个领域,依次选取了罗蒂、普特南、丹图、哈罗德·布鲁姆、戴维森、库恩、罗尔斯等十三位作者的文章,认为他们代表了美国哲学的新方向。由于美国本土的实用主义二战前后受到奥地利和德国流亡者们哲学计划的冲击,"在卡尔纳普、赖欣巴赫、费格尔、亨佩尔等人的影响下,20世纪50年代下半叶,美国哲学的主流变成一个研究某些精确的形式问题的专业。……现在情况发生变化,一些有影响的哲学家从他们的特殊成见中解脱出来,对这门学科的'专业性'提出挑战,开始怀疑它的基本纲领是否已经进入一个死胡同。"进而认为,"罗蒂的新实用主义对此变革提供了全面的分析和论证,确立了后分析哲学在美国学术史上的地位。"[1]在编者们看来,这一后分析哲学的新方向就是罗蒂所倡导的新实用主义(New-pragmatism)。

如果我们进一步聚焦在科学哲学领域,蒯因和库恩无疑是引领逻辑实证主义向着后分析哲学变革的旗手。"历史发展的结果是,由维也纳学派在19世纪表述出来并且盛行于二战后的科学哲学界的逻辑实证主义的教条,首先受到了蒯因和库恩的挑战,有关后实证主义的科学理论(post-positivist theory of science)正是这一挑战的成果。"[2]威拉德·冯·奥曼·蒯因(Willard Van Orman Quine,1908—2000)早期深受维也纳学派,特别是卡尔纳普为代表的逻辑实证主义的影响,一生写作了大量的有关数理逻辑的论著,后又借助美国实用主义传统的资源对逻辑实证主义进行批判和修正,形成

---

[1] John Rajchman and Cornel West eds., *Post-Analytic Philosophy*, New York: Columbia University Press, 1985, pp. iv, xiii. 涂纪亮并不认同所谓的"后分析哲学"这个说法,"根据分析哲学在思想观点上的演变,我把本世纪分析哲学的发展历程分为三个时期:一是本世纪初至30年代逻辑原子论和逻辑实证主义相继兴起的时期;二是40—60年代逻辑实证主义流传到美国和日常语言学派流行于英国的鼎盛时期;三是60年代以后逻辑实证主义和日常语言学派作为学派已不复独立存在,取而代之的是逻辑实用主义、历史社会学派等新流派的时期,此时分析哲学的观点发生巨大变化,在英美哲学中的主导地位有所削弱,但绝没有消亡,可称之为'后期分析哲学'。"参见涂纪亮:《分析哲学与后分析哲学》,《北京社会科学》1996年第4期;另参阅涂纪亮:《分析哲学及其在美国的发展》,武汉:武汉大学出版社,2007年。

[2] John H. Zammito, *A Nice Derangement of Epistemes: Post-positivism in the Study of Science from Quine to Latour*, pp. 8–9.

了他的"逻辑实用主义"。我们在此避开蒯因相对技术化的逻辑分析,主要论述他对后分析哲学产生重大影响的两个观点:一是整体论;二是自然化的认识论。①

在《经验论的两个教条》(1951)一文中,蒯因开篇就提到,"现代经验论大部分是受两个教条制约的。其一是相信在分析的或以意义为根据而不依赖于事实的真理与综合的或以事实为根据的真理之间有根本的区别。另一个教条是还原论:相信每一个有意义的陈述都等值于某种以指称直接经验的名词为基础的逻辑构造。"②我们首先来看分析与综合的二分,可以说,这是西方近代自休谟、康德以来就坚持的毋庸置疑的基本假定。举例来说,我们一般假定"A=A"这一语言形式是分析的,即一个陈述或命题的主词与谓述是同一的。如此,我们可以说,"单身汉是单身汉"是重言的分析命题。如果我们将"单身汉是没有结婚的"("A=B")这个命题转换成"单身汉是单身汉"("A=A")这一分析命题,就需要在"单身汉"与"没有结婚的"之间建立一个同义词的相互替换性。蒯因依次批驳经验论传统的各种尝试都是失败的,认为"单身汉是没有结婚的"这一命题还是要求助于经验科学的"词典编撰人",他们把历史上已有"单身汉"同义为"没有结婚的"的语句记录下来。所以说,"事实成分该等于零,就似乎是合理的了,而这些就是分析陈述。但是,尽管有这一切的合理性,分析陈述和综合陈述之间的分界线却一直根本没有画出来。认为有这样一条界线可画,这是经验论者的一个非经验的教条,一个形而上学的信条。"③在蒯因看来,抛弃了经验论的这个教条,其后果就"模糊了思辨形而上学与自然科学之间的假定分界线"。由此,我们可以转换来说,分析的历史哲学与思辨的历史哲学之间界限的划分,如同分析的历史哲学所批判思辨的历史哲学是一种历史的形而上学一样,其本身也是一个形而上学信条。在此不难想象,蒯因的这个看法,与海登·怀特消解"元史学"与分析的历史哲学之间的对立有异曲同工之妙。

其次,我们接着分析,蒯因是如何通过对于证实说和还原论的批判,从而转向一种实用主义的整体论(Holism)。在总结分析的历史哲学的特征时,我

---

① 蒯因后来将整体论和自然主义看作是经验论传统的两个里程碑,参见〔美〕蒯因:《经验主义的五个里程碑》,载涂纪亮、陈波主编:《蒯因著作集》(第6卷),北京:中国人民大学出版社,2007年,第62—79页。
② 〔美〕蒯因:《从逻辑的观点看》,陈启伟、江天骥等译,载涂纪亮、陈波主编:《蒯因著作集》(第4卷),北京:中国人民大学出版社,2007年,第17页。
③ 同上书,第30页。

们提到可证实原则是逻辑实证主义的基石,这个原则后来又被波普尔的证伪主义有所修正。不管是证实还是证伪,它都假定一个命题只有还原到指称直接经验的语词,才是有意义的。但在蒯因看来,"我们关于外在世界的陈述不是个别的而是仅仅作为一个整体来面对感觉经验的法庭的。……我们所谓的知识或信念的整体,从地理和历史的最偶然的事件到原子物理学甚至纯数学或逻辑的最深刻的规律,是一个人工织造物。它只是沿着边缘同经验紧密接触。"①举例来说,试想一位鸟类学家依照已有的经验归纳出,"所有的天鹅都是白的"这一命题。当他旅行到了澳大利亚,发现了一只黑天鹅。在这里,我们看到,鸟类学家已有的知识信念与他的直接经验就产生了对立,他应该怎么办？如果按照逻辑实证主义者的解决方案,他唯一的选择就是放弃"所有的天鹅都是白的"这一命题。但在蒯因看来,"在任何情况下任何陈述都可以认为是真的,如果我们在系统的其他部分作出足够剧烈的调整的话,即使一个很靠近外围的陈述面对着顽强不屈的经验,也可以借口发生幻觉或修改被称为逻辑规律的那一类的某些陈述而被认为是真的。"②这也就是说,在知识整体的"信念之网"(webs of believes)中,我们有很大的选择自由:我们可以调整鸟类分类系统中的部分标准,将"这是一只黑天鹅"这一陈述排除出去,称之为其他鸟类,仍旧还坚持相信,"所有的天鹅都是白的"这一命题。在此,我们又不难发现蒯因与海登·怀特的心有灵犀之处。针对同一个历史事件,怀特的解释策略作为一个整体的信念之网,调整其中的部分解释策略,就可以自由地选择用喜剧或悲剧来表现过去,这就是怀特对分析的历史哲学关于历史解释问题的反叛和超越。

蒯因坚持一种没有教条的经验论,将逻辑实证主义从一种过于僵硬的经验主义,过渡到一种比较灵活的经验主义,即一种实用主义的经验主义。"每个人都被给予一份科学遗产,加上感官刺激的不断的袭击;在修改他的科学遗产以便适合于他的不断的感觉提示时,给他以指导的那些考虑凡属合理的,都是实用的。"③当蒯因打开了逻辑实证主义封闭魔盒的一个缺口时,他提出的"理论命题的不完全决定性"(The Underdetermination of Theory Thesis)、"指称的不可测知性"(The Inscrutability of Reference)和"翻译的不确定性"(The Indeterminacy of Translation)等带有后学色彩的观点就迎合了相对主义的风潮,由此激起了极大的论争。④ 在讨论蒯因试

---

① 〔美〕蒯因:《从逻辑的观点看》,第 34—35 页。
② 同上书,第 36 页。
③ 同上书,第 38 页。
④ 相关讨论和论争参见 John H. Zammito, *A Nice Derangement of Epistemes: Post-positivism in the Study of Science from Quine to Latour*, pp. 25 - 51。

图用自然主义的立场来拯救要被遗弃的认识论之前,我们首先论述科学哲学领域所谓的历史主义或相对主义思潮。

众所周知,自西方近代科学革命以来,观察或实验向来都是科学知识不证自明的绝对预设,可谓是检验真理的一个首要标准。观察是"中性"的,只有在客观的观察语句上,才能建立整个科学知识客观性的理论大厦。在《发现的模式》(Patterns of Discovery,1958)一书中,汉森抨击了观察与理论两分的教条,认为"观察渗透着理论"。① 汉森借助格式塔心理学的成果,开篇就举例论证说,在科学实践中,科学家的观察就像带着不同颜色的眼镜,观察到的是不同的世界,开普勒看到(seeing as)的太阳与布拉赫看到的太阳是不同的。在汉森看来,科学发现的过程不是亨佩尔所总结的从解释项到被解释项的归纳和演绎,而是从被解释项到解释项的溯因推理(abduction)。观察者的"认知框架"(理论)决定着他能够观察到什么,由此就摧毁了逻辑实证主义的地基。库恩在《科学革命的结构》(1962)一书中进一步反对逻辑经验主义的知识积累观,认为科学实践的发展过程经历了前科学、常规科学和科学革命的诸阶段,科学革命的范式转换就类似于"格式塔转换","革命之前科学家世界中的鸭子到革命之后就变成了兔子"。② 由此,库恩提出了范式的"不可通约性"(incommensurability)。费耶阿本德在《反对方法:无政府主义知识论纲要》(1975)一书中更是将政治学中的无政府主义引入到科学哲学和认识论中来,提出一种多元主义的方法论原则:"怎样都行"(anything goes)。③ 实际上,科学哲学的历史社会学派所提出的观点,在逻辑上来说都在蒯因的理论射程之内,他曾提出非常激进的说法,"就认识论的立足点而言,物理对象和诸神只是程度上、而非种类上的不同。这两种东西只是作为文化的设定物(cultural posits)进入我们的概念的,物理对象的神话所以在认识论优于大多数其他的神话,原因在于:它作为把一个易处理的结构嵌入经验之流的手段,已证明是比其他神话更有效的。"但是,蒯因作为一个经验论者,随即也指出,"全部科学,数理科学、自然科学和人文科学,是同样地但更极端地被经验所不完全决定的。这个系统的边缘必须保持与经验相符合。"④

---

① 参见〔美〕N. R. 汉森:《发现的模式:对科学的概念基础的探究》,邢新力、周沛译,北京:中国国际广播出版社,1988年,第5—33页。
② 〔美〕库恩:《科学革命的结构》,金吾伦、胡新和译,北京:北京大学出版社,2003年,第94页。
③ 参见〔美〕费耶阿本德:《反对方法:无政府主义知识论纲要》,周昌忠译,上海:上海译文出版社,1992年。有关科学哲学与科学史的后续发展和论争可参阅 John H. Zammito, *A Nice Derangement of Epistemes: Post-positivism in the Study of Science from Quine to Latour*, pp. 123 – 270。
④ 〔美〕蒯因:《从逻辑的观点看》,第37页。

这也意味着，蒯因的整体论是一种自然主义的整体论，这虽与欧陆历史主义的整体论有类似之处，但却是完全对立的立场。在《自然化的认识论》("Epistemology Naturalized", 1968)一文中，蒯因开篇就提出"认识论关乎科学的基础"。从中我们将会发现，蒯因和海登·怀特共同看到逻辑实证主义的认识论站不住脚的时候，蒯因并没有像怀特那样放弃认识论，而是仍旧坚持以证据为中心的认识论。

当然，蒯因所要批判的不是历史哲学领域的海登·怀特，而是科学哲学领域的历史主义学派，"我们发现，把认识论从其以往的第一哲学的地位中解脱出来，掀起了一股认识论上的虚无主义浪潮。这种情绪多少有点在波兰尼、库恩以及晚近的拉塞尔·汉森的论说中有所体现，他们倾向于贬低证据的作用，转而强调文化相对主义。"[1]蒯因在此分两步来论证他的自然主义的认识论。首先是清理分析哲学的遗产，蒯因同历史主义学派一致认为，"严格地从感觉材料中派生出关于外间世界的科学是不可能的"。[2]这也就是说，根据蒯因的翻译的不确定性，卡尔纳普以及维也纳学派的逻辑实证主义者从逻辑构造的方式将"科学翻译成逻辑、观察词项及集合论"这条理性重构之路是不成功的。而且，在分析哲学内部，维特根斯坦和牛津日常语言学派也认为哲学的使命是治疗性的，就是治疗那些存有基础主义认识论妄想症的哲学家。

其次，蒯因批判了历史主义学派的格式塔心理学路径，"是格式塔被注意到了从而优先于感觉原子呢，还是我们应当根据某种更微妙的理由去偏爱感觉原子？现在，既然允许我们求助于物理刺激，这个问题也就消失了。"[3]这也即是说，面对格式塔心理学对感觉原子主义的挑战，蒯因拒绝了任何意识哲学的路数，重新回到了自然主义的立场，他借用维也纳学派纽拉特著名的水手比喻，认为科学就像大海中的航船，水手并不能返回码头从头做起，或者说弃船而逃，只能在漂流过程中修复他的船，新船总是由同一艘旧船改造而成。在蒯因看来，自然主义的认识论就是要研究物理刺激的感觉证据与科学理论之间的关联，"认识论，或者某种与之类似的东西，简单地落入了作为心理学的因而也是作为自然科学的一章的地位。它研究一种自然现象，即一种物理的人类主体。这种人类主体被赋予某种实验控制的输入，并且在适

---

[1] 〔美〕蒯因：《本体论的相对性及其他论文》，贾可春译，载涂纪亮、陈波主编：《蒯因著作集》（第2卷），北京：中国人民大学出版社，2007年，第67页。译文根据原文有所调整。
[2] 同上书，第58页。
[3] 同上书，第65页。

当的时候,他又提供了关于三维外部世界及其历史的描述作为输出。贫乏的输入和汹涌的输出之间的关系,正是我们要加以研究的。"①不难发现,蒯因试图重新挽救外部物理刺激的感觉证据作为科学的奠基石,并将认识论看作是可以借助于类似于人工智能的心理科学的成就而不断地加以改进和进化。

再者,蒯因最后还是要借用实用主义的方案,来挽救遭到历史主义学派批判的"观察句"(observation sentence)的合法性。我们知道,实用主义向来讲究在某一共同体产生的效应中来判断概念或语言的意义,概念或语言总是一种社会意义上的使用。正如蒯因所总结的那样,"语言是一种社会的技艺,我们都仅仅根据他人在公共认可的环境下的外显行为来获得这种技艺的。"②我们可以发现,正是借助于实用主义的资源,蒯因进一步辩护了"观察句是科学假说的证据储藏所","观察句就是当给出相同的伴随刺激时,该语言的全体说话者都会给出同样地决断的句子。以否定的方式表述这一点,观察句就是对于语言共同体内过去经验方面的差异不敏感的句子。"③由此观之,蒯因的逻辑实用主义不再将观察看作是绝对中立客观的,这容易造成主体与客体之间二元对立的悖论和困境,而是引入主体间这个"第三方",形成一个语义三角。观察句总是在相同的外间刺激下主体间一致同意的语句,在共同体内部的标准也仅仅是实用的,仅仅是对话的简洁性和流畅性。在此,我们可以这样说,类似于吕森所提倡的综合模式,蒯因所展现的实用主义路径也是一条综合的中庸之道,这一路径为后分析历史哲学的可能性奠定了哲学上的先导。

(三)《元史学》之后的后分析历史哲学的可能叙述

恰好是在《元史学》(1973)出版的那一年,默里·墨菲(Murray G. Murphey)出版了《我们关于历史过去的知识》(*Our Knowledge of the Historical Past*)一书。单从其讨论的主题来看,该书仍旧是曼德尔鲍姆在20世纪30年代就已设定的"历史陈述""历史解释""历史确证"等分析的历史哲学路数的老议题。"不管有何异议,历史学家作为一个群体总是赞同历史学是一门学科,旨在建立有关过去发生事件和过去存在的事物的真实陈述。"对

---

① 〔美〕蒯因:《本体论的相对性及其他论文》,第63页。
② 同上书,第22页。
③ 同上书,第66页。关于对观察句的进一步论证,蒯因再次提到,"我跟他们(指汉森、费耶阿本德、库恩)一样抛弃传统的认识论(逻辑实证主义的逻辑构造),但是他们反应过度,忽视了值得注意的另一方面。我将提出一个中间道路。"括号的内容为笔者所加。参见 W. V. Quine, "In Praise of Observation Sentences", *The Journal of Philosophy*, Vol. 90, No. 3(Mar., 1993), pp. 107–116。

于历史学家这一不证自明的前提,墨菲认为要涉及四个主要的哲学问题:1)历史学是一门与其他学科不同的学科吗?2)历史学家能够让历史陈述指称不在场的事物和事件吗?3)历史陈述的指称物之本体论地位是什么?4)历史学家如何判断关于过去事物和事件之陈述的真与假?[①] 从中可以看出,前两个问题是早期分析的历史哲学所重点讨论的议题,但是,后两个问题则显然地具有后期分析的历史哲学的特征。在此,墨菲不仅批驳了历史怀疑主义或历史相对主义,而且批判了逻辑实证主义者的还原论谬误。他首先细致辨析了"历史的过去"(historical past)与"记忆的过去"(memorial past)之间的联系与区别。人人都具有自己的记忆的过去,这是两者有联系和重合的部分,即都建立在"感知经验"(sensory experience)上,但是,人人并非都具有历史的过去,"历史的过去"还包括一些他人经验这样一些非自身记忆的过去。在墨菲看来,我们关于历史过去的知识是被经验证据(empirical evidence)所证明了的真信念。"历史学是一门学科,旨在发现新现象和创造新知识,也就包括探究那些无法追忆的过去(immemorial past)。"[②]其次,我们知道,实质的历史哲学问题被丹图排除在分析的历史哲学的合法性讨论之外,其所依据的原则与逻辑实证主义对于传统形而上学的拒斥是一致的。但是,蒯因在《论何物存在》("On what there is",1948)一文中则重启了本体论问题,他认为,传统思辨的或超验的形而上学是无意义的,但不能就此而抛弃它。蒯因从"语义上行"的角度提出了著名的本体论承诺(ontological commitments)这一观点:它不是讨论什么东西存在的事实问题,而是考察按照某一理论有什么东西存在的承诺问题。"在本体论方面,我们注意约束变项不是为了知道什么东西存在,而是为了知道我们的或别人的某个陈述或学说说什么东西存在。"[③]由此,蒯因将传统的本体论问题转换成了逻辑和语言问题,存在就变成了约束变元的值。

在讨论历史陈述的指称物之本体论地位问题时,墨菲接受了蒯因认为物理学家的设定物与荷马诸神无二般的激进观点,他也认为"乔治·华盛顿"与物理学家设定的"电子"并无二致。根据量子力学中的海森堡测不准

[①] Murray G. Murphey, *Our Knowledge of the Historical Past*, Indianapolis: The Bobbs-Merrill, 1973, p.1. 默里·墨菲曾出版有关皮尔士、蒯因哲学的研究专著,此外,墨菲对历史哲学深有研究,相继还出版了 *Philosophical Foundations of Historical Knowledge*(New York: State University of New York Press, 1994)和 *Truth and History*(New York: State University of New York Press, 2009)。

[②] Murray G. Murphey, *Our Knowledge of the Historical Past*, p.13.

[③] 〔美〕蒯因:《从逻辑的观点看》,第13页。另参阅陈波:《奎因哲学研究:从逻辑和语言的观点看》,北京:生活·读书·新知三联书店,1998年,第265—288页。

定理,我们无法同时观察到粒子的位置和速度,微观世界的粒子位置是不确定的。同理,历史学家的对象在物理时空中原则上也是无法确定的。"历史学家在物理上不可能观察诸如华盛顿这样的过去对象,他必须通过理论构造(theoretical constructs)来解释这些对象。"[①]这一观点显然是反常识的,与我们日常经验关于实体(entities)的看法是截然对立的。就这一点来说,墨菲所代表的后分析历史哲学对于历史实在论的反叛更为彻底,相对而言,叙事主义历史哲学家仍然隐含着历史实在论的小尾巴。在自然科学中,物理对象的不可观察性并不影响物理理论的构造及其有效性,这也就是说,科学实在论不是科学理论的充分必要条件。所以,在墨菲看来,抛弃历史实在论这一超验的形而上学冗余物,并没有随之带来不可能克服的困境,就如我们相信实际上并没有直接的相关经验的很多实体的存在,这并不影响我们关于历史过去的知识的有效性。"在这一意义上,我们关于全部的历史知识都是一个理论构造,创造这个理论的目的是解释可观察的证据(observational evidence)。"[②]就如考古学上的发现一样,当华盛顿遗留下的照片、他亲自签署的信件等等遗迹呈现在我手上,华盛顿对于我来说,就是本体论的承诺,通过这个承诺,这些遗迹获得解释。换言之,我们关于过去的历史知识,是通过对现在可观察的感知证据链的理论构造而获得的,使得我们不得不相信或承诺华盛顿是存在的。

此外,墨菲借助于蒯因的整体论,重新思考了"历史确证"(historical confirmation)的真假问题。作为一个体系或信念之网的理论而言,特定的观察并没有绝对地确证或证伪某一理论,或者说在同一领域的竞争理论体系之间作出判决的能力,由观察而来的有限的经验数据总是"不完全决定的"(underdetermination)。正如墨菲所言,"效果的可验证性跟理论相关,比如跟陈述的集合(sets of statements),以及提供推理规则的逻辑系统相关联。真(truth),就如简单性(simplicity)、精确性(elegance)、一致性(consistency)一样,证明是特定系统的特征,而不是个别句子的特征。"[③]从中可以看到,经验论传统所坚持的真之符合论在这里派不上任何用场,有用的则是真之融贯论和真之实用论。与此同时,那种关于我们能否知道"整全的过去"(the whole past)这一问题也是无意义的假问题,取而代之的则是一种实用主义态度,"我们能够知道的,就是证据所带给我们的。假如我们没有关于过去的任何证据,我们就没有理由来相信曾经存在的过去。这一点当

---

① Murray G. Murphey, *Our Knowledge of the Historical Past*, p.17.
② Ibid., p.16.
③ Ibid., p.24.

然是正确的,就是我们经常面对我们经常称之为'不完全知识'(incomplete knowledge)的状态。"①但是,在墨菲看来,承认历史知识的不完整性以及实用性,并不会造成任何的历史怀疑主义,恰恰相反,坚守"整全的过去"这样一种思辨的或超验的形而上学,才是造成历史相对主义的土壤。而且,墨菲的历史构造理论仍然是一种自然主义的认识论,这与欧陆历史主义的观念论是不同的,"即使面对如此的理论与数据的关联,历史学家仍是坚定不移的经验主义者(unflinching empiricist)"。② 在这个意义上,他仍然坚持认为历史学是一门科学,历史解释要引入因果模式的覆盖律。

在分析的历史哲学内部,莱昂·戈德斯坦(Leon J. Goldstein)在《历史认识》(*Historical knowing*,1976)一书中也是通过批判历史实在论而提出历史构造理论的。他首先认为英语世界的哲学共同体对于历史解释性质讨论的前提假设,都是建立在可观察经验的历史实在论之上,而根本没有触及历史学家的实际认识活动。因为在历史学家的实际工作中,他们并不直接面对可观察的过去事件,而是在批判地研究证据的基础上来构造过去事件的。"历史构造(historical constitution)是一个认知的程序(intellectual procedures),历史学家在历史研究的过程中重构(reconstructed)了历史的过去。"③其次,戈德斯坦对当时英语世界关于历史叙事的讨论也提出了异议,并将史学分为上层建筑(superstructure)和基础构造(infrastructure)两种形式。史学的上层建筑是历史学家工作的文学创造,通常采用叙述的形式,供非历史学家来消费;史学的基础构造是历史学家智力活动的范围,"它涉及处理证据和思考证据,在给定的上手证据的情况下,如何来决定什么概念的历史过去是最好的构造"。④ 我们从中不难看到,墨菲与戈德斯坦的最大公约数是强调历史证据及其在历史哲学中的重要性,这一点恰好是叙事主义历史哲学所忽略的那个部分。

不可置否,墨菲和戈德斯坦在分析的历史哲学内部批判历史实在论的方式和路径被怀特和安克斯密特更为革命、更为激进的叙事主义历史哲学路径所取代,这可以从当时激进的社会变革和实践中获得解释。假如我们将社会

---

① Murray G. Murphey,*Our Knowledge of the Historical Past*,p. 14.
② Ibid.,p. 134.
③ Leon J. Goldstein,*Historical knowing*,Austin:University of Texas Press,1976,pp. xxi - xxii. 戈德斯坦提到他使用的"构造"(constitution)一词是借用欧洲现象学家胡塞尔的观点,他认为自己是一位弱化的实在论者,仅仅反对天真的实在论,这就与墨菲借用蒯因的自然主义认识论有着重大的区别,但是,这并不影响他们分享拒斥历史实在论的共同之处。此外,戈德斯坦历史构造理论的另一个重要来源是柯林武德,参见 Leon J. Goldstein,"Evidence and Events in History",*Philosophy of Science*,Vol. 29,No. 2(Apr.,1962),pp. 175 - 194。
④ Leon J. Goldstein,*Historical knowing*,p. 141.

实践这个要素排除在这个系统之外,我们可以很容易从分析的历史哲学内部建构出一条后分析历史哲学的脉络和叙事。这就意味着,分析的历史哲学并没有消亡,由此,我们可以把在旧船中打造新船的一些尝试和努力称为宽泛的后分析历史哲学(Post-analytic Philosophy of History)。[①]

当然,反事实的假设仅仅是一种认知的逻辑假设。社会变革的浪潮所带来的效应更是不可阻挡,墨菲和戈德斯坦的思考注定要成为"执拗的低音"。从安克斯密特的论述可以看出,在历史哲学领域,盎格鲁-撒克逊传统与大陆传统从对立走向融合成为了不可阻挡的趋势。在美国人文学术的其他领域,也展现了同样的趋势。比如,文学批评领域的"耶鲁学派"对于法国结构主义与后结构主义思想的引介,罗尔斯 1971 年出版的《正义论》对于大陆康德哲学的回归。在这一趋势中,当然少不了自觉扛起新实用主义大旗的理查德·罗蒂,他在《哲学与自然之境》(1979)一书中认为杜威、维特根斯坦和海德格尔是二十世纪最伟大的思想家,而这在美国 20 世纪 70 年代之前主流的分析哲学家看来,海德格尔无论如何都不能进入这个名单之列。

无可置疑,海登·怀特的《元史学》也顺应了这一不可逆转的潮流,或许只有等待叙事主义历史哲学汹涌澎湃的浪潮在新千年之后慢慢退去,我们才能够重新捡起曾经遗留在沙滩上的几片贝壳。墨菲和戈德斯坦的工作让我们注意到,盎格鲁-撒克逊传统与大陆传统趋向对话和融合的背后,也保持着恒久的思想张力,深藏着各自的文化符码。

第四节 重建历史知识客观性的新实用主义方案

新千年以来,在关于西方历史哲学或史学理论向何处去的持续论争中,阿维泽尔·塔克(Aviezer Tucker)在《史学哲学的未来》("The Future of

---

[①] 就笔者所见,青年学者阿德米尔·斯考铎(Admir Skodo)首先使用了这一术语,他提出两个原则作为标准:1)反基础主义(anti-foundationalism);2)整体论(holism)。以此来评论以下四部著作:Mark Bevir, *The Logic of the History of Ideas*, Cambridge: Cambridge University Press, 1999; Quentin Skinner, *Visions of Politics: Volume I. Regarding Method*, Cambridge: Cambridge University Press, 2002; Karsten Stueber, *Rediscovering Empathy: Agency, Folk-Psychology and the Human Sciences*, Cambridge, Massachusetts and London, England: The MIT Press, 2006; Aviezer Tucker, *Our Knowledge of the Past: A Philosophy of Historiography*, Cambridge: Cambridge University Press, 2004. 我们在后面将重点讨论塔克的这部具有重要意义的论著,此外,如果我们依照上述蒯因的整体论作为标准,我们可以将斯考铎的叙述拉得更长一些。参见 Admir Skodo, "Post-analytic Philosophy of History", *Journal of the Philosophy of History* 3(2009), pp. 308-333.

the Philosophy of Historiography",2001)一文中,用数据展示了过去几十年来西方史学理论研究的状况,从而提出自己的对策:"历史哲学的根本问题应紧紧抓住仔细而严格地分析史学实践,以及吸收认识论、科学哲学和法律哲学的最新成就。"① 由此,塔克在后分析历史哲学的立场上给出了不同于叙事主义历史哲学的解决方案,其中他借用的重要资源,就是上述讨论的逻辑实用主义者蒯因的整体论和自然化的认识论,以及上述讨论的墨菲、戈德斯坦等人的成果,并以此来探讨被叙事主义者忽略的历史证据及其历史认识论问题。②

首先,塔克反对分析的历史哲学关于历史事实的教条,"沃尔什的科学观点如同他的史学观一样是靠不住的。科学家和历史学家们不像农民从树上摘葡萄一样摘取事实,因为并没有给定的、准备好供科学家或史学家选择的科学或史学事实。如果我们把事实看作是几乎完全确定的知识体系的组成部分,那么,有关事实的知识就是研究框架的结果,事实是负载理论的。这是因为,科学家和历史学家所认定的事实取决于他们的理论、研究计划和证据的约束。"③ 从中不难看出,塔克一方面批驳了沃尔什所依据的逻辑实证主义还原论教条;另一方面,他认为历史事实跟科学事实一样,都是不可观察的,都是理论选择的结果。在蒯因对于经验论两个教条的批判的基础上,塔克进一步认为传统的实证主义史学所依据的科学哲学是不可靠的,"朗格诺瓦和瑟诺博司设想了一种归纳和经验主义的、已经过时的科学哲学:科学分为两类,一类是依靠直接的观察;另一类是诸如历史学和地质学,无法观察它们所研究的事件,只能从文字材料和其他物质遗迹中进行推论。他们对科学的这种理解是错误的,物理学家和化学家不能观察到电子,就如历史学家不能看到历史事件一样。"④

此外,塔克也反对沃尔什在思辨的历史哲学与批判的历史哲学之间的划界,以及分析的历史哲学对于历史的形而上学问题的拒斥。在塔克看来,

---

① Aviezer Tucker,"The Future of the Philosophy of Historiography",*History and Theory*,Vol. 40,No. 1(Feb.,2001),p. 44. 塔克关于当代西方史学理论的总结亦可参见 Aviezer Tucker,"Contemporary Philosophy of Historiography",*Philosophy of the Social Sciences*,1997,Vol. 27(1),pp. 102 - 129。

② 国内最早关于历史证据问题的讨论可参见余伟:《历史证据:近代以来西方世界的思考与脉络》,《学海》2012 年第 6 期。另可参阅余伟:《历史证据——基于语义分析的研究》,复旦大学博士论文,2012 年。

③ Aviezer Tucker,*Our Knowledge of the Past:A Philosophy of Historiography*,Cambridge:Cambridge University Press,p. 14. 中译本可参考〔澳〕Aviezer Tucker:《我们关于过去的知识:史学哲学》,徐陶、于晓风译,北京:北京师范大学出版社,2008 年。

④ Aviezer Tucker,*Our Knowledge of the Past:A Philosophy of Historiography*,p. 4.

思辨的历史哲学并没有因为职业历史学家以及分析的历史哲学家的反对而消失,思辨的历史哲学总能够反映时代的精神。比如说,罗马帝国的衰落与奥古斯丁的历史哲学;启蒙运动与康德的历史哲学;法国大革命、民族主义的兴起与黑格尔的历史哲学;冷战的结束与福山的历史哲学;苏联解体之后的种族战争、原教旨主义的兴起与亨廷顿的历史哲学等等。"由哲学家如伯林和波普尔,以及历史学家如朗格诺瓦和瑟诺博司所驳斥的历史哲学,可以从政治学的学术角度来解释其在1989年后的再度出现。历史哲学将会继续在具有宗教倾向和认识论无涉的人群中流行,因为它要告诉我们的命运——我们从哪里来,到哪里去,以及它所意味的所有东西。"①在此意义上,塔克跟叙事主义者在反基础主义这个立场上是在站在同一阵营的,都没有拒斥历史的形而上学问题。

但是,在采取何种历史的形而上学,以及要不要抛弃认识论这两个问题上,塔克跟叙事主义者出现了分歧。塔克所设想的历史哲学的未来图景在于:"分析、消解或解决历史哲学和史学哲学问题而理解、澄清、形成和设计方法的进步,要求整合哲学的其他分支学科,诸如形而上学、认识论、科学哲学、心灵哲学和伦理学。"②这也就是说,塔克要借助后分析哲学领域的最新成就,来探讨历史的形而上学和历史学的认识论问题,他不仅回避了早期分析的历史哲学的方案,而且拒绝了叙事主义历史哲学的成就。"覆盖律和后结构主义者的方法都不是史学哲学(philosophy of historiography)的组成部分,因为它们都没有从史学实践出发来获得启示和对其进行分析。史学哲学最基本的任务就是从历史学家所书写的著作中来探究史学知识(historiographical knowledge)的存在(existence)、性质(nature)和类型(types)。"③如此来看,塔克对于分析的历史哲学的新突破就在于,他自觉地借鉴了后分析哲学领域最新的成就,"现代认识论开始于蒯因的自然化的认识论。……蒯因提出认识论集中描述观察与科学的关系。……他认为认识

---

① Aviezer Tucker, *Our Knowledge of the Past: A Philosophy of Historiography*, pp. 15-16,17.

② Aviezer Tucker, "Where Do We Go from Here? Jubilee Report on History and Theory", *History and Theory*, Theme Issue 49(December 2010), p. 65.

③ Aviezer Tucker, "The Future of the Philosophy of Historiography", p. 49. 我们在此可以看到,塔克拒绝使用沃尔什或丹图所给出分析的历史哲学这个术语,也没有使用更为模糊的历史哲学这个术语,而是使用了"史学哲学"(Philosophy of Historiography)这个术语,"史学哲学可以划分为科学史学的哲学(作为认识论的分支)和史学阐释的哲学(与伦理学、政治哲学和美学关系密切)。本书专门探讨科学史学的哲学。"参见 Aviezer Tucker, *Our Knowledge of the Past: A Philosophy of Historiography*, p. 10. 有关此分类方法的详细解释亦可参阅 Aviezer Tucker ed., *A companion to the philosophy of history and historiography*, Chichester: Wiley-Blackwell, 2009, pp. 1-6。

论应该研究输入（input）和输出（output）、证据与理论之间的关系。"①与此对应，塔克也就自然得出，"重要的问题不在于史学是不是叙事，而是史学（不管是叙事主义者或非叙事主义者）与证据的关系。史学哲学最重要的研究计划应该是检测历史输入（证据，主要的原始史料）与历史输出（不管用什么形式写出的有关过去的叙述）之间的关系。"②与叙事主义者将史学与陈旧的科学哲学对立起来不同，塔克则重新将史学与最新的科学哲学对应起来，"历史与史学的差异如同自然与科学的关系。科学哲学研究科学以及科学与证据之间的关系，它不能直接研究纯粹的自然，否则它就成了科学。同样，科学史学研究通过证据性的遗留物来研究历史。史学哲学研究我们有关历史知识的认识论，以及史学与证据的关系。"③我们就此可以看出，塔克所展现的后分析历史哲学的路径与叙事主义历史哲学有着诸多相似之处，但也存在着一些本质性的差异和张力。

其次，在分析塔克与叙事主义者的异同之后，我们具体来看，他是如何探讨历史的形而上学和历史学的认识论问题的。塔克倾向于使用他自创的"史学哲学"（philosophy of historiography）这个概念，而不是通常意义上的"历史哲学"（philosophy of history）这个术语。一方面，基于自然主义的立场，他拒绝了欧洲大陆自我意识的思辨的历史哲学；另一方面，就如蒯因的本体论承诺一样，他并没有拒绝历史的形而上学问题，而是将其放在了史学哲学的认识论中来加以讨论。"每一种可能的史学哲学的认识论很可能支持不同的史学的形而上学解释。……史学哲学并不对过去的实在性问题感兴趣。然而，史学哲学检测史学的形而上学预设（metaphysical assumptions of historiography）。"④举例来说，传统历史的形而上学总是追问亚伯拉罕·林肯是否存在的问题，史学哲学则追问林肯的传记作家是否预设他们描述了已故总统的存在，以及是否对现有证据提供了最好的解释。塔克进一步指出，"近来许多关于历史的形而上学问题的讨论并没有什么可疑的假设或不可知的答案，也没有诉诸粗俗的思辨或对于上帝的信仰。这些问题关注历史的偶然性、必然性、决定论、因果性、多元决定论（over-determination）和不完全决定论（under-determination）。理解这些形而上学问题要求综合恰当的形而上学和科学哲学，回答这些问题要求实践史学。"⑤可以

---

① Aviezer Tucker, *Our Knowledge of the Past: A Philosophy of Historiography*, p. 9.
② Aviezer Tucker, "The Future of the Philosophy of Historiography", p. 51.
③ Aviezer Tucker, *Our Knowledge of the Past: A Philosophy of Historiography*, p. 2.
④ Aviezer Tucker, "The Future of the Philosophy of Historiography", p. 52.
⑤ Aviezer Tucker, "Where Do We Go from Here? Jubilee Report on History and Theory", p. 66.

说,这些形而上学问题都是历史学家在实际的推论活动所要必然涉及的本体论承诺。比如,法学家或历史学家讨论肯尼迪如何死亡时,得出是被李·哈维·奥斯瓦尔德刺杀,如果他们建构了一种必然的因果联系,他们就承诺了一种决定论的形而上学;历史学家在讨论20世纪30年代的大萧条时,提出多种文献证据和多种因素来推论这一全球性的不景气事件,他们就承诺了一种多元决定论的形而上学;当历史学家提出经济的大萧条是产生纳粹主义兴起的原因时,另一历史学家提出反驳,认为其他诸如英美国家也发生了经济危机,但并未产生纳粹类型的制度,这种持有经济不是政治充分条件的观点,就是承诺了一种不完全决定论的形而上学。在塔克看来,史学哲学的任务就是探查史学的这些本体论承诺,或者说形而上学预设。

此外,塔克在讨论史学哲学的认识论问题时,又具体地提出了"证据的认识论"(The Epistemology of Testimony)[1]这一说法。正是基于科学哲学领域的证据认识论,塔克"将史学区分为证据、假设和从事件到证据的信息传播理论。因此,目前尚无法充分决定的史学领域的科学前景依赖于下述三个部分所可能取得的进展:证据基础的扩展,更好的假设、发现嵌套信息的理论创新。"[2]在柯林武德、墨菲和戈德斯坦等历史哲学家对于历史证据问题的讨论基础上,塔克提出了他所谓的贝叶斯主义的科学史学的理论,认为这是对历史学家实际操作的最好解释:

$Pr(H|E\&B) = [Pr(E|H\&B) \times Pr(H|B)] : Pr(E|B)$

Pr代表概率(probablity)。

H代表任何假设(hypothesis),也即关于过去事件的史学陈述。

E代表证据,通常指两个或两个以上独立的信息来源诸如档案、物质遗迹、物种和语言之间的相似性。

B代表理论、方法和其他历史假设的背景知识。……

---

[1] 有关这一问题的文献可参见 Jonathan Adler,"Epistemological Problems of Testimony", *Stanford Encyclopedia of Philosophy* (November 3, 2006), https://plato.stanford.edu/entries/testimony-episprob/;相关文献可参阅 C. A. J. Coady, *Testimony: A Philosophical Study*, Oxford: Oxford University Press, 1992; Jennifer Lackey, *Learning from Words: Testimony as a Source of Knowledge*, Oxford: Oxford University Press, 2008; Jennifer Lackey and Ernest Sosa eds., *The Epistemology of Testimony*, Oxford: Oxford University Press, 2006; Susanna Fellman and Marjatta Rahikainen eds., *Historical Knowledge: In Quest of Theory, Method and Evidence*, Newcastle: Cambridge Scholars Publishing, 2012.

[2] Aviezer Tucker, *Our Knowledge of the Past: A Philosophy of Historiography*, p. 240.

Pr(H|E&B)表示给定证据和背景信息的基础上一个假设的可能性。举例来说,乔治·华盛顿是美国第一任总统的假设,给定大量的文献证据支持这个假定,并且给定导致这些证据的因果链条的背景知识,那么这个猜想的概率几乎是1。我们几乎绝对确信乔治·华盛顿真的是第一任总统。①

我们在此不难看出,塔克给出的这个史家实际操作的模型非常类似于亨佩尔"覆盖律模式"的进化改良版,也更加细致和准确地描述了历史学家的实际工作。特别是他借助于统计学和计量史学中常用的"贝叶斯定理",从而将史学简化为一种信息的推理和计算,由此也顺应了大数据时代史学进一步科学化的诉求。

再者,我们来进一步分析塔克是如何通过"史学共识"(historiographic consensus)这个带有实用主义色彩的概念,来解决历史知识的客观性问题。可以说,这是他将贝叶斯定理引入历史解释之后的第二个重要理论成就。我们知道,新实用主义者罗蒂反复强调一种无镜的教化哲学,把知识看作是对话和社会实践的问题,认为真理是制造出来的而不是发现的,并将客观性等同于协同性(solidarity)。② 但是,塔克在讨论历史知识的客观性问题时,并没有像罗蒂那样走向一种大陆的诠释学,"观念论和现象学的自我意识不能构成史学共识的基础"。③ 逻辑实用主义者的科学哲学,才是塔克照亮史学哲学的灯塔,正如科学哲学整合科学史和科学社会学一样,史学哲学也受益于史学史和史学社会学。这也即是说,塔克要将认识论转化为一种社会实践的认识论,认识也就变成了一种规范性的价值,史学哲学要探究历史学家共同体的认知价值(cognitive value)。"正如希拉里·普特南所认为的,科学知识预设了共有的认知价值。一个史学共同体的存在也依赖于其共享的认知价值,这个认识价值不同于非批判的史学、江湖骗子、伪造者和类似于大屠杀否定者一类的狂热分子(ideologues)。这些认识价值包括如下目标:不带个人感情色彩的客观性(impersonal objectivity),尊重由互涉档案、口述证词构成的证据,以及尊重原始材料的新发现。"④在塔克看来,这些认知价值最初就形成于怀特所向往的19世纪历史学的"黄金时代",

---

① 引文是概述塔克的观点,参见 Aviezer Tucker,*Our Knowledge of the Past：A Philosophy of Historiography*,pp.96 - 97。
② 参见〔美〕理查德·罗蒂:《偶然、反讽与团结》,徐文瑞译,北京:商务印书馆,2005 年。
③ Aviezer Tucker,*Our Knowledge of the Past：A Philosophy of Historiography*,p.204.
④ Aviezer Tucker,"The Future of the Philosophy of Historiography",p.53.

兰克就是其中最为重要的代表人物之一,他提出的"如实直书"就可以看作是一种认知价值。

正是在反对历史怀疑主义和隐微主义(esotericism)过程中,塔克提出"信念共识"(consensus on beliefs)要满足以下三个条件才能成为历史知识的指示器:1)非强制的(uncoerced)信念共识;2)独特异质的(uniquely heterogeneous)信念共识;3)足够广泛的(sufficiently large)信念共识。在民主社会中,第1)和第3)点不难理解,就第2)点来说,"我在此提出的可选择途径,既不是必须依赖于权威,也不必要求普遍的共识。它仅仅需要独特的、非强制的异质性:如果有人不认同一套信念没有关系,只要人们彼此具有足够的差异性来拒斥知识假设的其他替代假设,同时,持不同意见的人能够一致支持用特殊的倾向来解释其不同意见的假设即可。"① 比如说,不信教的、信教的、信仰不同教的人,可以就达尔文的进化论达成共识,但他们都具有异质性。这些信念共识不是绝对主义的,而是可以自由选择的,同样,信念共识也是不断变化的。在塔克看来,这仍能保证历史知识的客观性,"一旦历史学家接受了认识价值的客观性,主体间共识(intersubjective consensus)的获得就成为了史学知识客观性这一重要目标的标志。"② 塔克很少像罗蒂那样,反反复复地强调自己的新实用主义身份,但是,我们可以发现,他使用知识社会学中的"史学共识"这个概念来替代传统形而上学或认识论上的客观性概念,恰好就具有鲜明的新实用主义特征。他在《事件的整体论解释》一文的结论中明确给出了这一观点,"对于描述事件之解释的整体论分析是实用主义的。……其优势是:它能够避开许多已论证的有关覆盖律模式的缺陷,与此同时,它适合科学家、历史学家和日常人们解释描述性事件的实际应用。"③

塔克在后分析历史哲学这个进路上的工作并非个别性的。跟墨菲一样,乔纳森·戈尔曼(Jonathan Gorman)也可以说是这一阵营的重要先驱之一。他曾是沃尔什的亲炙弟子,后在剑桥大学跟随加利攻读博士。《历史知识的表达》(*The Expression of Historical Knowledge*,1982)是其第一本专著,虽然是用严格的逻辑语言来刻画历史知识的性质,但他也反对早期分析的历史哲学关于真之符合论和原子陈述(atomic statement)的观点。

---

① Aviezer Tucker, *Our Knowledge of the Past: A Philosophy of Historiography*, pp. 33-34.
② Aviezer Tucker, "The Future of the Philosophy of Historiography", p. 53.
③ Aviezer Tucker, "Holistic Explanations of Events", *Philosophy*, Vol. 79, No. 310(Oct., 2004), pp. 588-589. 另可参阅 Aviezer Tucker, "Historical Truth", in Vittorio Hösle ed., *Forms of Truth and the Unity of Knowledge*, South Bend Indiana: University of Notre Dame, 2014, pp. 232-259。

到了20世纪90年代《理解历史：分析的历史哲学导论》(*Understanding History：An Introduction to Analytical Philosophy of History*, 1991)一书的出版，戈尔曼变得更加贴近于对史学实践的哲学分析，"当我们理解史学实践的事例如何与理论问题发生关联，我们就可以继续用这些事例来鉴别我们所需的哲学问题。"①他通篇以美国新经济史即"计量史学"(cliometrics)与传统"叙事史学"(narrative history)之间围绕"奴隶利润"的论争为线索，来分析他们各自的形而上学假定(metaphysical assumption)。在传统叙事史学家看来，南方奴隶制经济和制度已经无利可图了，即使没有南北战争，它也会自行消亡；计量史学家福格尔和恩格尔曼的《苦难的年代：美国奴隶制经济学》(1974)一书借助经济学理论和计量分析方法，却得出了完全相反的观点，认为奴隶制经济是有利可图的，奴隶制危机只是道德危机，由此在美国掀起了极大的轰动。戈尔曼在此借鉴蒯因的整体论来说明，这个在传统经验主义者看来是悖论的史学实践现象，"我们所作出的关于实在的真之宣称，部分依靠于我们大量的经验，部分则依赖于其他许多信念的真确性。我们并不能在我们整体的知识宣称系统中分离出某些特别的信念，这些所谓的信念接触经验、'拷贝'经验，以及能够被独立于我们其他信念的经验所检验。"②正如蒯因所认为的那样，只要打破还原论和原子陈述的证实或证伪的教条或执念，我们就可以在信念之网中做出激烈的调整，接受所有的天鹅都是白的，而将直接经验中的黑天鹅排除到这个系统之外。"只要我们认为，从实用的角度来说是便捷的(pragmatically convenient)，修正我们的知识宣称就是开放的，这在原则上有很多方式影响需求的改变。"③

一旦休谟意义上的原子经验论被整体经验论所超越和替代，休谟所做出的"事实"与"价值"的区分就变得不再合理，"道德信念能够在认识论上获得支持，就如任何其他陈述能够获得认识论上的支持一样。因为全部的信念系统是通过作为整体的经验获得支撑的，所以，道德信念同样是通过作为整体的经验获得支撑。……道德事态能够正当地约束我们的史学方法和形而上学的选择，以及约束我们的事实描述的选择。"④戈尔曼在这里的潜台

---

① Jonathan Gorman,*Understanding History：An Introduction to Analytical Philosophy of History*,Ottawa：University of Ottawa Press,1991,p. 3.
② Ibid.,p. 107.
③ Ibid.
④ Ibid.,pp. 110 - 111. 有关史学的道德判断问题可参阅 Jonathan Gorman, "Ethics and the writing of historiography", Aviezer Tucker ed.,*A companion to the philosophy of history and historiography*,Chichester：Wiley-Blackwell,2009,pp. 253 - 261.

词是,计量史学家将传统的叙事史学对于奴隶制经济的解释,斥之为非理性的道德偏见本身也是没有任何依据的,因为在整体论的经验主义者看来,作为整体的信念之网不仅包括事实,而且包含价值和形而上学。与此同时,我们再次看到,海登·怀特通常认为:"选择某种有关历史的看法而非选择另一种,最终的根据是美学的或道德的,而非认识论的。"①这一观点本身就预设了休谟或逻辑经验主义的一些执念和教条,整体论的经验主义者则试图在认识论中统合美学的和道德的要素。

在近来出版的《历史判断:史学选择的限度》(*Historical Judgement: The Limits of Historiographical Choice*, 2008)一书中,戈尔曼明确提出"实用主义整体论的经验主义"(pragmatic holistic empiricism)这一路径来解决后现代主义背景下历史知识的客观性问题。同塔克一样,戈尔曼也是从作为学科的史学入手,来论述"历史学家的理论问题之史学界面友好的(historiography-friendly)哲学回应,首先通过分析哲学的分支学科,诸如科学哲学和法律哲学领域元哲学的(metaphilosphical)和史学的变化,以此来展现如何将史学纳入哲学方式的模型讨论之中"。② 尤为值得一提的是,在此书的"实用主义的后现代主义"这一部分,戈尔曼积极地促使后分析历史哲学与叙事主义历史哲学产生对话,从而将蒯因也看作是一位后现代主义者。这个看法源自蒯因在逻辑上认为,我们可以无限制地调整我们的信念系统,任何陈述都可以变成真的,而不受经验或证据上的约束,这就使得他与德里达"文本之外无他物"的观点如出一辙。正如我们在数学上可以论证兔子永远追不上乌龟,但在实际生活中,兔子很容易就能追上乌龟。在戈尔曼看来,"无限地修正信念之网在实践上是不可行的,蒯因暗示我们总是可以满足调整的成本是错误的。"③我们在上文也指出,蒯因作为一名经验论

---

① 〔美〕海登·怀特:《元史学:19世纪欧洲的历史想象》,陈新译,南京:译林出版社,2004年,序言,第4页。

② Jonathan Gorman, *Historical Judgement: The Limits of Historiographical Choice*, Ithaca: McGill-Queen's University Press, 2008, p. 2. 在讨论历史学家"群体共识"(community consensus)这个概念时,戈尔曼重点讨论了塔克的共识论题,"塔克的缺点是陷入不正当论证的史学错误,可能是卓越的认识论上的论证,但并非好的史学论证。相反,库恩的科学史可以被看作是从史学来揭示范式的工作,而非用哲学来强加史学。"(Jonathan Gorman, *Historical Judgement: The Limits of Historiographical Choice*, p. 94)戈尔曼进一步借用柯林武德的"绝对预设"(absolute presuppositions)这个概念来描述史学选择的共识,认为这种共识对于当时的历史学家来说是无意识的,比如兰克的客观史学所体现的民族主义,只能在拉开一段距离之后,通过历史性的方式才能探知这些绝对预设或史学共识。

③ Ibid., p. 153.

者，仍然承认某种"顽强经验"（recalcitrant experience）的约束作用，这又使得蒯因变得不那么后现代，正如戈尔曼所说，"能够避免顽强经验之可替代的信念系统对于我们来说通常是不可行的。因此，无限制地调整我们的信念之网也是不可行的。实际上，许多信念的修改超过我们任何人可以承受的限度。……后现代立场最核心的观点认为，实在是'不断变化的、不可化约的、多样的以及多层可型塑的（multiply configurable）'。这也就是说，我们可以完全自由地按照我们的意愿来设想实在。而这一宣称在实践上是错误的。"①

我们最后来看史学理论新秀库卡宁在后分析历史哲学这个进路上的工作。他早年（2006年）毕业于爱丁堡大学科学哲学专业，论文题目是关于库恩的哲学，后来才逐渐介入历史哲学领域。与戈尔曼和塔克类似，库卡宁的历史哲学明显也具有后分析历史哲学的特征，不过，从他的著作《后叙事主义史学哲学》（*Postnarrativist Philosophy of Historiography*, 2015）的书名可以看出，他主要在叙事主义的遗产上来获得分析的历史哲学的新突破。"此书的观点认为史学是理性实践（rational practice）的一种形式。……此书试图建立这样一种路径：反对绝对主义的真值函数标准，取而代之的是没有隐含任何绝对正确解释之带有认知公信力（cognitively authoritive）的合理估价。"②在此书的前半部分，库卡宁重点论述和总结了叙事主义历史哲学克服和超越分析的历史哲学过程中所体现的三个洞见和信条：1）表现主义（representationlism）；2）构造主义（constructivism）；3）整体论（holism）。比如，在对海登·怀特和安克斯密特的历史表现理论进行总结和批判的过程中，库卡宁借助诸多实用主义导向的科学哲学家的观点，提出了一个非表现主义的路径，"它能够促使我们从刚性的主体—客体二分中解放出来，去寻找明确的和确定的史学构造是关于什么的对象。……通过严格的表现主义的图式来获得史学的意义是误导的，这只会更加远离这一核心观察：解释

---

① Jonathan Gorman, *Historical Judgement: The Limits of Historiographical Choice*, p. 157. 戈尔曼在这里是借用道德哲学家伯纳德·威廉姆斯的观点来论证，而不是像塔克那样借用蒯因自己的"自然化认识论"来进一步论述对于后现代主义的反驳，这或许是两者的差别所在。戈尔曼近来则将蒯因哲学意味的"信念之网"改造成带有史学意味的"滚动之网"（rolling web），参见 Jonathan Gorman, "The Need for Quinean Pragmatism in the Theory of History", *European Journal of Pragmatism and American Philosophy* VIII(2), December 2016, pp. 223–247。

② Jouni-Matti Kuukkanen, *Postnarrativist Philosophy of Historiography*, New York: Palgrave Macmillan, 2015, p. 2. 值得一提的是，《历史哲学杂志》2017年第1期专门为此书策划了专题论坛，以此来讨论历史哲学到底向何处去的问题，参见 http://booksandjournals.brillonline.com/content/journals/18722636/11/1。

天生是推论性的和建构的。"①这也就是说,不管历史表现是历史实在的复制或拷贝,还是关于历史实在的替代和置换,其中都预设着主体—客体二分的前提,这也正是戴维森所批判的"概念图式"(conceptual schemes)的教条。

在此书的后半部分,库卡宁进一步借鉴匹兹堡学派代表人物布兰顿的推理主义(inferentialism),即知识作为一种语言实践是给出理由与征询理由的游戏,从而将海登·怀特和安克斯密特的表现主义返回到最初沃尔什提出的"总括性概念"(colligation concepts),认为作为综合的史学推理是一种"施为的论证行动"(performative argumentative act),"根据布兰顿的观点,这一种类的推理承诺(discursive commitment)蕴含着宽泛的规范性运用,以此来获得断言的公信力。……断言是一种带有规范性的社会实践,它授权特定种类的推理,以及要求断言者有责任给出某一断言的理由。……给出理由的推理实践本身也是证成的一种形式。"②在这里,库卡宁跟戈尔曼、塔克一样,也将典型性、可理解性、原创性等一些认知价值或认知美德引入到史学推理之中,提出史学证成的三分理论(the tri-partite theory of justification of historiography):1)认识论的层面;2)修辞的层面;3)推理的层面。③ 在

---

① Jouni-Matti Kuukkanen, *Postnarrativist Philosophy of Historiography*, pp. 64-65. 在上述三个信条中,库卡宁只保留了构造主义,在对叙事主义整体论的讨论中,库卡内并没有在蒯因整体论的意义上来理解,而是对其进行了本质主义的读解,即每一个事件或陈述都只有在叙事中才有明确的角色,只有在理解了作为整体的叙述之后,作为部分的事件和陈述才能获得理解。"一旦我们拒绝了整体主义的叙述,我们也就放弃了历史著作中的所有的陈述都是意义构成的预设。……纯粹的整体论(full-bloodied holism)使得日常交流变成了谜,而这是不合情理的。一些区分是需要的,最好还是采取实用主义的精神在意义和证据之间保持开放的渗透关系。……反对整体论也就意味着放弃了史学创作的产品跟艺术制品的亲缘关系的建议。史学的基本原理是为史学论点提供论证支持,这使得史学应是合理实践的一种形式。"(Jouni-Matti Kuukkanen, *Postnarrativist Philosophy of Historiography*, pp. 80,85,96.)

② Jouni-Matti Kuukkanen, *Postnarrativist Philosophy of Historiography*, pp. 145-146. 有关推理主义的论述详见 Robert B. Brandom, *Making it Explicit: Reasoning, Representing, and Discursive Commitment*, Cambridge Mass: Harvard University Press, 1994. 有关将布兰顿的推理主义引入思想史和史学哲学讨论,可参阅 David L. Marshall, "The Implications of Robert Brandom's Inferentialism for Intellectual History", *History and Theory* 52(February 2013), pp. 1-31; Kevin J. Harrelson, "Inferentialist Philosophy of Language and the Historiography of Philosophy", *British Journal for the History of Philosophy*, Volume 22, Issue 3(2014), pp. 582-603; Robert Piercey, "Narcissism or Facts? A Pragmatist Approach to the Philosophy of History", *Journal of the Philosophy of History* 2(2017), pp. 149-169。

③ 库卡宁将修辞的层面转化成基于实质论证策略和推理的论证性说服,从而与文学的修辞性说服区别开来;在推理的层面,库卡宁又提出"推理语境"(argumentative context)的概念,用来讨论"学科的施为意图和施为力"(disciplinary illocutionary intention and force)。而且,库卡宁认为这三个层面是相互依存的。"第一层面(认知价值)代表史学论证中理论原则的抽象,而论证(修辞)本身要通过文本来证明并直接求助于读者,由此构成第三个推理的层面。"参见 Jouni-Matti Kuukkanen, *Postnarrativist Philosophy of Historiography*, p. 157。

此，库卡宁就将历史知识的客观性转换成了合理论证和证成的过程，"主观的特质(subjective idiosyncrasies)可以通过使观点服从主体间的评价和批评来消除，从而可能受到一些特定的评价标准的制约"。① 在他看来，历史学家的共同体犹如理性的协商共识社会，"史学解释的'社会'层面使得史家超越了个体性，由此而承担规范性的要求(normative requiremets)"。② 库卡宁明确反对詹金斯和蒙斯洛的个人主义的主观主义，而赞成一种集体主义的主观主义。史学作为一种社会或学术批判的话语，史学解释总是要负载价值的(value-laden)，而这个认识价值或认知美德就是史学推理语境的社会规范。

总而言之，正如近来约翰·扎米托所言，"如果我们首先丢弃那种关于科学必须是什么的实证主义幻觉，还有那种语言绝不可能表述具有主体间性的洞见(即经验性的指涉)的后现代主义错觉，我们便可以转向历史研究能为何物的问题，并且将有关史学实践的方法论和认识论问题带回到一个理智的语境之中。"③正是在此背景下，后分析的历史哲学家尝试为历史知识的客观性进行新实用主义的重建，其特点如下：1)他们坚持认为，作为一门学科的历史学(historiography)是一门科学，但这个科学已不再是逻辑实证主义的科学，而是它的升级改造版。坚持历史学是历史学家依靠证据与理论加以理性建构的认识活动，既认可历史学家的主体性在认识活动中建构理论的积极因素，又承认作为感官刺激的经验或证据的约束作用，历史学家的自由选择并不是任意或怎样都行的同义词；2)他们反对绝对主义的真理观，认为这是传统神学或形而上学的残留物，同时也是滋生相对主义的温床。在他们看来，绝对主义与相对主义是一体两面的。与此同时，他们反对极端主观主义的真理观，这里的主观主义是指极端的个人主义、虚无主义的主观主义，而赞同温和的集体主义、建构主义的主观主义；3)集体主义、建构主义的主观主义就是历史知识客观性的实用主义态度，"真理是一个意向性的范畴，它是建立在史家与其读者之间的实用主义的'真之协定'之上的。……历史学家所使用的真理并非取决于史家与实在的直接关联，而是奠基于诸如探究方法、认知价值和认知美德等学科共识(disciplinary consensus)之上。"④所以

---

① Jouni-Matti Kuukkanen, *Postnarrativist Philosophy of Historiography*, p. 170.
② Ibid., p. 154.
③ 〔美〕约翰·扎米托：《夸张与融贯：后现代主义与历史学》，《历史研究》2013年第5期。另可参阅 John H. Zammito, "Post-positivist Realism: Regrounding Representation", in Nancy Partner and Sarah Foot eds., *The SAGE Handbook of Historical Theory*, London: SAGE, 2013, pp. 401-423。
④ Marek Tamm, "Truth, Objectivity and Evidence in History Writing", *Journal of the Philosophy of History* 8(2014), pp. 275, 278.

说,在他们看来,史学作为社会实践的一部分,要受到史学家共同体的道德规范的约束,将主体间的道德诉求重新纳入到历史认识论之中,这就有点类似于我们史学传统中的史家修养或"史德"(historiography virtue)的观点,但与传统史学是在史家个体修养上来讨论史德不同,后分析的历史哲学家所讨论的认知美德(epistemic virtues)更多的是民主社会下的产物。

在此意义上,重建历史知识客观性的新实用主义方案最关键的环节,就是将主观性纳入到客观性之中,客观性不再是主-客二元对立的结构,而是将带有民主协商的主体间性纳入主-客-主的三角语义结构。"建立超越现代性和后现代性的综合性视野,接过后现代主义历史哲学的主观性原则,将其纳入更高层次的理解系统之中,使主观性原则成为服务于新的客观性原则的要素。"①换言之,历史知识的客观性问题既不能像后现代主义者那样被估价得过低,也不能像逻辑实证主义那样估价得太高,最好的态度就是实用主义的态度,这正是本然的观点。"在客观性的合理性和有限性背后所隐藏的基本思想是:我们是一个大的世界中的小的生物,我们对这个世界的理解非常偏颇,而且事物呈现给我们的方式,既取决于世界,也取决于我们的结构。"②

第五节 海登·怀特的新实用主义文化符码

2013年,在《元史学》出版40周年之际,英国《重思历史》(Rethinking History)杂志推出了一组专题论文。在探讨海登·怀特的理论"数据库"的来源时,众多研究者主要"挖掘"他与欧陆思想家的亲缘关联③,而且,怀特主动背书克罗齐、柯林武德等带有欧陆思想背景的历史哲学家,背向分析的历史哲学而行。所以说,戈尔曼的《海登·怀特作为分析的心灵哲学家》一文在众多研究论文中显得尤为特别。他一反陈见,首次在分析的历史哲学脉络中来寻找双方的最大公约数。我们知道,海登·怀特在《元史学》一书中将历史解释分解为三种解释策略:1)形式论证解释(认识论的维度);2)情

---

① 韩震、董立河:《历史学研究的语言学转向——西方后现代历史哲学研究》,北京:北京师范大学出版社,2008年,第6页。
② 〔美〕托马斯·内格尔:《本然的观点》,贾可春译,北京:中国人民大学出版社,2010年,第3页。
③ 一般而言,研究者们大多都将海登·怀特定位为欧洲观念论及其历史主义传统的历史哲学家,最著名的比如 Frank Ankersmit, "White's 'New Neo-Kantianism': Aesthetics, Ethics, and Politics", in Frank Ankersmit, Ewa Domańska and Hans Kellner eds., *Re-Figuring Hayden White*, Stanford: Stanford University Press, 2009, pp. 34 – 53。

节化解释(美学的维度);3)意识形态蕴含解释(道德的维度)。亨佩尔的历史解释只关注形式论证,而将其他两个解释策略都排斥在合法的历史解释之外。恰如怀特所言,"人们常说,历史学是科学和艺术的混合物。但是近来,当分析哲学家成功地澄清了在何种程度上历史学可能被视为一种科学时,对历史学艺术成分的关注却不多见。"①但是,与通常人们将怀特与亨佩尔对立起来不同,戈尔曼却认为,"怀特分享着亨佩尔关于法则控制的因果关系的演绎—法则分析,只是怀特不恰当地将其称之为'显性的'、'表面的'文本分析……'隐性的、未经批判的'因素制约着'表面的'特征。这不是说怀特认为亨佩尔的因果分析是错误的,而是说它不够深层。"②怀特将形式论证作为显性层次(explicit level)来看待,而他要揭示的则是历史意识的深层(deep level)的诗学本质,它对历史作品起到"隐性的、未经批判的约束力"(implicit, precritical sanctions)。戈尔曼还借助斯特劳森在《个体:论描述的形而上学》(1959)一书中的观点,认为怀特是在描述历史书写的思想结构,并不是创造一种更好的结构。"没有革命,可以说一点也没有:怀特实际上是在分析诗学的和意识形态的语言在历史学中的角色,而没有多余地、实质性地使用它们,原则上就如一位分析哲学家在分析'善'、'正义'或'美'是什么。"③戈尔曼就此认为,怀特与分析的历史哲学不仅是可以通约的,而且能够找到一些理论共识。

此外,在戈尔曼看来,二十世纪的语言哲学或"语言转向"可区分为三个传统:一个是由弗雷格开其端,经罗素、维特根斯坦、奥斯汀等哲学家发扬的英美语言哲学;一个是由索绪尔开其端,经罗兰·巴特、德里达等哲学家弘扬的大陆语言哲学;还有一个经常被忽略的语言哲学就是,由皮尔士倡导,经蒯因、戴维森、罗蒂等哲学家阐发的实用主义语言哲学。我们知道,皮尔士吸收了康德哲学的养分而创立了逻辑三分的符号学(semiotic)体系,并提出著名的"实用主义"哲学:"一个概念,即一个词或其他表达式的理性意义,完全在于它对生活行为产生一种可以想象的影响;这样,由于任何来自实验的东西都明显地与行为有着直接的联系,如果我们能够精确地定义对一个概念的肯定或否定可能包含的一切可设想的实验现象,那么我们也就得到这个概念的完整定义,这个概念中也绝没有其他意义。对于这种学说,我想

---

① 〔美〕海登·怀特:《元史学》,第3页。
② Jonathan Gorman,"Hayden White as analytical philosopher of mind",*Rethinking History*,Vol. 17,No. 4,2013,p. 482.
③ Ibid.,p. 480.

出'实用主义'(pragmatism)这个名称。"①作为一名数学和逻辑学家,皮尔士主要是针对科学实验而言的,但经詹姆士和杜威的倡导,实用主义才逐渐成美国社会的"国家哲学"。

在怀特的理论"数据库"中,索绪尔和罗兰·巴特的所指和能指的语言学是他经常提到的,他也经常引用后期维特根斯坦以及奥斯汀的语言行动理论。② 此外,在《作为文学制品的历史文本》("Historical Text as Literary Artifact",1974)一文中,怀特明确借助皮尔士的语言哲学来阐发他的观点。"我这里用上了皮尔士在他的语言哲学中对符号(sign)、象征(symbol)和图式(icon)所作的区分。我认为,这分别有助于我们理解,在所有人们想当然地视为对于世界的现实主义表现中的虚构性的东西,以及在所有显然是虚构性的表现中的现实性的东西。"③与索绪尔将符号与对象看作是二元结构不同,皮尔士语义三角的符号学体系包括符号、对象和解释者,"就符号与其对象的关系而言,它存在于符号自身具有的某种特性中,或存在于那个对象的某种关系之中,或存在于与解释者的关系中"。④ 一方面,与索绪尔的先验系统不同,作为经验主义者或自然主义者,符号之外有一个对象世界,符号的意义建立在感官刺激之上;另一方面,符号体系不是索绪尔静态的结构,而是一个动态的结构。

我们可以说,这正是皮尔士符号学体系与实用主义哲学原则的连接点,作为符号的解释者具有自主的转换功能,即面对历史和文化开放的动态系统。恰如怀特接着所说的那样,"叙事本身并非图式(icon),它所做的是以这样一种方式来描述历史记录中的事件,以告知读者,要把什么东西当作事件的图式,以使得它们对他而言变得'熟悉'。历史叙事就这样斡旋于两者之间,一边是其中报道的事件,另一边是我们的文化当中习惯上用来赋予陌生的事件和情景以意义的前类型化的情节结构(pregeneric plot structure)。"⑤通过如此地比较和对照,怀特作为皮尔士意义上的一名经验主义

---

① 〔美〕皮尔士:《什么是实用主义?》,涂纪亮译,载涂纪亮编:《皮尔斯文选》,涂纪亮、周兆平译,北京:社会科学文献出版社,2006年,第4页。
② 参见怀特著作的索引 Hayden White, *The Content of the Form*, 1987, Austin, J. L., 178; Hayden White, *The Practical Past*, 2014, Austin, J. L., 33-34, Wittgenstein, Ludwig, 4, 19。
③ Hayden White, *Tropics of Discourse: Essays in Cultural Criticism*, Baltimore: The Johns Hopkins University Press, 1978, p. 88.
④ 〔美〕皮尔士:《作为指号学的逻辑:指号论》,载涂纪亮编:《皮尔斯文选》,涂纪亮、周兆平译,北京:社会科学文献出版社,2006年,第279页。这里用"符号"来译"指号"(sign),此外,可能怀特引证有误,与引文的三组关系对应,皮尔士将符号三分为"图式"(icon)、"标示"(index)和"象征"(symbol)。
⑤ Hayden White, *Tropics of Discourse: Essays in Cultural Criticism*, p. 88.

者,始终认可历史学理性的、显性科学的一面,与此同时,作为一名皮尔士意义上的实用主义者(而不是罗兰·巴特意义上的语言决定论者),怀特始终坚持历史叙事的自主性,以及它未经批判的、深层诗学的另一面。两面加一起,或许才是海登·怀特的真面孔。

戈尔曼就此认为,海登·怀特的历史叙事路径有效地补充了只关注简短句子的弗雷格传统,以及亨佩尔只关注形式论证的传统。"实用主义使得分析哲学家能够克服哲学与历史学、事实与价值之间二分的教条,在这个意义上,怀特的分析就只能是实用主义者的(nothing if not pragmatist)。"[1]在实用主义的意义上,我们就不难理解怀特为何要将兰克、布克哈特、黑格尔等19世纪的欧洲历史学家和历史哲学家都放在他的理论魔盒之中,"正统的历史学"必定也是"历史哲学"。此外,我们还可以把怀特的魔盒看作是一个"世界工厂",怀特只是将各国的零件组装成一个产品,这何尝不是美国实用主义精神的体现。正如怀特近来所言,"我接受关于历史知识的构造主义的立场,理由包括理论与实践两个方面。这也就是说,根据实用主义者的观点,让我能够提出一种描述:即在历史实在(过去)、历史书写和我过去称之为'虚构'(小说)之间复杂的相互关联。现在我更倾向于用'文学书写'(literary writing)来替代'虚构(小说)'(fiction)。"[2]

尽管海登·怀特从没有像理查德·罗蒂那样,自觉地运用美国式的新实用主义来对话欧洲大陆的思想传统。一旦我们解锁了皮尔士、蒯因、罗蒂这样一条实用主义的语言哲学进路,后分析的历史哲学的新实用主义面孔就会清晰起来,海登·怀特及其《元史学》的新实用主义面孔也将显现无疑。这一意义还在于,在面对历史知识的客观性问题时,我们必须抛弃绝对主义的观点,这里不仅是一切神学和形而上学的残留地,而且是造成历史相对主义的渊薮。新实用主义不妨看作是化解双方无尽论争的一个有效的方案。

---

[1] Jonathan Gorman,"Hayden White as analytical philosopher of mind",p. 484.
[2] Hayden White, The Practical Past, p. xi.

第六章 结 语

在西方史学思想传统中,历史能否作为一种知识形式一直饱受诘难。古希腊的柏拉图就坚持,唯有建立在几何学基础之上的永恒理念才能称之为"知识"(episteme),而流动不居的历史只能称之为"意见"(doxa),只具有实用的价值。"自西方哲学诞生以来,或者至少从柏拉图攻击诡辩家和普罗泰戈拉所谓的相对主义开始,就一直伴随着客观主义者与相对主义者之间的论争。"[1]自近代历史学作为一门崭新的学科登上欧洲历史的舞台,并成为大学建制的一部分,一旦自足的史学实践上升到自为的史学理论,进入哲学论辩的场域,自然会面对类似的问题,遭受着历史怀疑论的各种诘问。犹如电脑系统需要打各种补丁,以应对各种病毒的侵扰,历史学科体系也正是在应对各式各样的历史怀疑论的挑战中为自身辩护和丰富自身的合法性内涵。历史知识的客观性问题,不仅关涉到史学理论的核心议题,而且影响到史学实践的具体运作。

特别是在后现代主义的挑战下,在史学实践的定向上,如果我们将历史学定向为一种文学创作,那么近代以来形成的学科规划将要面对巨大的调整,甚至于说应该将历史学科归入文学学科。然而,尽管历史学科自诞生以来,就不断地重新定向和调整,尤其是受后现代主义的影响,历史学也开始强调叙事,讲故事,从研究技能的训练转向了写作能力的培养,但这并非意味着历史学科的消亡,历史学仍然是当今众多学科大家族中的一员。现代主义史学与后现代主义史学之间的论争,在史学理论的层面上就表现在,"一方面,许多后现代主义者倡导一种嬉戏的虚无主义,他们谴责传统的客观性观念,认为它不仅在理智上站不住脚,而且对自由也是有害的,在这种情况下,他们拥护一种对真理采取'怎么都行'的态度。他们提议我们放弃这个客观性的观念。另一方面,后现代主义的反对者坚持传统的客观性观

---

[1] Richard J. Bernstein, *Beyond Objectivism and Relativism: Science, Hermeneutics, and Praxis*, Philadelphia: University of Pennsylvania Press, 1983, p. 7.

念是对抗令人反感的相对主义和非理性主义文化（甚至可能是社会混乱）的唯一屏障。他们使我们忽视了传统客观性概念中明显存在的问题。"① 在这一时代语境下，如何应对和化解历史客观主义者与历史相对主义者之间的对垒和矛盾，以及如何重新定向历史学，不仅是一个理论问题，而且是一个实践问题。

通过细致地分析和综合地考察当代西方史学理论的最新进展，我们可以看到，当代新实用主义历史哲学家们尝试就此问题给出一个新的解决方案，他们认为历史知识的客观性与主观性是可区分但不可分离的整体，在横向结构上，历史知识的客观性是"自我、他者与世界"共在的语义三角，在纵向历程上，历史知识的客观性是一个不断辩证发展的过程。由此，在社会认识论或史学社会学的视野下，在自我与他者所组成的学术共同体之中，历史知识的客观性就具有了规范性的涵义。历史研究是一项集体事业，历史知识作为一种公共性知识，历史知识的客观性就是历史学家共同体所签订的"真之契约"，这也就是说，历史知识的客观性是历史学家共同体不断协商和试错出来的学科共识，同时需要史家的认知美德和学者角色提供担保。

一

一般而言，客观性（objectivity）是客体（object）的属性和特征，与主观性（subjectivity）相对立。在汉语世界，"客观"这个词是由"客"和"观"两个字构成。"客"这个字，《说文解字》解释为"客，寄也。"段玉裁注："字从各，异词也。故自此托彼曰客。引申之曰宾客。"《汉语大辞典》解释为"外来的（人），与'主'相对。""观"这个字，《说文解字》解释为"谛视也。从见雚声。"《汉语大辞典》解释为"看，察看，观看。"如果将这两个字合在一起，就是"外在地看"。在汉语传统中，这两个字很少连在一起用，西学东渐之后，人们才用"客观"这个词来翻译"objective"这个词，而且"客观性"这个词也是从西语的构词结构中引申出来的。《汉语大辞典》对"客观"一词的解释是："1）在意识之外，不依赖主观意识而存在的……2）按照事物的本来面目去考察，不加个人偏见……"《牛津英语词典》对"objectivity"的解释是："客体的性质和特征；（后来的用法）特别是指一种不受个人感情或意见而考虑和表达事实、信息等的能力；不偏不倚（impartiality）；超然（detachment）。"② 这一解释基本上可以跟汉语传统的语义衔接起来，"外在地看"就等同于"客观"，"客-

---

① Mark Bevir, *The Logic of the History of Ideas*, Cambridge: Cambridge University Press, 1999, pp. 79 – 80.

② https://www.lexico.com/en/definition/objectivity.

观"的结果便是客体的"客观性"。

《牛津英语词典》的释义提示我们,"objectivity"一词主要是哲学上的用语,其中"objective"这个词还有"光学"上的涵义:"望远镜、复合显微镜等中离被观察物体最近的物镜或物镜组合"。[①] 由此可知,哲学上的客观性观念源自自然科学上的"观察"(observe),比如说,我们通过光学仪器对于太阳这个客体(object)进行观察,从而测量出地球到太阳的距离,在这个观察过程中,认知主体(subject)一直处于消极的地位,并不会影响太阳这个客体的属性。严格来说,"客观性"应该翻译为"客体性",因为观察是客观中立的,并不会影响客体的性质。

基于自然科学的经验和标准,近代哲学主要探讨了人类心灵作为主体和自然世界作为客体之间的关系,并形成了经验论与唯理论之间的对立和争执。经验论者认为人类的心灵相当于一块白板,认知主体能够镜像地反映客体的性质。休谟进而总结出人类知识的两种形式:一种是基于分析和推理的数学知识,另一种是基于综合和观察的事实知识。然而,唯理论者则认为人类具有一种天赋的观念,认知主体能够积极地参与客体的建构。康德甚至认为所有的知识都是先天综合而来的,都是主观建构出来的,而真正的客体是不可知的。由此可见,虽然他们都试图奠定自然科学的基础,从而总结出一套普遍的方法论,并将其应用于其他知识领域,但是,他们在主体与客体之间的关系上却得出截然对立的立场,经验论者或实在论者坚持认为认知主体是一个消极的要素,只有主体的要素降到"零度",客体的本来面目才能显现出来,由此才能保证知识的客观性。唯理论者或观念论者坚持认为认知主体是一个积极的要素,而且,主体与客体是不可分的,客观性往往就等同于主体的普遍有效性或主体间性(Intersubjectivity)。

针对客观主义与相对主义的对立,美国的新实用主义哲学家则尝试为我们重新理解客观性的观念开辟出一条新的路径。上述提到,近代哲学意义上的客观性观念,可以说源自自然科学中的两种不同的真理:一个是基于形式逻辑所获得的不依赖于事实的分析命题,另一个是基于观察和实验所获得的以事实为根据的综合命题。蒯因在《经验论的两个教条》一文中深入批判了分析与综合的二分,从而提出一种实用主义的整体论,"我们关于外在世界的陈述不是个别的而是仅仅作为一个整体来面对感觉经验的法庭的。……我们所谓的知识或信念的整体,从地理和历史的最偶然的事件到

---

① https://www.lexico.com/en/definition/objective.

原子物理学甚至纯数学或逻辑的最深刻的规律,是一个人工织造物。它只是沿着边缘同经验紧密接触。"①以往经验论者基于当时自然科学的成就而认为,外间世界对我们感官的刺激,在我们的心灵中形成了给定的原始印象或"感觉与料"(sense-data),而以感觉印象为基础的陈述就是事实。由此,外在的观察所获得的事实是自然科学大厦的地基,事实的陈述要与外间世界相符合,我们关于这个世界的知识才能获得客观性。然而,现代自然科学的发展却告诉我们,比如说,量子理论中的"质子""中子"并不是源自我们感官的原始印象,而是理论建构的结果,而且,有意识的观察者在一定程度上创造了他正在观察的客体。基于现代自然科学的经验和标准,蒯因认为知识作为"信念之网",是一个"人工织造物",我们关于经验的陈述并不能单独地证实或证伪理论,只要保证理论的简单性和实用性,我们所谓的知识或信念的整体就可以说是客观的。如此看来,蒯因似乎会遁入相对主义的陷阱之中,但作为一位没有教条的经验论者,蒯因很快就自觉地打了一块补丁,拒绝了任何意识哲学或观念论的路数,重新回到了自然主义认识论的立场。针对"观察句"(observation sentence)的客观性问题,蒯因从实用主义的立场做出了回答:"观察句就是当给出相同的伴随刺激时,该语言的全体说话者都会给出同样地决断的句子。以否定的方式表述这一点,观察句就是对于语言共同体内过去经验方面的差异不敏感的句子。"②由此观之,蒯因不再将观察看作是绝对中立或客观的,这必然造成主观与客观之间二元对立的困境,而是尝试将抽象的主体转换成一个由自我与他者组成的共同体,由此形成一个自我、他者和客体共在的语义三角。首先,观察句保留了一个外间客体的刺激;其次,观察句还需要语言共同体的一致同意;再者,在共同体内部的标准仅仅是实用的,即对话的简洁性和流畅性。

唐纳德·戴维森作为蒯因的学生,对"语义三角"给出了更为明确和细致的刻画。在《第二人称》一文中,戴维森指出:"只有在两组(或更多的)相似反应(或许可以说思想方式)的相互作用中才能识别铃声和桌子,要具有桌子和铃声的概念就要去识别一个三角形的存在,在这个三角形的一端是一个人自己,第二个端点是另一个类似于自己的生物,第三个端点是一个对象(桌子或铃声),这个对象位于一个公共的空间中。"③由此可见,戴维森借

---

① 〔美〕蒯因:《从逻辑的观点看》,江天骥等译,上海:上海译文出版社,1987年,第38—40页。
② 〔美〕蒯因:《本体论的相对性及其他论文》,涂纪亮、陈波主编:《蒯因著作集》(第2卷),北京:中国人民大学出版社,2007年,第66页。
③ Donald Davidson, "The Second Person", in Donald Davidson, *Subjective, Intersubjective, Objective*, Oxford: Oxford University Press, 2001, pp. 120 - 121.

助于"三角测量"这个类比,旨在揭示自我、他者与世界之间的互相关系。同样是借助于实用主义的资源,戴维森认为自我与他者不是哲学上主体间的抽象概念,而是要落实到社会互动的层面,并由共享世界中的对象对他们引起相似的反应,由此才能确立我们对于外间世界的知识。这也就是说,三角缺一不可,这个"语义三角"共同构成了知识的客观性。在《理性动物》一文中,戴维森进一步提出:"我们的客观性概念是另一类三角架构的结果,它要求两个生物。其中每一个生物都与一个对象相互作用,只有通过语言在生物之间建立起的基本联系,才能给每一个生物以事物客观存在方式的概念。事实上,只有他们共享一个真概念,才能使下述判断有意义:他们有信念,他们能够在公共世界中为对象安排一个位置。"①这也就是说,在这个"三角架构"中,存在着两类关系,一个是自我与他者之间的交往关系,两者之间构成了人与人之间的合理性,而且这个合理性具有社会的特征;另一个是交往着的人们与世界之间的关系,两者之间构成了人与世界之间的因果性。在戴维森看来,我们所谓知识的客观性就是由人与人之间的社会合理性与人与世界之间的物理因果性共同构成的。由此,我们关于知识的客观性观念,既不能像逻辑实证主义者那样,试图将合理性还原到因果性,把人当作物来看,也不能像观念论者那样,试图将因果性消解掉,把物当作人来看。为了应对相对主义的挑战,戴维森在对合理性进行辩护的过程中,将他的客观性观念附加了一种规范性的要素,"如果言说者是可解释的,将意义(meaning)与意见(opinion)区分开来的过程就引入了两个可以运用的关键性原则:融贯原则和符合原则。融贯原则促使解释者在言说者的思想中发现某种程度的逻辑一致性;符合原则使得解释者采取言说者与他(解释者)在类似的情况下有对世界做出相似反应的特征。这两个原则可以(并且已经)被称为宽容原则:一个原则赋予言说者些许的逻辑真理,另一个原则赋予他某种程度的解释者关于这个世界的真信念。"②由是观之,原来作为客观性观念的真之符合论和真之融贯论,现在都变成了一种社会规范意义上的"宽容原则"(the principle of charity)。

继蒯因批判分析与综合的二分之后,希拉里·普特南进一步批判了事实与价值的二分。按照传统经验论者休谟的观点,事实与价值是明确区分的,只有事实是价值无涉的,才能保证事实陈述是客观中立的。然而,价值

---

① Donald Davidson, "Rational Animals", in Donald Davidson, *Subjective, Intersubjective, Objective*, p. 105.

② Donald Davidson, "Three Varieties of Knowledge", in Donald Davidson, *Subjective, Intersubjective, Objective*, p. 211.

的判断因人而异,也就无所谓客观而言。在《理性、真理和历史》一书中,普特南系统论证了事实是负载价值的(value-laden)的观点,旨在打破各种二分法对于思想的束缚,"试图阐明一种将客观论和主观论的成分融为一体的真理观。……我们无需宣称真理只是某种时代精神,或者真理只是某种'格式塔转换',或者真理只是某种意识形态,便可拒绝朴素的真理'摹本'说。……用以判断什么是事实的唯一标准就是什么能合理地加以接受。……根据这个观点,可以有价值事实存在。"①普特南以"猫在草垫上"这个简单的事实陈述为例,认为其中蕴涵了某种价值体系的承诺。我们之所以有"猫"这个范畴,是因为我们认定世界划分为动物与非动物是有意义的,我们才能区分"猫"和"草垫"的差别;我们之所以有"草垫"这个范畴,是因为我们认定非动物划分为人造物与非人造物是有意义的;我们之所以有"在……之上"的范畴,是因为我们对空间关系有兴趣。这些范畴"都是由特定的文化所提供的,其出现和普遍存在揭示了有关该文化以及差不多每一文化的价值和兴趣的某些方面"。② 在《事实与价值二分法的崩溃》一书中,普特南认为,过去半个世纪的科学哲学的历史很大程度上是试图逃避这个问题的历史,并进一步阐述了"事实知识预设价值知识"的实用主义观点。③ 我们可以看到,普特南之所以坚决反对事实与价值的严格区分,从而认为事实与价值是相互纠缠的,乃是因为这种二分的结果把价值完全排除在理性讨论之外,正是这种二分造成了相对主义。在破除了事实与价值二分的界限之后,"客观性"跟"融贯性""精确性""实用性"一样,自然都成为了一种认知价值。值得注意一点的是,普特南之所以提出"内在实在论"的观点,在于他既反对形而上学的实在论,同时也反对相对主义,"反对形而上学的真的'符合论'与把真或合理的可接受当作主观的,根本不是一回事。……相对主义者未能看到的是,某种客观的'公正'(rightness)的存在,是思想的一个前提。"④针对事实与价值的二分及其所产生的效应,普特南提出,"解决的办法既不是放弃理性讨论这个观念,也不是寻求一个阿基米德支点,一种外在于所有的语境和问题情境的'绝对观念',而是——正如杜威在他漫长的一生中教导的——合作

---

① 〔美〕希拉里·普特南:《理性、真理和历史》,童世骏、李光程译,上海:上海译文出版社,2005年,第2页。

② 同上书,第223页。

③ 在这里,普特南引用了古典实用主义者杜威的一个说法:"实用主义观点的许多优点中的一个优点就是它把这个伦理问题等同于经验中的客观成分与主观成分之间的关系这个普遍问题,而不是让伦理问题躲在它自身的一个小角落里。"〔美〕希拉里·普特南:《事实与价值二分法的崩溃》,应奇译,北京:东方出版社,2006年,第182页。

④ 〔美〕希拉里·普特南:《理性、真理和历史》,第138—140页。

地、民主地而且首先是可错地探究、讨论和试验。"[1]

在此思路下,我们可以说,当代西方的知识论也发生了"德性的转向"(the virtue turn),试图将认识论与伦理学统一起来,让"真理"(truth)插上"真诚"(honest)的翅膀。我们知道,"德性"是伦理学的一个范畴,源自亚里士多德的实践科学,人的实践是以善为导向的行为,而人的独特的能力和品质是理性,当理性指导人的行为时,理性便成为德性。德性知识论(Virtue Epistemology)是借用亚里士多德的"德性"概念来解释规范性认识的产物,类似于当德性导向美好生活时,就是一种道德美德(moral virtues),比如善和正义,而当德性导向认知世界时,就是一种认知美德(epistemic virtues),比如真理和客观性。在此意义上,德性知识论就将传统上"知识是确证的真信念"转换为"知识是产生于认知美德的真信念",这也就是说,德性知识论将主体的认知能力和品质界定为一种"认知美德",作为获取真理和客观性的能力和品质。[2] 在德性知识论的研究史上,"自从索萨(Ernest Sosa)开创性的论文《木筏与金字塔》("The Raft and The Pyramid",1980)和扎泽博斯基(Linda Zagzebski)的《心灵的美德》(*Virtues of The Mind*,1996)以来,认识论者对知识、辩护、理解和其他认识论状态的规范性方面越来越感兴趣。"[3]一般而言,存在两种德性知识论,一种是以认知能力(cognitive abilities)为基础的德性知识论,在这种观点下,认知美德就是一个人所获真理、避免错误的内在能力;另一种是以人格特征(personality traits)为基础的德性知识论,在这种观点下,认知美德则是一个人的性格特征和气质。[4]

总而言之,与后期维特根斯坦转向"语言的意义在于使用"类似,以蒯因、戴维森和普特南为代表的科学哲学家,他们大多是在分析哲学的背景中成长起来的,在应对客观主义与相对主义的论争过程中,他们正是在借助于美国本土的实用主义的资源,尝试为知识的客观性问题开辟一条新的路径。

二

历史学作为一门崭新的学科,在近代才真正登上欧洲的舞台。我们知

---

[1] 〔美〕希拉里·普特南:《事实与价值二分法的崩溃》,第54页。

[2] 参见陈嘉明:《知识与确证:当代知识论引论》,上海:上海人民出版社,2003年,第280—296页。

[3] Abrol Fairweather ed., *Virtue Epistemology Naturalized: Bridges between Virtue Epistemology and Philosophy of Science*, Springer, 2014, p.1. 德性知识论在人文学科领域的讨论,可参阅 Jeroen van Dongen, Herman Paul eds., *Epistemic Virtues in the Sciences and the Humanities*, Springer, 2017。

[4] 参见米建国:《两种德性知识论:知识的本质、价值与怀疑论》,《世界哲学》2014年第5期。

道,自文艺复兴以来,欧洲兴起了收集和整理古代文献的热潮,作为职业的历史学家的"前身",语文学家、文献学家或者说古物收藏家怀着极大的热情到图书馆、档案馆和博物馆中去寻找历史真相的"圣杯"。作为近代史学之父的兰克,于1824年出版了《拉丁与日耳曼民族史(1494—1514)》,一举成名,随后进入柏林大学。兰克在此书的"序言"中就倡导历史学家应该要到档案馆里广泛阅读一手资料,由此才能发现历史的真相。此书还有一个附卷,名为《近代史家批判》,它显示了兰克超强的文献考证功力。兰克在书中非常细致地考辨了各种文献的来源,对近代西方史家——比如马基雅维里、圭恰迪尼等人的史著所运用的史料如数家珍,所以他能够轻易地批判这些史家的著作,在哪里运用了何种材料,在哪里抄袭了哪些前辈的著作,在哪里进行了自己的创作和虚构。兰克以他亲身的示范,让历史学作为一门学科得以确立,历史学家所获得成就和声誉,相应地能够与自然科学领域的伽利略、牛顿相媲美。特别来说,随着现代学术分工的细化,历史学作为现代大学建制的一部分,从业余的活动变成了一项职业工作,作为"人生导师的历史"也变成了"求真务实的历史学"。

虽然兰克没有从哲学的层面专门讨论历史知识的客观性问题,但他在《拉丁与日耳曼民族史》一书的序言中高举"如实地叙述其本来面目"(Wie es eigentlich gewesen)的宣言。由此,兰克史学也就被普遍地称为客观主义史学,"人们认为兰克的客观性理想(Objektivitätsideal)是实证主义的。这就是说,受到兰克客观性理想约束的历史学应该摆脱以往深刻影响历史思考的各种规范性因素,在历史思考具体集体性的展示和教育等文化作用的时候更要回避。"①紧接着,兰克的学生德罗伊森就在《历史知识理论》一书中对此提出反对意见,"解除一切民族性的束缚,一切党派、阶层的观点和枷锁,解开一切因信仰而生的窒碍,离开偏见与激情;走向真理与美德,免于热情渴望,无愤怒也无冲力,让它建立一个永恒的作品。我敬谢这种太监式的客观(Objektivität);如果历史中的无偏党性(Unparteilichkeit)与真理,存在于这种观察事物的方式之中,那么最好的史家正是最劣等的,而最劣等的史家也正是最好的。……客观的无所偏党,如瓦克斯姆在他史学理论中所推荐的,是不合人性的;人性实在是有所偏党。"②恰恰由于兰克没有从哲

---

① 耶尔恩·吕森、斯特凡·约尔丹:"编者导言",载〔德〕兰克:《近代史家批判》,孙立新译,北京:北京大学出版社,2016年,第21页。关于兰克史学是何种意义上的客观主义史学,某种意义上取决于我们如何理解历史知识的客观性观念。仅就"如实地叙述其本来面目"可以对应到经验论的"真之符合论"来说,人们很自然地会联想到实证主义。

② 〔德〕德罗伊森:《历史知识理论》,胡昌智译,北京:北京大学出版社,2006年,第96页。

学的层面来详细阐述他的历史知识的客观性观念,所以就为后来的史学理论家或历史哲学家留下了极大的解释空间。我们知道,在面对采取自然科学的方式研究历史还是采用精神科学的方式研究历史这个时代问题时,德罗伊森写作此书的动机和目的主要是批判以巴克尔为代表的实证主义史学,从而积极地倡导一种观念论的历史主义史学,由此开启了经验论和观念论这两个哲学传统关于历史知识的客观性的论争。① 随着哲学家介入历史知识何以可能的认识论问题或历史知识性质的方法论问题,开始从哲学的层面来讨论历史知识的客观性问题,就使得这个问题变得更加复杂化。从19世纪末开始,大陆传统的新康德主义和新黑格尔主义历史哲学家,主要从观念论的立场批判客观主义是不可能实现的,绝对的客观性恰恰就相当于"圆的方",是一个悖论。然而,英美世界的分析派历史哲学家主要从实在论的立场认为,批判的历史哲学是一种相对主义,只要依照自然科学的方法论原则,历史知识的客观性就是可以实现的。"正是这种以为凭着绝对的客观主义便可以得史学绝对之真的绝对主义的主张,引出了它的对立物——相对主义的史学理论。"②

到了20世纪70年代,后现代主义史学理论的代表人物海登·怀特在《元史学:19世纪欧洲的历史想象》一书中,再次重启了历史学是一门科学还是艺术的论争,从语言的层面剖析了19世纪的著名历史学家的著作,认为他们并不是在追求历史知识的客观性,而是在进行一种文学式的创作。在怀特看来,19世纪所谓的历史学的科学化只是历史学家自我设定的一个幻象而已,因为像兰克这样的历史学家在表现历史成果的时候,他们所使用的语言仍然是一种日常有教养的自然语言,而非自然科学意义上的人工语言。既然是一种自然语言,那么就跟小说所使用的语言没有本质上的差别,由此,他认为历史学本质上就是一种诗学。怀特总结说:"选择某种有关历史的看法而非选择另一种,最终的根据是美学的或道德的,而非认识论的。"③虽然怀特主要是反对分析的历史哲学家的逻辑客观主义,但无疑也强化了他的修辞相对主义,因为他将认识论上的客观性与美学的或道德上的主观性简单地对立起来,认为除此之外没有其他的选择。"自从《元史学》出版以

---

① 德罗伊森认为反省才是历史研究的前提,历史研究工作的起点是提出历史问题,而不是实证主义所认为的收集材料。"Heuristik 是以求知者本身所关切的现象及求知者本身的价值意义系统为出发点展开的一系列寻找研究材料的工作。它是与理解(Verstehen)的方法不可分的一个方法学概念:两者都是把求知者的主体性(Subjektivität)带入知识追求过程中,而绝不是把主体性与知识的追求划分界线的方法。"参见〔德〕德罗伊森:《历史知识理论》,第57页。
② 刘家和:《史苑学步:史学与理论探研》,北京:北京大学出版社,2019年,第218页。
③ 〔美〕海登·怀特:《元史学:19世纪欧洲的历史想象》,陈新译,南京:译林出版社,2005年,第4页。

来,怀特的相对主义为反对者所诟病。如果没有一个真实的方式来表现一段特定的历史时期,如果历史'现实'只不过是缺乏本体论为基础的想象性建构,那么,历史学家无论选择哪种方式表现过去,都应是正当的。若真的如此,那么,如何区分'历史'与明目张胆的修正主义、政府宣传、否认大屠杀等等主张?"① 由此可见,历史实在论者"完全排斥主观并不足以达到纯客观,相反却使史学的客观也无所依托"。而历史相对主义者认为"史学既离不开主观,其内容也就无所谓客观之真"。其结果便是,"他们和他们所反对的客观主义的史学家犯了一个同样的错误,就是同样地把主观与真简单地对立起来了"。②

为了应对后现代主义史学理论所带来的历史相对主义的挑战,当代西方的史学理论家也遵从新实用主义哲学家的思路,尝试重建历史知识的客观性。阿兰·梅吉尔总结出客观性的四种含义:1)绝对的客观性(absolute objectivity),2)学科的客观性(disciplinary objectivity),3)辩证的客观性(dialectical objectivity),4)程序的客观性(procedural objectivity)。绝对的客观性可以说是上述实在论者坚持的一种朴素的"摹本"说,一种"上帝视角",一种"本然的观点"(view from nowhere)。希拉里·普特南称之为"形而上学的实在论","根据这种观点,世界是由不依赖于心灵之对象的某种确定的总和构成的,对'世界的存在方式',只有一个真实的、全面的描述。真理不外乎在语词或思想符号与外部事物和事物集之间的某种符合关系。"③ 辩证的客观性作为绝对客观性的反题,往往是观念论者持有的一种"构造"说,强调主体与客体的辩证关系,或者说一种"主体间性"。在梅吉尔看来,学科的客观性就是"以特定研究群体成员之间的共识(consensus)作为客观性的标准",而程序的客观性"旨在实践一种公共(impersonal)的探究或实施方法"。④ 以库恩的《科学革命的结构》为例,梅吉尔认为,如果人们在持

---

① 〔美〕海登·怀特:《叙事的虚构性:有关历史、文学和理论的论文(1957—2007)》,罗伯特·多兰编,马丽莉等译,南京:南京大学出版社,2019年,第21—22页。
② 刘家和:《史苑学步:史学与理论探研》,第218页。
③ 〔美〕希拉里·普特南:《理性、真理和历史》,第55页。
④ Allan Megill, "Four Senses of Objectivity", in Allan Megill ed. , *Rethinking Objectivity*, Durham:Duke University Press,1994,p. 1. 另参见〔美〕阿兰·梅吉尔:《历史知识与历史谬误:当代史学实践导论》,黄红霞等译,北京:北京大学出版社,2019年。值得一提的是,也有学者从历史性的角度来考察"客观性"的变迁,并提出五种竞争性的客观性概念:"对自然的真实"(truth-to-nature)、"机械的客观性"(mechanical objectivity)、"结构的客观性"(structural objectivity)、"练就的判断"(trained judgment)、"表现"(presentation)。参见 Lorraine Daston, Peter Galison, *Objectivity*, New York:Zone Books,2007 阿克斯特尔(Guy Axtell)则进一步拓展了梅吉尔提出的"辩证的客观性"这一概念的内涵,参见 Guy Axtell, "The Dialectics of Objectivity", *Journal of the Philosophy of History* 6(2012),pp. 339–368。

有绝对客观性的观念的前提下，必然会认为库恩所阐明的立场只能表现为一种文化相对主义。然而，库恩的"范式"理论所要阐明的恰恰是一种学科的客观性，"范式将'成熟的科学共同体'的成员聚集在一起，提供了一个支持客观性主张的上诉法院：不是绝对的上诉法院，而是一个在特定时间为特定共同体服务的上诉法院。"① 由此，梅吉尔正是借助于实用主义的资源，认为在绝对的客观主义及其反题——相对主义之外，我们还有一个学科的客观性可供选择。在《观念史的逻辑》一书中，马克·贝维尔借鉴了蒯因、戴维森和普特南等逻辑实用主义者的资源，专章讨论了历史知识的"客观性"问题，他认为"我们必须把客观性定义为一种基于理智德性（intellectual virtues）的人类实践。当人们争论竞争对手理论的优劣时，他们从事的是一种人类实践，这种实践受定义了理智真诚（intellectual honesty）标准的经验规则的支配。……逻辑学是对推理的规范性说明。"② 这也就是说，历史知识的客观性不再是传统哲学上所认为的那样，只有在消除主体的前提下，客体的属性和特征才能显现出来，贝维尔让历史知识的客观性转变成人类实践的一种认知美德，主体只有在具有这种认知能力的前提下，才能获得客观性的知识。"客观性不是出于一种方法，也不是对纯粹事实的检验，而是源自与竞争对手理论的比较。历史学家通过将他们的理论与他们对手的理论进行比较，以准确性、全面性、一致性、进步性、丰富性和开放性的标准，来证成他们的理论是正确的。"③ 在贝维尔看来，客观性同准确性、一致性、开放性等术语一样，都是一种规范性的标准，是赋予主体卓越能力的一种认知价值。

回到史学实践层面来说，历史学家往往不加反思地持有一种朴素的实在论，而这种客观性的直觉又进一步得到哲学上绝对客观性的观念的强化和加持，由此造成历史实在论与历史相对主义的对垒和争执。绝对的客观性观念不仅没有触及历史知识的特殊性问题，而且遮蔽了作为一个学科的历史学的真正内涵。然而，通过新实用主义历史哲学家所阐述的"学科的客观性"，可以帮助我们更好地澄清职业历史学家的工作。

历史学作为一门学科，历史研究就是一项集体性的公共事业，历史知识的客观性往往可以看作是历史学家共同体所签订的"真之契约"，这也就是说，历史知识的客观性是历史学家共同体不断协商和试错出来的一种"学科

---

① Allan Megill,"Four Senses of Objectivity", p. 7.
② Mark Bevir, *The Logic of the History of Ideas*, pp. 100 – 101. 另见 Mark Bevir, "Objectivity in History", *History and Theory*, Vol. 33, No. 3(Oct. ,1994), pp. 328 – 344.
③ Ibid. , p. 104.

共识"。"历史学与宣传的区别在于一种学科的家法(disciplinary code)和一套认知价值,尽管这些家法和价值无法挽救全面的客观性,但却使历史学成为一门追踪真相的科学。"①兰克作为近代史学之父,他通过到档案馆中查找第一手文献,考辨史料,并写出了比以往的学者更为可靠、更为精确的历史著作,他的史学实践及其方法就在职业历史学家共同体之间形成了一种学科共识,并不断地得到传承。在此意义上,他提出"如实直书"的口号,并不是要首先假定一个客观的过去,然后历史学家做出的叙述要跟这个过去相符合,而是更多地与当时历史小说的不精确性和哲学的普遍性相比较而言,历史学家要到档案馆中考辨出精确的、具体的历史细节,以此来突显历史学的学科自主性和合法性。由此而言,兰克的"客观性理想"只不过是一种学科规范和认知美德而已,"对于言说真理,做到诚实和勇敢就已足够"。②"用实用主义术语来说,历史学家的真之意图并不是基于史家与实在的直接关系,而是以不同的方式调和达成的,也就是说,真之意图以诸如研究方法、认知价值和认知美德等学科共识为根基。'真之约定'的可靠性和可验性,主要依靠我们称之为规范性的客观性观念来获得。"③在此,我们就不必像历史相对主义者在持有一种绝对的客观性的前提下,从反题的意义上认定"如实直书"只是一个"高贵的梦想",我们应该在学科的客观性的意义上,认定"如实直书"是一种实实在在的认知美德。"尽管这一理想可能无法实现——谁又能够声称自己是完全公正或完全客观的呢?——但它是一个定向的目标。它关注历史学家的研究,并为衡量他们的成就提供一个标准。因此,为了被认为是'客观的',历史学家不需要达到不可触及的东西,而只需要在他们的同行认为足够的程度上实践客观性的美德。历史学家的'所作所为',无论是在档案馆中,还是在写字台上,都是在这种规范性理念指导下的道德表现。"④

近年来,荷兰史学理论家赫尔曼·保罗(Herman Paul)就积极地尝试借用德性知识论的资源来讨论历史知识的客观性问题。"德性语言在当代

---

① Tor Egil Førland, *Values, Objectivity, and Explanation in Historiography*, London: Routledge, 2017, p. 92.
② 〔德〕兰克:"论普遍历史",载刘小枫编:《从普遍历史到历史主义》,谭立铸、王师等译,北京:华夏出版社,2017年,第185页。
③ Marek Tamm, "Truth, Objectivity and Evidence in History Writing", *Journal of the Philosophy of History* 8(2014), p. 278. 中译参见〔爱沙尼亚〕马瑞克·塔姆:《历史书写中的真理、客观性和证据》,顾晓伟译,《天津社会科学》2018年第4期。
④ Herman Paul, "Performing History: How Historical Scholarship is Shaped by Epistemic Virtues", *History and Theory* 50(February 2011), pp. 17–18.

历史哲学中的重新出现,并不是源于20世纪历史哲学的无知,更不是源于对19世纪道德话语的怀旧,而是源于叙事主义范畴的不足。如果我们把注意力从历史学家的著作转移到历史学家的行为(doings)上,我们需要一个以美德和技能来阐述的人格概念(concept of persona)。"①我们知道,叙事主义历史哲学将历史知识看成是一个产品,关注于文本和话语,从而忽略了历史学家的生产过程及其行事活动(performances)。在保罗看来,历史学家在整个历史知识生产过程中扮演着一种学者角色,将追求历史知识的客观性作为其认知美德。借助于德性语言的词汇表,我们可以重新理解19世纪历史学职业化进程中那些方法论手册和研究指南的内涵,其中"客观公正""细致精确""小心考证""大胆假设""满怀热忱""勤奋耐心"等词汇恰恰是描述历史学家的认知能力和人格特征,是对历史学家的规范性要求。要想成为一名好的历史学者,就要在具体的研究工作中训练和履行这些认知美德。② 对于职业历史学家来说,历史知识的客观性就变得很容易理解,"客观的"就像"公正的""小心的""谨慎的"等等这些形容词一样,客观的就意味着历史学家在研究过程中要小心谨慎、刻苦努力,"板凳要坐十年冷"就是达成客观性理想的一种道德表现,客观性的也就是意味着历史学家要在写作过程中符合学科的规范和家法,"文章不写一句空"同样也是达成客观性理想的一种认知美德。除此之外,客观性就没有大多哲学上的重负,就只剩下了一些历史学家的行为操守和规范。在此意义上,保罗就将"历史知识的客观性"这样一个认识论的问题转化为"成为一名好的历史学家"这样一个伦理学的问题,重点刻画了"学者角色"(scholarly personae)这个概念。

我们知道,"角色"(personae)一词常常翻译成"人格",原来是指演员在舞台上戴的面具(masks),现在主要是指社会中角色身份的标识。由此,保罗将"学者角色"界定为理想类型化的学术人格的模范(models of scholarly selfhood),即"在学术研究中拥有那些至关重要的能力、态度、气质"。③ 在历史学科中,"学者角色"这一概念表现着历史学家的专业角色身份(professional role identities),在历史学科的共同体中,职业团体形成并制定了历史学者应当具备哪些品质和气质的学科共识,后来的历史学者追随着理

---

① Herman Paul,"What is a Scholarly Personae? Ten Theses on Virtues, Skills, and Desires", *History and Theory* 53(2014), p. 352.

② Herman Paul,"Distance and Self-Distanciation: Intellectual Virtue and Historical Method around 1900", *History and Theory*, Vol. 50, No. 4(Dec., 2011), pp. 104 – 116.

③ Herman Paul,"What is a Scholarly Personae? Ten Theses on Virtues, Skills, and Desires", p. 353.

想类型化的模范,也就形成了历史学家这一专业角色的认同。关于如何树立学术人格的模范,保罗引用了美国历史协会(AHA)的"专业行为准则声明"加以阐述:"专业历史学家和其他人的区别是什么呢? 这一职业的成员是由一群历史学者组成的,他们集体从事研究工作,并将历史解释为一种有纪律的学术实践。……历史学者应该正直地实践他们的技艺。他们应该尊重历史记录。他们应该记录他们的来源。他们应该承认自己对其他学者的工作负有责任。他们应该尊重和欢迎不同的观点,即使在他们争论的时候,他们也应该接受批评。"① 比如说,我们之所以将兰克称之为"近代史学之父",就在于他在档案研究和指导学生过程中所体现的"公正""精确""谨慎"的品格和气质,这种良好的学术人格就成为历史知识客观性的标识,犹如明星之于"粉丝",兰克就为后来的历史学者树立了一个榜样。

值得一提的是,赫尔曼·保罗所提出的"认知美德"和"学者角色",主要是应对叙事主义所带来了相对主义的挑战。一方面,与怀特的《元史学》将认识论与道德对立起来不同,保罗的"认知美德"这个概念则试图将认识论与道德统一起来。在认知美德的层级中,对于19世纪的"档案历史学家"来说,不仅包括研究中世纪史所需要的"公正""精确""谨慎"这些善目(goods),而且包括"成本效益"(cost-efficiency)、"民族自豪感"(national pride)、"职业晋升"(career advancement)等善目。然而,对于20世纪的"女权历史学家"而言,不仅包括研究妇女史所需要的"公正""精确""谨慎"这些善目,而且包括"道德补偿"(moral restitution)、"学术认可"(academic recognition)、"消除对妇女的压迫"(eradication of women's oppression)等善目。② 另一方面,与库恩在《科学革命的结构》中提出的"范式"类似,保罗提出的"学者角色"也是不断变化的,比如说,在古典史学阶段,希罗多德、司马迁等古典史家在一段时间内就为后来的史家群体树立了理想的模范,到了现代史学阶段,兰克、布罗代尔、傅斯年、郭沫若等现代历史学家在一段时间内为后来的历史学家共同体提供了追随和效仿的榜样。但是,库恩的范式"通常是指那些公认的科学成就,它们在一段时间里为实践共同体提出典型的问题和解答"。③ 保罗的"学者角色"则是理想类型化的学术人格的模范。如果说范式聚焦在"科学成就"上,那么学者角色则落脚在"学术人

---

① Herman Paul, *Key Issues in Historical Theory*, New York:Routledge,2015,p. 144.
② Herman Paul, "What is a Scholarly Personae? Ten Theses on Virtues, Skills, and Desires", p. 364.
③ 〔美〕托马斯·库恩:《科学革命的结构》,金吾伦,胡新和译,北京:北京大学出版社,2003年,第4页。

格"上,它是对怎样成为一名卓越的历史学家所提出的规范性要求。因此,以人格特征为基础的学者角色就为历史学家共同体提供了主体层面的"模范"作用。

三

通过历史地和分层次地讨论客观性的观念,我们可以看到,后现代主义史学理论对于历史知识的客观性的挑战,实际上只是拒绝了绝对的客观性的观念,我们仍然能够在学科的客观性的观念下,来为历史学作为一门学科的合法性和正当性辩护。

首先,如果将历史实在论看作是"正题",历史相对主义看作是"反题",那么,当代西方史学理论的新进展就可以看作是一个"合题"。借助于新实用主义的资源,他们尝试将主观性与客观性统一起来。由此,历史知识的客观性观念不再是历史实在论的"绝对客观性",而是历史学家共同体在史学实践中形成的"学科客观性"。

其次,借助于实用主义的资源,他们尝试将认识论与伦理学统一起来,由此将认识论上的客观性问题转化为一个伦理学问题,历史知识的客观性就具有了规范性的内涵,这也就是说,"学科共识"同时需要"认知美德"和"学者角色"提供担保。我们知道,认识论所研究的对象是一种目的在于获取知识和发现真理的认识行为,也就是朝向一个目标而活动的例证,这些都是伦理学的概念。伦理学所研究的行为也是某种认识,是建立在什么是对的或错的知识的基础之上的行为,而知识则是认识论的概念。由此,事实与价值也就不再对立,而是互为一体。"史学作为知识系统来说,其内容为过去的实际,其目的在于求真;而史学作为价值系统来说,其功能在于为今人的实际服务,其目的在于求善。"刘家和先生从中西史学理论的比较出发,进而借用中国传统思想中的体用论,详尽阐述了史学的体与用的关系:"史学之体在于其为真,而史学之用则在于其为善","史学之求真与史学之致用互为充分必要条件","如果说,真为史学之体,用为史学之用,那么现在也就可以说,史学可以即用见体,即体见用,即用即体,体用不二。"[①]由此可见,在化解历史知识客观性的问题上,刘家和先生的这个解决方式,与新实用主义历史哲学的新思路,可谓同归而殊途,一致而百虑。

复次,借助于实用主义的资源,他们也尝试将理论与实践统一起来。对于实践要素的强化,他们自然会认为,不仅史学理论是一种社会活动,而且

---

① 刘家和:《史苑学步:史学与理论探研》,第 224—226 页。

史学实践同样是一种社会活动,在这个意义上,他们就将传统的哲学认识论转换成了一种社会认识论或知识社会学。如此来看的话,库恩的"范式"理论实际上就是一种科学社会学,从而将科学哲学和科学史统一起来。对于史学理论与史学史这个学科来说,我们也可以将"学科的客观性"看作是一个史学社会学的范畴,由此将史学理论和史学史统一起来。

  再者,更为重要的是,当代西方史学理论化解历史知识客观性问题的新思路,不仅为作为一个学科的历史学奠定了合法性和正当性的基础,而且为我们重新理解和阐释19世纪西方史学的职业化实践开拓了新的视野,特别是在中西史学理论的比较视野下,对于重新理解和阐释中国传统史学中"良史之才"的规范性内涵,同样提供了新的认知框架。

参 考 文 献

（一）外文文献

1. 外文著作

Ankersmit, Frank R., *Narrative Logic: A Semantic Analysis of the Historian's Language*, The Hague: Martinus Nijhoff, 1983.

Aron, Raymond, Translated by George J. Irwin, *Introduction to the Philosophy of History: An Essay on the Limits of Historical Objectivity*, Liverpool, London and Prescot: Weidenfeld and Nicolson, 1961.

Bevir, Mark, *The Logic of the History of Ideas*, Oxford: Oxford University Press, 1999.

Bernstein, Richard J., *Beyond Objectivism and Relativism: Science, Hermeneutics, and Praxis*, Philadelphia: University of Pennsylvania Press, 1983.

Brandom, Robert B., *Making it Explicit: Reasoning, Representing, and Discursive Commitment*, Cambridge: Harvard University Press, 1994.

Breisach, Ernst, *American Progressive History: An Experiment in Modernization*, Chicago: University of Chicago Press, 1993.

Danto, Arthur C., *Analytical Philosophy of History*, Cambridge: Cambridge University Press, 1965.

Davidson, Donald, *Essays on Actions and Events*, Oxford: Clarendon press, 2001.

Davidson, Donald, *Subjective, Intersubjective, Objective*, Oxford: Clarendon press, 2001.

Dray, William H., *Laws and Explanation in History*, Oxford: Clarendon Press, 1957.

Dray, William H., *On History and Philosophers of History*, Leiden: E. J. Brill, 1989.

Gallie, W. B., *Philosophy and The Historical Understanding*, London: Chatto &. Windus, 1964.

Goldstein, Leon, *Historical Knowing*, Austin: University of Texas Press, 1976.

Gorman, Jonathan, *Understanding History: An Introduction to Analytical Philosophy of History*, Ottawa: University of Ottawa Press, 1991.

Gorman, Jonathan, *Historical Judgement: The Limits of Historiographical Choice*, Ithaca: McGill-Queen's University Press, 2008.

Hofstader, Richard, *The Progressive Historians: Tuner, Beard, Parrington*, New York:

Alfred A. Knopf,1968.

Hempel,Carl G. ,*Aspects of Scientific Explanation and Other Essays in the Philosophy of Science*,New York:Free Press,1965.

Kuukkanen,Jouni-Matti, *Postnarrativist Philosophy of Historiography*, New York: Palgrave Macmillan,2015.

Mandelbaum,Maurice,*The Problem of Historical Knowledge:An Answer to Relativism*,New York:Liveright Publishing Corporation,1938.

Mandelbaum,Maurice,*The Phenomenology of Moral Experience*,Glencoe,Illinois:The Free Press,1955.

Mandelbaum,Maurice,*Philosophy,Science,and Sense Perception:Historical and Critical Studies*,Baltimore:The Johns Hopkins University Press,1964.

Mandelbaum,Maurice,*History,Man and Reason:A Study in 19th Century Thought*, Baltimore:The Johns Hopkins University Press,1971.

Mandelbaum,Maurice, *The Anatomy of Historical Knowledge*, Baltimore: The Johns Hopkins University Press,1977.

Mandelbaum,Maurice,*Philosophy,History,and the Science:Selected Critical Essays*, Baltimore:The Johns Hopkins University Press,1984.

Mandelbaum,Maurice,*Purpose and Necessity in Social Theory*,Baltimore:The Johns Hopkins University Press,1987.

Martin,Raymond,*The Past Within Us:An Empirical Approach to Philosophy of History*,Princeton:Princeton University Press,1989.

Marwick, Arthur, *The New Nature of History: Knowledge, Evidence, Language*, Hampshire:Palgrave,2001.

Meiland,Jack W. ,*Scepticism And Historical Knowledge*,New York:Random House, 1965.

Megill, Allan ed. ,*Rethinking Objectivity*,Durham:Duke University Press,1994.

McCullagh,Behan,*Justifying Historical descriptions*,Cambridge:Cambridge University Press,1982.

Murphey,Murray G. ,*Our Knowledge of the Historical Past*,Indianapolis:The Bobbs-Merrill,1973.

Murphey,Murray G. ,*Philosophical Foundations of Historical Knowledge*,New York: State University of New York Press,1994.

Murphey,Murray G. , *Truth and History*, New York: State University of New York Press,2009.

Paul,Herman,*Key Issues in Historical Theory*,New York:Routledge,2015.

Roberts, Clayton, *The Logic of Historical Explanation*, Pennsylvania: Pennsylvania State University Press,1996.

Strout,Cushing,*The Pragmatic Revolt in American History:Carl Becker and Charles Beard*,New Haven:Yale University Press,1958.

Tucker,Aviezer,*Our Knowledge of the Past:A Philosophy of Historiography*,Cambridge:Cambridge University Press,2004.

Tucker,Aviezer,ed. ,*A Companion to the Philosophy of History and Historiography*, Chichester:Wiley-Blackwell,2009.

Verstegen,Ian F. ed. ,*Maurice Mandelbaum and American Critical Realism*,London and New York:Routledge,2010.

White,Morton,*Foundations of Historical Knowledge*,New York:Harper & Row, 1965.

Zammito,John H. ,*A Nice Derangement of Epistemes:Post-positivism in the Study of Science from Quine to Latour*,Chicago:Chicago University Press,2004.

2.外文论文

Ankersmit,Frank,"White's'New Neo-Kantianism':Aesthetics,Ethics,and Politics",in Frank Ankersmit, Ewa Domańska and Hans Kellner eds. , *Re-Figuring Hayden White*,Stanford:Stanford University Press,2009,pp. 34 – 53.

Axtell,Guy,"The Dialectics of Objectivity",*Journal of the Philosophy of History* 6 (2012),pp. 339 – 368.

Beard,Charles A. ,"Written History as an Act of Faith",*The American Historical Review*,Vol. 39,No. 2(Jan. ,1934),pp. 219 – 231.

Beard,Charles A. ,"That Noble Dream",*The American Historical Review*,Vol. 41,No. 1(Oct. ,1935),pp. 74 – 87.

Beard,Charles A. , "Review:The Problem of Historical Knowledge", *The American Historical Review*,Vol. 44,No. 3(Apr. ,1939),pp. 571 – 572.

Becker,Carl L. ,"Everyman His Own Historian",*The American Historical Review*, Vol. 37,No. 2(Jan. ,1932),pp. 221 – 236.

Becker,Carl L. ,"What is Historiography?"*The American Historical Review*,Vol. 44, No. 1(Oct. ,1938),pp. 20 – 28.

Becker,Carl L. , "Review:The Problem of Historical Knowledge", *The Philosophical Review*,Vol. 49,No. 3(May,1940),pp. 361 – 364.

Becker,Carl L. ,"What are Historical Facts?"*The Western Political Quarterly*,Vol. 8, No. 3(Sep. ,1955),pp. 327 – 340.

Destler,Chester McArthur, "The Crocean Origin of Becker's Historical Relativism", *History and Theory*,Vol. 9,No. 3(1970),pp. 335 – 342.

Doney,Willis,"Mandelbaum on the History of Philosophy",*The Journal of Philosophy*,Vol. 74,No. 10,Seventy-Fourth Annual Meeting American. Philosophical Association,Eastern Division(Oct. ,1977),pp. 573 – 574.

Ely,Richard G. ,Gruner,Rolf and Dray,William H. ,"Mandelbaum on Historical Narrative:A Discussion",*History and Theory*,Vol. 8,No. 2(1969),pp. 275 – 294.

Gorman,Jonathan,"The Need for Quinean Pragmatism in the Theory of History",*European Journal of Pragmatism and American Philosophy* VIII(2),December 2016, pp. 223 – 247.

Gorman, Jonathan, "Hayden White as analytical philosopher of mind", *Rethinking History*, Vol. 17, No. 4, 2013, pp. 471 – 491.

Quine, W. V., "In Praise of Observation Sentences", *The Journal of Philosophy*, Vol. 90, No. 3(Mar., 1993), pp. 107 – 116.

Lloyd, Christopher, "Realism and Structurism in Historical Theory: A Discussion of the Thought of Maurice Mandelbaum", *History and Theory*, Vol. 28, No. 3(Oct., 1989), pp. 296 – 325.

Mandelbaum, Maurice, "Can there be a Philosophy of History?" *The American Scholar*, 9(1940), pp. 74 – 84.

Mandelbaum, Maurice, "Causal Analysis in History", *Journal of the History of Ideas*, Vol. 3, No. 1(Jan., 1942), pp. 30 – 50.

Mandelbaum, Maurice, "A Critique of Philosophies of History", *The Journal of Philosophy*, Vol. 45, No. 14(Jul. 1, 1948), pp. 365 – 378.

Mandelbaum, Maurice, "Some Neglected Philosophic Problems Regarding History", *The Journal of Philosophy*, Vol. 49, No. 10(May 8, 1952), pp. 317 – 329.

Mandelbaum, Maurice, "Concerning Recent Trends in the Theory of Historiography", *Journal of the History of Ideas*, Vol. 16, No. 4(Oct., 1955), pp. 506 – 517.

Mandelbaum, Maurice, "Societal Facts", *The British Journal of Sociology*, Vol. 6, No. 4 (Dec., 1955), pp. 305 – 317.

Mandelbaum, Maurice, "Societal Laws", *The British Journal for the Philosophy of Science*, Vol. 8, No. 31(Nov., 1957), pp. 211 – 224.

Mandelbaum, Maurice, "Historical Explanation: The Problem of 'Covering Laws'", *History and Theory*, Vol. 1, No. 3(1961), pp. 229 – 242.

Mandelbaum, Maurice, "Objectivism in History", in Sidney Hook, ed., *Philosophy and History*, New York: New York University Press, 1963, pp. 43 – 56.

Mandelbaum, Maurice, "Philosophy, Science, and Sense-Perception", *Proceedings and Addresses of the American Philosophical Association*, Vol. 36(1962—1963), pp. 5 – 20.

Mandelbaum, Maurice, "Family Resemblances and Generalization concerning the Arts", *American Philosophical Quarterly*, Vol. 2, No. 3(Jul., 1965), pp. 219 – 228.

Mandelbaum, Maurice, "The History of Ideas, Intellectual History, and the History of Philosophy", *History and Theory*, Vol. 5, Beiheft 5: The Historiography of the History of Philosophy(1965), pp. 33 – 66.

Mandelbaum, Maurice, "Historicism", in Paul Edward, ed., *Encyclopedia of Philosophy* (4 – 5), New York: Macmillan, 1967, pp. 22 – 25.

Mandelbaum, Maurice, "A Note on History as Narrative", *History and Theory*, Vol. 6, No. 3(1967), pp. 413 – 419.

Mandelbaum, Maurice, "The History of Philosophy: Some Methodological Issues", *The Journal of Philosophy*, Vol. 74, No. 10, Seventy-Fourth Annual Meeting American Philosophical Association, Eastern Division(Oct., 1977), pp. 561 – 572.

Mandelbaum, Maurice, "A Note on Thomas S. Kuhn's *The Structure of Scientific Revolution*", *The Monist* 60(1977), pp. 561-572.

Mandelbaum, Maurice, "Subjective, Objective, and Conceptual Relativisms", *The Monist* 62(1979), pp. 403-428.

Mandelbaum, Maurice, "The Presuppositions of Metahistory", *History and Theory*, Vol. 19, No. 4, Beiheft 19: Metahistory: Six Critiques(Dec., 1980), pp. 39-54.

Paul, Herman, "Performing History: How Historical Scholarship is Shaped by Epistemic Virtues", *History and Theory* 50(February 2011), pp. 1-19.

Paul, Herman, "What is a Scholarly Personae? Ten Theses on Virtues, Skills, and Desires", *History and Theory* 53(2014), pp. 348-371.

Smith, Theodore Clarke, "The Writing of American History in America, from 1884 to 1934", *The American Historical Review*, Vol. 40, No. 3(Apr., 1935), pp. 439-449.

Skodo, Admir, "Post-analytic Philosophy of History", *Journal of the Philosophy of History* 3(2009), pp. 308-333.

Tamm, Marek, "Truth, Objectivity and Evidence in History Writing", *Journal of the philosophy of history* 8(2014), pp. 265-290.

Tucker, Aviezer, "Contemporary Philosophy of Historiography", *Philosophy of the Social Sciences*, 1997, Vol. 27(1), pp. 102-129.

Tucker, Aviezer, "The Future of the Philosophy of Historiography", *History and Theory*, Vol. 40, No. 1(Feb., 2001), pp. 37-56.

Tucker, Aviezer, "Holistic Explanations of Events", *Philosophy*, Vol. 79, No. 310(Oct., 2004), pp. 573-589.

Tucker, Aviezer, "Where Do We Go from Here? Jubilee Report on History and Theory", *History and Theory*, Theme Issue 49(December 2010), pp. 64-84.

Tucker, Aviezer, "Historical Truth", in Vittorio Hösle ed., *Forms of Truth and the Unity of Knowledge*, South Bend Indiana: University of Notre Dame, 2014, pp. 232-259.

Verstegen, Ian F., "Maurice Mandelbaum As a Gestalt Philosopher", *Gestalt Theory*, Vol. 22(2000), No. 2, pp. 85-96.

Zammito, John H., "Post-positivist Realism: Regrounding Representation", in Nancy Partner and Sarah Foot eds., *The SAGE Handbook of Historical Theory*, London: SAGE, 2013, pp. 401-423.

(二) 中文文献

1. 中文译作

〔美〕阿瑟·丹图:《叙述与认识》,周建漳译,上海:上海译文出版社,2007。

〔荷〕安克斯密特:《历史表现》,周建漳译,北京:北京大学出版社,2011。

〔荷〕安克斯密特:《崇高的历史经验》,杨军译,上海:东方出版中心,2011。

〔荷〕安克斯密特:《历史表现中的意义、真理和指称》,周建漳译,南京:译林出版社,2015。

〔美〕彼得·诺维克:《那高尚的梦想——"客观性问题"与美国历史学界》,杨豫译,北京:生活·读书·新知三联书店,2009。

〔英〕波普尔:《客观知识》,舒炜光等译,上海:上海译文出版社,1987。
〔英〕波普尔:《历史主义贫困论》,何林等译,北京:中国社会科学出版社,1998。
〔英〕布莱德雷:《批判历史学的前提假设》,何兆武、张丽艳译,北京:北京大学出版社,2007。
陈新主编:《当代西方历史哲学读本(1967—2002)》,上海:复旦大学出版社,2004。
〔美〕德雷克等:《批判的实在论论文集》,郑之骧译,北京:商务印书馆,1979。
〔德〕德罗伊森:《历史知识理论》,胡昌智译,北京:北京大学出版社,2006。
〔美〕海登·怀特:《元史学:19世纪欧洲的历史想象》,陈新译,彭刚校,南京:译林出版社,2013。
何兆武主编:《历史理论与史学理论——近现代西方史学著作选》,北京:商务印书馆,1999。
〔美〕霍尔特等:《新实在论》,伍仁益译,北京:商务印书馆,2013。
〔美〕蒯因:《蒯因著作集》(1—6卷),涂纪亮、陈波主编,北京:中国人民大学出版社,2007。
〔法〕朗格诺瓦、瑟诺博司:《史学原论》,余伟译,郑州:大象出版社,2010。
〔法〕雷蒙·阿隆:《论治史:法兰西学院课程》,〔法〕西尔维·梅祖尔编注,冯学俊、吴泓缈译,北京:生活·读书·新知三联书店,2003。
〔美〕理查德·罗蒂:《哲学和自然之境》,李幼蒸译,北京:商务印书馆,2003。
〔美〕理查德·罗蒂:《偶然、反讽与团结》,徐文瑞译,北京:商务印书馆,2005。
〔奥〕鲁道夫·哈勒:《新实证主义——维也纳学圈哲学史导论》,韩林合译,北京:商务印书馆,1998。
〔美〕莫里斯·曼德尔鲍姆:《历史知识问题:对相对主义的答复》,涂纪亮译,北京:北京大学出版社,2012。
〔英〕帕特里克·加登纳:《历史解释的性质》,江怡译,北京:文津出版社,2005。
〔美〕乔伊斯·阿普尔比、林恩·亨特、玛格丽特·雅各布:《历史的真相》,刘北成、薛绚译,上海:上海人民出版社,2011。
田汝康、金重远选编:《现代西方史学流派文选》,上海:上海人民出版社,1982。
〔美〕托马斯·库恩:《科学革命的结构》,金吾伦、胡新和译,北京:北京大学出版社,2003。
〔英〕沃尔什:《历史哲学导论》,何兆武、张文杰译,北京:北京大学出版社,2008。
〔美〕希拉里·普特南:《理性、真理与历史》,童世骏、李光程译,上海:上海译文出版社,2005。
〔美〕希拉里·普特南:《事实与价值二分法的崩溃》,应奇译,北京:东方出版社,2006。
〔德〕伊格尔斯:《二十世纪的历史学:从科学的客观性到后现代的挑战》,何兆武译,北京:商务印书馆,2020。
张文杰选编:《历史的话语:现代西方历史哲学译文集》,桂林:广西师范大学出版社,2002;北京:中国人民大学出版社,2012。

2. 中文著作

陈嘉明:《知识与确证:当代知识论引论》,上海:上海人民出版社,2003。
陈新:《历史认识:从现代到后现代》,北京:北京大学出版社,2010。
陈新:《西方历史叙述学》,北京:社会科学文献出版社,2005。
陈亚军:《从分析哲学走向实用主义——普特南哲学研究》,北京:东方出版社,2002。

韩震:《西方历史哲学导论》(修订版),北京:北京师范大学出版社,2008。
韩震、董立河:《历史学研究的语言学转向》,北京:北京师范大学出版社,2008。
何兆武:《历史理性批判论集》,北京:清华大学出版社,2001。
何兆武、陈启能主编:《当代西方史学理论》,上海:上海社会科学院出版社,2003。
黄进兴:《历史主义与历史理论》,西安:陕西师范大学出版社,2002。
刘家和:《史苑学步:史学与理论探研》,北京:北京大学出版社,2019。
彭刚:《精神、自由与历史——克罗齐历史哲学研究》,北京:清华大学出版社,1999。
彭刚:《叙事的转向:当代西方史学理论的考察》,北京:北京大学出版社,2009。
孙宁:《匹兹堡学派研究:塞拉斯、麦克道威尔、布兰顿》,上海:复旦大学出版社,2018。
涂纪亮:《分析哲学及其在美国的发展》(上、下),北京:中国社会科学出版社,1987。
涂纪亮:《美国哲学史》(1—3卷),石家庄:河北教育出版社,2000。
张耕华:《历史哲学引论》(增订本),上海:复旦大学出版社,2009。
张广智、张广勇:《史学,文化中的文化:文化视野中的西方史学》,上海:上海社会科学院出版社,2003。
张文杰、何兆武主编:《当代西方著名哲学家评传 第七卷 历史哲学》,济南:山东人民出版社,1996。
周建漳:《历史及其理解和解释》,北京:社会科学文献出版社,2005。

3. 中文论文

陈新:《历史中的普遍与特殊:基于内容与形式的分析》,《天津社会科学》2012年第2期。
陈新:《近10年西方史学理论界有关历史时间的讨论——兼评〈关于时间的新形而上学〉》,《江海学刊》2013年第1期。
董立河:《后-后现代史学理论:一种可能的新范式》,《史学史研究》2014年第4期
董立河:《西方史学理论史上的历史客观性问题》,《史学史研究》2015年第4期。
李剑鸣:《美国现代史学中相对主义思潮》,载南开大学历史研究所编:《美国历史问题新探:杨生茂教授八十寿辰纪念文集》,中国社会科学出版社1996年版,第248—261页。
吕和应:《艾尔克·鲁尼亚与历史哲学的未来》,《学术月刊》2013年第10期。
米建国:《两种德性知识论:知识的本质、价值与怀疑论》,《世界哲学》2014年第5期。
彭刚:《相对主义、叙事主义与历史学客观性问题》,《清华大学学报》(哲学社会科学版)2008年第6期。
彭刚:《历史事实与历史解释——20世纪西方史学理论视野下的考察》,《北京师范大学学报》(社会科学版)2010年02期。
彭刚:《历史记忆与历史书写——史学理论视野下的"记忆的转向"》,《史学史研究》2014年第2期。
涂纪亮:《历史知识的客观性问题》,《哲学研究》2009年第8期。
周建漳:《历史认识的客观性问题反思》,《哲学研究》2000年第11期。
李子建:《文德尔班的历史思想研究》,复旦大学硕士论文,2014。
余伟:《历史证据——基于语义分析的研究》,复旦大学博士论文,2012。
张小忠:《20世纪西方历史相对主义论析》,福建师范大学硕士论文,2007。
卓立:《历史相对主义的脉络》,华东师范大学博士论文,2011。

后　　记

　　虽然自大学以来一直在历史学科内接受训练，但现在追溯起来，我还是弄不清楚自己出于何种好奇心想要弄清楚历史到底是什么的问题——一个不是历史学的历史学问题。不管怎样，现在呈现在读者面前的，就是这样一次冒险和尝试。这种尝试既可以说是历史的，又可以说是理论的。说它是历史的，因为它呈现了自西方历史学学科化以来所遭受的客观性信念的危机，勾勒了美国历史知识界的历史相对主义思潮；说它是理论的，因为它借助于一些脚手架提出了一种化解历史知识客观性问题的新实用主义方案。历史作为一种知识，总是带有一张属人的面孔，历史知识的客观性只能是职业伦理上的本体论承诺。换言之，历史书写是一项基于认知美德和学科共识上的行动。

　　众所周知，"历史"一词，在近代的西文语境中，包含两个层次，一是作为历史进程的历史，一是作为历史仿真的史学。一方面，这种区分的好处在于，让我们看到历史与史学的差异性。历史不能等同于史学，反过来说，史学也不能等同于历史。简言之，历史（客体）与史学（主体）的二分是一种认识论上的觉醒，也是认清史家角色的先决条件。另一方面，这种区分的坏处在于，容易造成历史与史学就此分离了，就好像男女有别而授受不亲了。换言之，历史与史学的关系不应是非此即彼的零和，而应是相克相生的辩证。历史理论（历史的形而上学）与史学理论（历史学的知识论）之间的关系也可作如是观。

　　本书主要是在博士后出站报告的基础上扩展而成，见证了我最近几年的点滴生活。

　　2013年，复旦大学博士毕业之后，有幸进入清华大学历史学系，跟随彭刚老师继续博士后阶段的学习和研究。彭老师给我指定了美国的历史哲学家曼德尔鲍姆作为研究对象，希望我能够写出一两篇像样的专题研究论文。彭老师言传身教，润物无声，满足了我对完美学者的所有想象。我在清华园度过了短暂而愉快的两年。感谢历史系提供的优越环境，系里没有任何教学和发表的硬性要求,我可以自由地做一些自己想做的事。感谢刘北成老师、张绪山老师、梅雪芹老师对我的博士后出站报告提出的修改意见,让我受益良多。与杜宪兵、张云波、李任之、潘永强、朱大伟、熊旭辉、陈栋、王涛、成威华、刘颖洁、王静等诸位同学一起学习和交流,仿佛又找到了曾经拥有的自在状态。至今记忆犹新的是,经常跟云波兄一起从清华园最北端徒步走到最南端,去看望何兆武先生。何先生经历了20世纪的极端年代,但始终以一种超然的态度来面对。这既可以说是一种真性情,也可以说是一种学术操练。《历史理性批判论集》的字斟句酌,《上学记》的娓娓道来,以及与何先生面对面的交谈,都能让我感受到这份天高云淡。

2015年,我有幸进入北京师范大学历史学院任教,这里是国内史学理论与史学史研究的重镇,有诸多以前在书本上才得以见到的著名学者。来到历史学院,对我来说也是再一次接受史学理论的熏陶。在工作期间,历史学院为我提供了良好的学术环境,诸多老师给我提供了学术研究和生活方面的支持。感谢史学所的易宁老师、蒋重跃老师、张涛老师、向燕南老师、张越老师、汪高鑫老师、周文玖老师、王志刚老师、李锐老师、刘亮老师、曲柄睿老师在教学和科研方面给予我的帮助。特别感谢董立河老师在学术研究、课堂教学和日常生活等方面无微不至的关心,感谢董老师拨冗为本书写序,在出站报告之外所扩展的一些新想法都是平时跟董老师不断学习和交流的结果。至今一直萦绕于心的是,去刘家和先生家里接受思想洗礼。刘先生有着极高的思想穿透力和人格魅力,他常戏称自己是"80后"(现在是"90后")、"手太抖"(泰斗)。刘先生说他一生都在学习和研究黑格尔,但也一直在向黑格尔提出的问题挑战,也一直在向自己挑战。刘先生在精神上体现的火一样的热情,恰好应了黑格尔常说的,人的身体到了老年就会衰老,但人的思想却在老年阶段变得醇熟。我记得刘先生常常告诫我们,人们的思维结构很容易在成年之后固化,虽然我们的研究对象不断变化,但我们的思维结构却没有提升,很可能一直在做简单重复的工作。如果不加强思维体操的锻炼,我们的学术研究很可能就会陷入"中等收入陷阱"。唯有不断地向自己的思维结构挑战,才会让人生和学术展现出持久的魅力。这让我想起了大学期间教授我们希腊罗马史的盛芸老师讲过的一件事,在参加一次国际学术会议时,她看到大会讲台上发言的西方学者都是充满活力和朝气的青年学者,而我们的学者都是需要助手搀扶上去的老年学者,由此,盛芸老师在课堂上发出一句至今让我记忆犹新的感慨:"terrible old!"人们常说,历史学是一门吃老年饭的行当,诚然,这个说法注意到了知识积累和人生体验的重要性,但也无形中忽略了思维结构和逻辑推理的必要性。

2019年，由于个人原因，我不得不离开生活五年多的帝都，南下来到羊城。广州是一座充满活力而有包容性的城市，感谢中山大学提供的优渥环境，让我可以安心从事科研和教学工作。感谢历史学系的领导们给予我的关怀和支持，感谢历史学系世界史教研室的同事们，在教研室轻松愉快的小型学术报告会上，我总是能够收获各种学术前沿和人生哲理的新知，感受到学术大家庭的温馨。

本书很荣幸得到国家社科基金后期资助项目"从怀疑走向共识——英语世界的历史知识客观性问题研究"（18FSS021）的资助，感谢社科基金的匿名评审专家提出的修改建议。本书的大部分内容先后在《历史研究》《世界历史》《史学理论研究》《史学史研究》《中国社会科学评价》《江海学刊》等学术刊物上发表，匿名评审专家提出的若干意见让论文增色不少，也得到了刊物编辑老师们的帮助和赐教。在此，由衷地感谢编辑老师们认真而辛勤的工作。

感谢本书责编永强兄的支持。大学期间，每次逛书店，看到书架上摆放的彩虹墙式的"汉译世界学术名著丛书"，都会不自觉地翻阅几本，看看目录和内容。虽然很多书当时都还看不懂，但我深知这些著作都是人类思想的宝库，当时的梦想就是能够读懂和读完这些彩虹书。想想现在拙著能够在商务印书馆出版，这是多么幸福的时刻呀！

最后，感恩生我、养我和教我的父母，能够走到今天，我深知离不开父母的教诲和期望。感谢岳父母对于我家庭的支持和帮助，他们无私的关怀和包容，让我有精力全身心地投入工作之中。感谢我的妻子卫萍女士，她曾是一位文艺青年，从小就有一位作家的梦想。她为这个家庭付出太多，牺牲了自己的梦想。本书写作的过程，见证了我们共同生活的岁月，见证了我们的元元快乐茁壮成长。本书算是送给她们的小小的礼物。

顾晓伟

2024年3月13日